COLLECTION
FOLIO ACTUEL

Stéphane Foucart

La Fabrique du mensonge

Comment les industriels manipulent la science et nous mettent en danger

Denoël

Stéphane Foucart est journaliste scientifique au *Monde* et s'intéresse en particulier à la climatologie. En 2012 il a reçu, avec Sylvestre Huet, le prix Diderot-Curien.

Pour Aurélien et Mathias

Son esprit s'échappa vers le labyrinthe de la double-pensée. Connaître et ne pas connaître ; en pleine conscience et avec une absolue bonne foi, émettre des mensonges soigneusement construits ; retenir simultanément deux opinions qui s'annulent alors qu'on les sait contradictoires et croire à toutes deux ; employer la logique contre la logique ; répudier la morale alors qu'on se réclame d'elle.

GEORGE ORWELL,
1984

Introduction

SCIENCE, IGNORANCE
ET MÉSUSAGE DU MONDE

En 1976, dans son livre *La Chute finale*, Emma-
nuel Todd avait, presque seul, pressenti la chute
de l'Union soviétique. C'est un épisode bien connu
de la vie intellectuelle française. Le démographe
avait simplement analysé des étrangetés dans les
statistiques officielles de Moscou, et en avait déduit
les évolutions probablement défavorables d'indicateurs comme les taux de mortalité infantile, de
mortalité en couches, de suicide, de prévalence de
l'alcoolisme, etc., dans les pays du bloc soviétique.
Les signes étaient ténus mais, pensait-il, bel et bien
présents. Son postulat était simple : une société
technicienne dont la technique n'est plus mise au
service du bien-être et de la sécurité de vie de ses
citoyens ne peut perdurer, en tant que telle, face à
un système concurrent. Parce qu'elle ne permettait
plus d'améliorer les conditions de vie des hommes
et des femmes qui vivaient sous son joug et que son
adversaire, la démocratie de marché occidentale,
y parvenait, l'Union soviétique devait se dégrader
puis s'effondrer sur elle-même, par elle-même.
Sans guerre, sans affrontement direct et brutal.

Ce qui, comme chacun sait, se produisit à la fin des années 1980.

Il y a plusieurs leçons très profondes à retenir de cette remarquable prédiction. La première est que les statistiques capables de décrire — même partiellement — la vie des individus sont un bien meilleur indicateur de l'état de santé global d'une société que les indicateurs macroéconomiques comme le produit intérieur brut (PIB) ou le taux de croissance économique. La seconde est que les faits les plus importants — ceux dont les historiens découvrent, après coup, qu'ils ont fait l'histoire — passent le plus souvent inaperçus lorsqu'ils se produisent. Qui, dans les années 1970, se souciait de l'évolution de la mortalité infantile et de la prévalence de l'alcoolisme dans les pays du bloc soviétique ? Presque personne. Les mécanismes par lesquels se défont les sociétés ne sont jamais, sur le moment, détectés et identifiés comme tels. Ils n'alimentent pas la chronique. Les commentateurs les méprisent ; les politiques les ignorent.

De tels faits nous concernent désormais directement. L'un des plus troublants a été rendu public en France en avril 2012 par l'Institut national d'études démographiques (INED) et l'Institut national de la santé et de la recherche médicale (Inserm) : il s'agit de l'espérance de vie en bonne santé. Les chiffres rassemblés au niveau européen montrent que dans bon nombre des pays de l'Union européenne cet indice recule. Les femmes ont vécu moins longtemps en bonne santé en 2010 qu'en 2009 en Autriche, en Estonie, en Slovaquie, en Pologne, en Finlande. De 2008 à 2009, le même indice a reculé en Belgique, en République tchèque, au Danemark, en Finlande, en France, à Malte, en Pologne, au Portugal, en Roumanie, en Espagne et au Royaume-Uni. En moyenne, les Européennes vivaient 62,2 ans en bonne santé en 2008, contre 62 ans en 2009 (l'ensemble des données pour l'année 2010 n'est pas disponible à l'heure où ces lignes sont écrites). Cela, dans les pays comptant au nombre des plus riches de la planète. Pour les hommes, les résultats sont quelque peu différents — un gain moyen est toujours observé au niveau du continent, même si un Français vivait en moyenne plus longtemps sans incapacité en 2008 et 2009 (62,7 ans) qu'en 2010 (61,9 ans). C'est la première fois dans l'histoire récente qu'une telle inflexion est observée.

Faut-il prêter attention à ce « signal faible » ? La presse n'a pas fait grand cas de l'information. Il est vrai que la perte d'espérance de vie en bonne santé mise en évidence est presque insignifiante, de l'ordre de quelques mois au plus. Pas d'effondrement brutal. De plus, les auteurs de l'étude n'ont eux-mêmes pas d'explications satisfaisantes et univoques à apporter au phénomène. Interrogé sur le sujet, Jean-Marie Robine, épidémiologiste à l'Inserm, confessait : « On manque encore d'explications scientifiques, mais on émet des hypothèses que l'on essaye de vérifier[1]. » On peut donc choisir de penser qu'il s'agit d'un soubresaut des courbes. Qu'elles repartiront bientôt à la hausse et que tout ira bien. Après tout, l'espérance de vie *stricto sensu* — le temps de vie que nous pouvons espérer nous voir imparti — ne continue-t-elle pas d'augmenter ?

Il nous faut donc nous attarder quelque peu sur cet indicateur, régulièrement mis en avant par les promoteurs du *business as usual* — ceux qui répètent que tout va, et ira, bien. Il est vrai que la puissance rhétorique de l'argument est considérable. Puisque l'espérance de vie continue d'augmenter à peu près linéairement, c'est bien que les mises en garde sont futiles et qu'elles relèvent plus de l'alarmisme de sinistres «marchands de peur» que d'une analyse rationnelle de notre situation. Selon les statistiques de la Banque mondiale, l'espérance de vie moyenne dans le monde était de 52,6 ans en 1960 et a passé le cap des 70 ans en 2012. Presque dix-huit ans de vie gagnés en un demi-siècle! En France, elle est passée de 69,9 ans en 1960 à 81,4 ans en 2010 avec une régularité remarquable. À seulement deux exceptions près : elle a stagné de 2002 à 2003, à 79,2 ans, et a très légèrement reculé de 2004 à 2005, passant de 80,16 ans à 80,11 ans. À l'heure où ces lignes sont écrites, 2012 s'annonce elle aussi avec une légère baisse de l'espérance de vie en France.

Ainsi, si l'on s'en tient au principe simple que l'homme est la mesure de toute chose, alors le seul fait que le temps imparti à chacun d'entre nous ne cesse d'augmenter vaut largement tout le reste. Il vaut bien l'érosion de la biodiversité, l'épuisement des ressources, le changement climatique, l'exposition des écosystèmes à des quantités toujours plus grandes de substances et de perturbateurs chimiques, etc. Et il nous faut remiser dans le placard des millénarismes et des superstitions les cris d'orfraie qui nous jurent que « l'humanité va dans le mur ».

Mais il y a dans cet argument et cette présentation des choses un biais fondamental. Et il est important, avant d'entrer dans le vif de cet ouvrage, d'en débusquer les pièges. L'espérance de vie est mesurée à partir de la durée de la vie des hommes et des femmes qui meurent aujourd'hui. Pour l'essentiel, ceux-ci sont encore nés avant la Seconde Guerre mondiale ou juste après, dans un monde très différent de celui d'aujourd'hui. Un monde plus dangereux et plus violent sans doute, un monde où l'on mourait de maladies devenues bénignes mais aussi un monde où la chimie de synthèse n'était pas omniprésente comme elle l'est aujourd'hui, un monde où l'agriculture était largement exempte des intrants de synthèse (insecticides, fongicides, herbicides, etc.), où le climat de la planète était globalement stable, où l'alimentation n'était pas encore passée sous la coupe des géants de l'agroalimentaire, etc. Le terme même d'« espérance de vie », dans son acception populaire, est donc intrinsèquement trompeur : il postule, sans le dire, que les conditions de mortalité seront identiques, dans l'avenir, à ce qu'elles ont été jusqu'à présent. Or nous *savons* que c'est faux.

Combien de temps vivront les enfants qui naissent et grandissent dans le monde actuel ? Un fait unique et simple permet de s'en faire une vague idée. Depuis de nombreuses années, les endocrinologues *savent* que notre santé, la manière que nous aurons de vieillir, est en partie déterminée par les conditions dans lesquelles nous nous développons

in utero et aux plus jeunes âges de la vie. Or, singulièrement depuis le dernier tiers du XXᵉ siècle,
les femmes enceintes et les jeunes enfants sont
exposés à une quantité toujours plus grande de
substances de synthèse qui, même et surtout à
faibles doses, interfèrent avec le système hormonal et augmentent la probabilité que surviennent,
plus tard dans la vie, certaines maladies — entre
autres : diabète, maladies cardio-vasculaires, cancers hormono-dépendants (sein, prostate, testicule,
thyroïde, etc.). De cela, il sera largement question
plus loin. De même, l'obésité infantile, déjà très
avancée en Amérique du Nord et émergente ailleurs, aura elle aussi des effets sur l'espérance de
vie à moyen terme.

Il faut donc se rendre à cette évidence : sauf
miracles médicaux et prospérité très inattendus,
nous vivrons vraisemblablement moins vieux que
nos aînés. Il est bien entendu impossible de prévoir
le moment à partir duquel nous aurons atteint le
sommet de la courbe de l'espérance de vie. Peut-
être au cours des deux ou trois prochaines décennies. Peut-être un peu avant, ou un peu plus tard.
Des dizaines, des centaines de paramètres entrent
en ligne de compte. Mais en attendant, le faible
recul de l'espérance de vie en bonne santé peut être
interprété comme un prélude au plateau, puis à la
chute, que devrait bientôt connaître notre temps
de vie *stricto sensu*.

Ces considérations sur l'évolution prévisible
de notre temps de vie nous amènent à porter un
regard plus circonspect sur l'alliance de la science
et de la technique, ce couple cimenté par l'écono-

mie de marché, et qui règne sur notre monde. Elles doivent nous amener à nous demander si nous ne sommes pas parvenus à un moment charnière, où les inconvénients du système technique commencent à prendre le pas sur les bénéfices énormes qu'il nous a apportés depuis la révolution industrielle. L'évolution défavorable de l'espérance de vie en bonne santé, dont il est question plus haut, en est un indice. Mais il y en a d'autres, dont la concomitance, si elle n'a pas valeur de preuve, n'en est pas moins troublante. La fin des années 2000 est aussi le moment où le nombre de morts dues aux maladies non transmissibles — essentiellement cancers, diabète de type 2, maladies cardio-vasculaires, maladies respiratoires chroniques — excède celui des morts provoquées par les maladies infectieuses. Bien sûr, une part — difficile à évaluer — de cette situation peut être attribuée au vieillissement de la population. Mais pas seulement. En 2010, selon les chiffres des Nations unies, les maladies non transmissibles ont été responsables de trente-six millions de décès, soit 63 % des décès au niveau mondial. Si les tendances actuelles se prolongent — il y a peu de raisons d'en douter —, les Nations unies prévoient que le bilan de ces maladies nouvelles s'alourdira de 17 % au cours de la prochaine décennie. Et qu'elles tueront en 2020 quatre fois plus que les maladies infectieuses dans les pays du Sud, où l'espérance de vie est encore largement inférieure à celle des pays du Nord.

Les « maladies de civilisation », c'est-à-dire favorisées ou provoquées par la technique, pèsent donc désormais plus lourd — et leur poids grandira inexorablement dans les années et décennies à venir — que les «maladies naturelles». S'il faut le noter, ce n'est pas pour suggérer qu'il est préférable de mourir du paludisme ou du sida plutôt que d'un cancer ou d'un infarctus. Mais bien plutôt pour prendre pleinement conscience que le système technique, son emprise actuelle et ses développements prévisibles nous font désormais subir de plus en plus de maux. Ce que nous avons fabriqué se retourne peu à peu contre nous : le constat est extrêmement perturbant.

Aux temps des premiers critiques de la technique, une telle idée était largement prospective. C'est aujourd'hui un fait tangible, qui ne se mesure pas seulement à notre métabolisme abîmé. Le changement climatique par exemple, conséquence du système technique, commence à produire des effets de grande magnitude. Ces effets, que l'on envisage généralement pour le futur, s'ancrent peu à peu dans le présent. Au cours du XXe siècle, la température moyenne de la basse atmosphère s'est élevée de 0,75 °C environ, l'essentiel de ce réchauffement étant advenu au cours de ses quarante dernières années. Les océans ont monté jusqu'à présent — ce n'est qu'une moyenne mondiale — d'une vingtaine de centimètres, mais les projections indiquent qu'environ 1 mètre supplémentaire est à attendre d'ici à la fin du siècle. Les températures les plus caniculaires, qui concernaient 1 % de la surface du globe entre 1951 et 1980, en touchaient 10 % au milieu des années 2000. Le dérèglement climatique fait plafonner certains rendements agricoles, multiplie les événements météorologiques extrêmes, bouleverse la répartition des stocks halieutiques, etc. Ces mêmes stocks qui sont déjà directement fragilisés par la technique : depuis 1996, les prises de pêche mondiales chutent inexorablement. Et ce alors que l'effort de pêche augmente sans discontinuer depuis les années 1980.

Certains désagréments, certains risques sont inhérents au système technique. Ils sont indissociables de ses bénéfices. Une abondante littérature a été produite sur le sujet, de Jacques Ellul à André Lebeau. Mais d'autres sont superflus. Ils ne sont pas issus de la technique elle-même mais d'un défaut de régulation de la technique. Il y a derrière ce fait une somme considérable de fautes et de trahisons : inadaptation des systèmes de gouvernance, corruption et dérive oligarchique, incurie des médias de masse, apathie des populations, faillite du système économique et financier. Tout cela a déjà fait l'objet d'un si grand nombre d'ouvrages qu'il n'est guère utile d'en rajouter. Tout ou presque a été écrit. Mais il y a aussi souvent, comme cause sous-jacente au défaut de régulation du système technique, le fait que les connaissances accumulées sont mises en doute, sont contestées par des simulacres de méthode scientifique ou manipulées par les industries qu'elles indisposent. Instrumentaliser la science, la retourner contre elle-même, en faire un outil de distraction, brouiller ou inverser sa perception par l'opinion et les responsables politiques ne sont pas des tâches simples. Elles demandent de l'ingéniosité, de l'argent, du temps. L'objet de ce livre est de décortiquer les moyens par

lesquels ces tâches ont été — souvent avec talent et
réussite — menées à bien.

Il faut d'abord rappeler une évidence. La science
n'est pas la technique ; la technique n'est pas la
science. Le projet scientifique est de comprendre le
monde ; le projet technique est d'en tirer parti. Ces
deux projets se nourrissent et s'alimentent mutuellement. La science permet l'élaboration de la technique, la technique offre de nouveaux outils à la
science. Mais la science produit aussi des connaissances qui amènent — ou devraient amener — à
réguler le système technique. À l'entraver pour le
bien commun. À le raisonner. Cela peut sembler
un truisme, mais s'il faut le préciser, c'est que la
première manœuvre du monde industriel consiste
à manipuler les mots et leur sens. Pour expliquer
sa défense systématique de l'industrie phytosanitaire, un consultant secrètement payé par elle, et
qui déverse sur Internet nombre d'informations
trompeuses et tronquées, me répète, quatre fois
au cours d'une conversation de vingt minutes :
« J'aime la science, je crois en la science. » Cette
confusion est organisée à dessein. La technique,
me dit-il en substance, reprenant la *doxa* de ses
maîtres, c'est la science. Et la science, c'est la technique. Le corollaire de cette tromperie étant que
tout ce qui s'oppose à la technique ne relève pas
de la science puisque celle-ci ne saurait s'opposer
à elle-même.

Pour contrer les sciences qui pourraient entraver leur activité, les industriels ont aussi mis sur
pied toutes sortes de tactiques et de stratégies. De

la nocivité du tabac au changement climatique en passant par les dégâts de l'amiante ou de certaines pollutions chimiques et les ravages environnementaux de certains pesticides, l'objectif est, presque toujours, d'aboutir à ces conclusions : « Il y a beaucoup d'incertitudes », « Tous les spécialistes ne sont pas d'accord », « On a cru la même chose il y a longtemps et cela s'est révélé faux », « Une énigme », etc. Cela n'a l'air de rien. Mais dans un monde où la valeur première est la création de richesse économique immédiatement disponible, il faut un diagnostic scientifique inébranlable pour prendre des décisions contraignantes vis-à-vis d'une activité industrielle. Il ne faut pas la moindre brèche, le moindre doute. Pour les industriels « attaqués » par la science, il faut créer de l'incertitude, donc de l'ignorance. Il faut *détruire* du savoir.

En 1992, l'historien des sciences Robert Proctor, de l'université Stanford, imaginait une discipline et un mot nouveaux, dont les sciences humaines découvrent peu à peu la portée et l'importance : l'agnotologie, du grec *agnoei*. Il s'agit de la science qui s'intéresse à l'ignorance. Elle en cherche les contours, la géographie, les raisons. Et bien souvent, nous dit Robert Proctor, ce sont des entreprises qui, en fonction de leurs intérêts, définissent les contours de ce que l'on sait et de ce que l'on ignore, qui dessinent la géographie de l'ignorance. Cela se fait aux dépens de la science, grâce à de nombreuses armes.

Ceux qui les ont fourbies sont les cigarettiers américains, dès le milieu des années 1950. La première de ces armes n'a pas été de lutter contre la science *stricto sensu*, mais de l'utiliser à son avantage. Pendant près de quatre décennies, ceux que l'on surnomme *Big Tobacco* ont financé des milliers de projets de recherche en fonction de leur intérêt stratégique. L'énormité des sommes injectées par le tabac dans la recherche biomédicale et les sciences de la vie a produit, raconte Robert Proctor, des macro-biais dans la marche de la science elle-même. Des écoles scientifiques ont émergé, d'autres non. La génétique fonctionnelle, par exemple : pour les cigarettiers il a toujours été crucial de favoriser la science qui permettait d'avancer l'idée que les maladies — le cancer du poumon entre autres exemples — reposent dans nos gènes plutôt que dans notre environnement. De tout cela, il reste quelque chose. Combien de fois a-t-on entendu parler du « gène de l'obésité », du « gène du cancer du sein », du « gène de l'autisme » ? Bien sûr, des susceptibilités individuelles existent, mais la génétique n'explique pas l'explosion récente de certaines maladies métaboliques pour la raison évidente que le *pool* génétique de la population n'a pas changé en l'espace de deux ou trois générations. À l'inverse, a-t-on souvent entendu parler de l'action « obésogène » de certaines substances chimiques de synthèse ?

En jouant habilement de certaines disciplines scientifiques, en capitalisant sur leurs tropismes et la manière dont elles nous font voir le monde, l'industrie du tabac a permis à certains domaines de prospérer en leur offrant de généreux subsides. Ces techniques de récupération et d'instrumentalisation de la science sont aujourd'hui encore mises

à profit par d'autres secteurs que le tabac. Parfois
les mêmes scientifiques sont mis à contribution.
L'industrie du tabac n'a donc pas seulement imaginé les techniques, elle a aussi sélectionné dans
la communauté scientifique les individualités qui,
sans nécessairement être corrompues, prêtent
une plus haute attention aux intérêts industriels
qu'à l'intérêt général. La chimie et l'agrochimie,
les extracteurs de ressources fossiles bataillant
contre les sciences climatiques n'ont eu qu'à pui-
ser dans ce vivier constitué par *Big Tobacco*. Les
cadres de Philip Morris, dans leur correspondance
interne, nommaient cela se constituer « une écurie
d'experts ».

La science est fragile. Elle est un processus
collectif qui repose sur la prudence, le doute, la
confrontation des interprétations, la recherche
d'exactitude. L'industrie capitalise sur ces carac-
téristiques de la science : le doute peut être main-
tenu *ad aeternam*, la recherche d'exactitude poussée jusqu'à la recherche de preuves définitives qui
sont inatteignables. Et ceux qui, à un moment
donné, ont le malheur de dire que la science en sait
suffisamment pour prendre telle ou telle mesure
sont immédiatement pointés du doigt comme les
tenants dogmatiques de l'antiscience et de l'irra-
tionalisme. En s'enfermant dans de faux débats
scientifiques interminables, il devient facile de ne
jamais prendre, ou alors avec retard, la moindre
décision.

Pour instrumentaliser la science, il y a d'autres
techniques, d'autres artifices. Surtout, et c'est la
principale découverte de ce livre, ils se sont ins-

titutionnalisés. *Big Tobacco* avait compris qu'en injectant de l'argent dans la recherche, il obtiendrait des résultats qui lui seraient plus favorables. Les analyses critiques de la littérature scientifique menées sur les sujets qui intéressent l'industrie du tabac montrent de manière indéniable la réalité du *funding effect*, c'est-à-dire de l'influence du financeur sur les résultats ou leur interprétation. Or aujourd'hui toute l'expertise sanitaire est fondée sur des études financées, voire conduites par les industriels eux-mêmes. Un mécanisme reconnu comme ayant conduit à gravement pervertir la science est donc devenu une norme de fonctionnement.

Le monde qui vient sera un monde tendu et compliqué. Dans l'espace qui hébergeait deux cent cinquante millions d'individus au début de l'ère chrétienne cohabiteront bientôt huit à neuf milliards d'humains, qui vivront le double choc du changement climatique et de la raréfaction de l'énergie. Les défis sont immenses et la science aura un rôle cardinal à jouer. Aux côtés d'évolutions nécessaires des sociétés, vers la fin du « toujours plus », les outils offerts par la technique seront nécessaires. Mais ils ne seront acceptés qu'à la condition qu'une science plus libre et plus indépendante permette aux citoyens de faire des choix éclairés.

La possibilité d'un choix éclairé des individus est le fondement de la démocratie. Le détournement de la science est l'une des forces qui s'opposent à cette possibilité. Par détournement de la science, il ne faut pas seulement comprendre un usage mauvais, ou moralement répréhensible. La conception de l'arme nucléaire, par exemple — quel que soit le mal (ou le bien) que l'on en pense —, a été le fruit d'une science remarquable, c'est-à-dire une science qui a produit très exactement ce que l'on attendait d'elle. Par détournement de la science, on entend le détournement de son esprit et de sa méthode. Une part de celle-ci n'est plus mise à profit pour accumuler des connaissances et faire progresser la compréhension du monde, mais pour créer de l'ignorance, de l'incertitude et du doute, détourner l'attention, semer la confusion.

Bon nombre de catastrophes sanitaires ou environnementales ont été ou sont rendues possibles par cette instrumentalisation de la science. Celle-ci joue un rôle souvent déterminant car elle permet de justifier l'injustifiable. Elle est la forme la plus subtile de propagande. Elle touche à un aspect fondamental de nos sociétés et de nos vies, ce en quoi nous pouvons placer le plus de confiance. Elle met en péril le processus par lequel les faits les plus véridiques possible sont établis. Elle colonise nos esprits et nos conversations, elle contribue à construire et à propager de l'ignorance et à permettre ainsi un usage déplorable du monde.

Chapitre premier

L'ESCLAVAGE,
C'EST LA LIBERTÉ

LES FABRICANTS DE CIGARETTES
ET LA SCIENCE

La cigarette est sans aucun doute la plus perturbante anomalie de notre monde.

Encore faut-il y réfléchir pour en prendre conscience : c'est dans nos habitudes, dans les gestes devenus si banals et répétitifs que nous ne les percevons même plus, que se tiennent tapies les choses devant le plus nous porter à l'indignation. S'il faut déplorer la cigarette, ce n'est pas par souci d'hygiène publique ou par volonté de contraindre les individus à je ne sais quel savoir-vivre. Ce n'est même pas pour éviter de les voir mourir trop tôt. La catastrophe de la cigarette est bien sûr une catastrophe sanitaire de première importance, mais elle est surtout un désastre éthique qui révèle que nous pouvons nous accommoder de l'inacceptable, que nous pouvons même être mis en situation de ne plus le percevoir.

Le triomphe de la cigarette nous montre que le cauchemar de George Orwell est non seulement possible, mais qu'il peut prendre corps dans des sociétés où la parole et l'information sont libres. La faculté à rendre désirable la saleté, le détournement des mots et de leur sens sont les premiers tours de force des cigarettiers. Fumer — c'est-à-dire souiller durablement son propre organisme par mille produits de combustion — est perçu comme un geste élégant et beau ; fumer est réputé offrir du « plaisir » alors qu'il ne s'agit que de procurer un soulagement momentané, destiné à répondre à un besoin créé de toutes pièces ; fumer est aussi revendiqué comme un acte de rébellion contre les marges conservatrices de la société, comme l'expression d'une liberté — celle de disposer comme on l'entend de soi-même et de son corps — alors que l'acte de fumer est très exactement le résultat d'un asservissement de masse.

Le second tour de force de l'industrie du tabac a été le détournement de la science, l'invention des mécanismes de retournement contre elle de ses propres codes et de ses valeurs. C'est surtout de cela qu'il s'agit dans les pages qui suivent : comment la science a été détournée non seulement pour retarder l'action politique, mais également pour fabriquer des idées trompeuses qui imprègnent encore nos cerveaux et nos conversations.

UN PETIT PLAISIR

La cigarette ? Tout juste un « petit plaisir, sans lequel la vie serait moins agréable », qui « permet de limiter le vieillissement de la population » et qui « ne porte préjudice à personne d'autre qu'aux fumeurs ». De toute façon, il faut que « les gens puissent rester libres de fumer » car, après tout, « il faut bien mourir de quelque chose » et reconnaissons que « dans toutes les sociétés il a toujours été fait usage de substances comme le tabac ». De plus, le tabagisme est peut-être une cause de cancer du poumon, « mais il a un effet protecteur contre les maladies d'Alzheimer et de Parkinson ». Nous avons tous à l'esprit ces banalités, ce genre de formules qui nous apparaissent de bon sens, sans que l'on y ait trop réfléchi. Ce sont les choses qui nous viennent naturellement lorsque nous pensons au tabac et aux controverses qu'il suscite.

Tout cela, pourtant, est une manière profondément biaisée d'envisager les choses. Si l'on se débarrasse de l'idée commode que fumer est normal parce que la cigarette est partout et qu'elle nous semble exister de longue date, la cigarette apparaît sous un tout autre jour. La cigarette moderne a permis à quelques industriels de modifier à dessein le fonctionnement biologique de centaines de millions d'individus, afin de les rendre captifs d'un alcaloïde, la nicotine. Molécule dont environ quatre fumeurs sur cinq ne peuvent se passer, ne serait-ce que quelques heures, sans ressentir un puissant sentiment d'inconfort. Le projet des cigarettiers est donc d'enfermer les hommes dans une dépendance chimique qui permet de les asservir économiquement. C'est un formidable succès. Au niveau de consommation de l'année 2009, six mille milliards de cigarettes sont consommées chaque année dans le monde. L'historien des sciences Robert Proctor s'est amusé à donner la mesure de ce que représente cette consommation.

À raison de 10 milligrammes de goudron déposés par chaque cigarette dans le système respiratoire du fumeur, ce sont environ 60 000 tonnes de goudron qui sont annuellement introduites dans des poumons humains — imaginez un train de trois mille wagons transportant chacun 20 tonnes de goudron : c'est de cela qu'il s'agit. Mises bout à bout, les cigarettes fumées en un an représentent plus de 500 millions de kilomètres, soit sept cents allers-retours de la Terre à la Lune ; elles pourraient emplir vingt-quatre fois la pyramide de Khéops.

En termes de vies humaines interrompues prématurément, le triomphe de la cigarette a un coût. La cigarette a tué environ cent millions d'individus au cours du XXe siècle, selon les estimations de l'Organisation mondiale de la santé (OMS). La cigarette, ce « petit plaisir », tue chaque année plus que la guerre, plus que le paludisme, plus que le sida, plus que le terrorisme. Et plus que la somme des quatre. Au milieu des années 2000, le bilan du tabac à l'échelle mondiale est de plus de cinq millions et demi de morts prématurées par an. C'est la première cause de mortalité évitable. Et si les tendances actuelles se confirment, si la percée de la cigarette se poursuit dans le monde en développement, ce sont un milliard d'hommes et de femmes qui mourront avant l'heure au cours du XXIe siècle du seul fait de la cigarette[1].

Un parfait étranger qui débarquerait dans notre monde s'étonnerait sans doute de notre extraordinaire apathie face à cette situation. Les proies de l'industrie du tabac sont les enfants et les adolescents, recrutés grâce à des décennies de manipulation des images et des esprits. Une fois captifs, la majorité d'entre eux auront les plus grandes peines à se défaire de leur addiction et ceux qui ne pourront s'en affranchir mourront en moyenne dix années trop tôt. Un fumeur sur deux meurt de l'addiction qui lui a été infligée.

Tous les arguments en défense du tabac sont démontrablement fallacieux. Les comparaisons avec l'alcool sont ineptes. D'une part, la cigarette ne désinhibe pas, ne procure aucune ivresse, aucune ébriété, et ne joue aucun rôle dans la « convivialité » ; d'autre part, 80 % à 90 % des fumeurs nourrissent le même rapport à la cigarette que celui qu'entretiennent les alcooliques avec l'alcool, lesquels ne représentent qu'une petite fraction de l'ensemble de ceux qui boivent un verre de vin ou de bière, de manière récréative et modérée. L'addiction n'est pas consubstantielle de l'alcool, mais elle l'est de la cigarette. En outre, l'écrasante majorité des fumeurs en sont souvent intimement conscients et regrettent amèrement d'avoir commencé à fumer ou souhaiteraient cesser sans y parvenir. Entre la conscience intime qu'ont la plupart des fumeurs de leur addiction et le discours public audible sur la cigarette, l'hiatus est considérable.

Quant à dire que l'on a toujours plus ou moins fait usage massif et généralisé de stupéfiants comme le tabac, c'est là encore démontrablement faux. L'addiction de masse qui s'est déployée vis-à-vis de la cigarette depuis la fin de la Seconde Guerre mondiale n'a aucun équivalent dans l'histoire. Cette mise sous tutelle biologique d'environ un individu sur quatre a été obtenue par les cigarettiers en mettant à profit une science pointue dont l'objectif fut de trouver les moyens de faire entrer, plus vite, plus de nicotine dans l'organisme des fumeurs. L'ajout de plusieurs centaines d'additifs au tabac et au papier de cigarette est essentiellement voué à cela : adoucir la fumée, la rendre moins alcaline, plus volatile, plus pénétrante, pour lui permettre de descendre plus profondément dans les bronches et de mieux irriguer les tissus pulmonaires. Le *shoot* de nicotine est plus fort et plus intense, l'addiction — le terme utilisé par les fabricants dans leurs mémos internes est « attractivité » — est ainsi favorisée et maintenue. Très médiatisé à la fin des années 1990 par un film, *The Insider* (*Révélations* en français), l'ajout d'ammoniac dans les cigarettes Marlboro avait ainsi par exemple pour but de permettre à la nicotine d'être beaucoup plus réactive avec l'organisme. Le taux de nicotine dans les cigarettes peut être ainsi abaissé — la cigarette est alors vendue comme « légère », mais l'« effet nicotinique » produit est autant, voire plus fort.

Pour se convaincre de ce que les cigarettes actuelles sont fondamentalement différentes de celles que l'on fumait au début du siècle dernier — infiniment moins dangereuses et moins addictives —, il suffit de regarder attentivement un vieux film de Charlie Chaplin ou de Buster Keaton : les fumeurs à l'écran n'inhalent pas, ou presque pas, la fumée de leur cigarette. Celle-ci était trop âcre et trop irritante pour descendre profondément le long des bronches. « Aussi tardivement que dans les années 1930 et 1940, de nombreux fumeurs ne respiraient pas la fumée, écrit ainsi Robert Proctor. Les cigarettes étaient souvent fumées comme de "petits cigares", c'est-à-dire sans inhalation[2]. » La nicotine ne passe alors dans l'organisme que par le biais des muqueuses buccales et laryngées, c'est-à-dire en très faibles quantités et très lentement : l'effet psychoactif est minime et l'addiction qui se développe est faible. Il a donc fallu convaincre les fumeurs d'inhaler. En réduisant l'alcalinité de la fumée par la chimie, mais aussi en faisant la promotion de l'inhalation par des campagnes de publicité.

Dans la plus célèbre d'entre elles, qui remonte au milieu des années 1930, un homme et une femme sont représentés allongés, la cigarette à la main, dans une situation clairement équivoque. L'homme demande : « Tu inhales, toi ? » « Bien sûr, tout le monde le fait », répond la femme dans une allusion un peu lourde. Le tableau dans son ensemble a de manière claire pour but d'associer l'inhalation à la satisfaction sexuelle. Il est remarquable de constater que ces campagnes de publicité, dans les années 1930 et 1940, ont eu un effet très persistant, qui détermine encore les comportements, des décennies plus tard. « Apprendre à inhaler » la fumée est désormais largement vécu comme une manière de rite de passage, qui vient avec ses codes sociaux et ses mots *ad hoc* : les adolescents qui fument en « crapotant » sont moqués par les autres fumeurs, comme si l'inhalation était une preuve de courage viril, le signe extérieur d'une vie sexuelle satisfaisante. Par la volonté des industriels, la première inhalation est devenue une sorte de dépucelage.

La manière dont nous utilisons la cigarette n'est donc pas fortuite ; elle a été l'objet d'une ingénierie, d'un projet. Nous pensons qu'elle est naturelle et normale, qu'elle est ce qu'elle est de longue date, alors qu'elle a été fabriquée de toutes pièces, grâce aux propriétés chimiques des additifs et à la force de persuasion de la propagande publicitaire. Cela dans le seul but d'accroître l'« attractivité » de la cigarette, c'est-à-dire de renforcer sa formidable faculté à maintenir captifs les usagers du tabac et cela au prix d'une dangerosité accrue. Au début du XXe siècle fumer était raisonnablement périlleux ; la cigarette d'aujourd'hui est très différente. Elle est ce que l'homme a inventé de plus inutilement dangereux pour lui-même.

Au début des années 1990, lorsque le bilan humain de la cigarette a commencé à devenir trop lourd et trop visible, quarante-six États américains ont intenté des poursuites contre les principaux fabricants de cigarettes (Philip Morris, Lorillard, Brown & Williamson et RJ Reynolds), leur demandant de prendre leur part — financière — dans les dégâts colossaux infligés aux populations. Ces poursuites se sont soldées en novembre 1998 par un accord entre les parties — les procureurs généraux des États coalisés d'une part et les géants de la cigarette de l'autre. Cet accord, le Tobacco Master Settlement Agreement (MSA), requiert des industriels qu'ils renoncent à certaines pratiques dans leur marketing, qu'ils démantèlent les diverses organisations-écrans qui leur ont permis de pervertir la science pendant des décennies, qu'ils participent financièrement aux soins apportés aux malades de la cigarette, pour un minimum de plus de 200 milliards de dollars dans les vingt-cinq années suivant la signature de l'accord.

Last but not least, les grands cigarettiers se sont également engagés à confier la gestion de leurs archives (courriers et mémos internes, rapports secrets, courriels externes, etc.) à l'American Legacy Foundation. D'autres décisions de justice, rendues ultérieurement à l'issue des litiges qui se sont accumulés au cours de ces dernières années, contraignent les cigarettiers à déclassifier d'autres pans de leur documentation. L'American Legacy Foundation et l'université de Californie à San Francisco maintiennent et enrichissent la plus vaste et la plus complète des bibliothèques rassemblant ces *tobacco documents* : la Legacy Tobacco Documents Library[3]. Sur les dizaines de millions de pages exfiltrées des quartiers généraux de *Big Tobacco*, seule une part a été numérisée et mise en ligne. Environ quatre-vingts millions de pages étaient accessibles en septembre 2012, dont seule une fraction a été exploitée par des historiens, des juristes et des journalistes.

À lire les mémos et les rapports internes des cigarettiers, on réalise que les cabinets de relations publiques embauchés par Philip Morris et consorts, leurs publicitaires et leurs génies du marketing ont été de formidables usines à fabriquer des *arguments*. Rien d'étonnant à cela, mais ce sont des milliers et des milliers de pages d'éléments de langage et d'argumentaires que l'on trouve dans les *documents*. Avec surprise, on réalise parfois que certains de ces arguments, y compris la manière même dont ils sont tournés et formulés, nous viennent « naturellement » à l'esprit lorsque nous échangeons des banalités sur la cigarette. Pour ne prendre qu'un exemple, on peut citer ce mémo interne de British American Tobacco (BAT), rédigé en 1978 : « Stratégie de relations publiques pour le Tobacco Advisory Council ». Dans une proposition d'argumentaire adressé à l'ensemble de la profession, BAT explique qu'il faut mettre en avant le fait que « le tabac a pour fonction sociale de limiter le nombre de personnes âgées dépendantes que l'économie doit supporter[4] ». Abstraction faite de son cynisme, l'argument fait bien évidemment et commodément l'impasse sur le coût faramineux du traitement des maladies du tabac, qui pèse de tout son poids sur les économies. « Avec l'augmentation générale de l'espérance de vie, nous avons vraiment besoin de quelque chose dont les gens meurent, poursuit le mémo confidentiel. En substitution des effets de la guerre, de la famine et de la pauvreté, le cancer, la maladie des pays riches et développés, pourrait avoir un rôle prédestiné à jouer. À l'évidence, l'argument n'est pas de ceux que l'industrie du tabac peut utiliser publiquement. Mais son poids, comme facteur psychologique pour perpétuer le goût de la population pour la cigarette, comme une habitude agréable bien que risquée, ne doit pas être sous-estimé. »

Si vous ne l'avez jamais eu à l'esprit, vous avez forcément entendu autour de vous, ou lu, cet argument formidable : « Il faut bien mourir de quelque chose. » Qui, là encore, fait commodément abstraction des nombreuses années de vie en bonne santé perdues par la majorité des fumeurs, et des conditions pénibles et douloureuses dans lesquelles leur vie s'achève. Lorsqu'on y réfléchit, cet argument n'est jamais utilisé pour justifier autre chose que le tabac — ou éventuellement, et de manière collatérale, l'alcool. On n'imagine pas se dire qu'« il faut bien mourir de quelque chose » pour dédouaner un laboratoire pharmaceutique d'avoir mis sur le marché un médicament défectueux, ou pour relativiser l'action d'un groupe terroriste. Les fabricants de cigarettes ont réussi cet extraordinaire tour de force : faire accepter la mort qu'ils prodiguent comme une fatalité.

Bien sûr, on peut se dire que le lien n'est pas démontrable entre la fabrication d'un argument dans l'orbite des manufacturiers du tabac et sa propagation dans la société. On peut penser que ce type d'arguments émerge spontanément dans la population, indépendamment des projets des industriels de la cigarette. Il existe pourtant des expériences qui montrent la force et le succès des mots inventés par eux, leur faculté à se répandre, à entrer dans la langue et dans les esprits. En 1975, un mémo confidentiel est envoyé par Robert Pittman, patron du marketing de Brown & Williamson, propriétaire notamment des marques Kool et Lucky Strike, à l'ensemble de ses services. « De temps en temps, pour faire référence à un segment de marché ou à une certaine cible, nous utilisons des expressions comme "jeunes fumeurs", "mar-

ché jeune", "marché de la jeunesse", etc., écrit-il.
Ces termes ne décrivent pas précisément ce dont
nous parlons. Dans le futur, pour décrire la partie
la plus basse des tranches d'âge du marché de la
cigarette, merci d'utiliser le terme "jeunes adultes
fumeurs"[5]. »

Le mémo est motivé par les attaques menées
contre les cigarettiers, accusés de mettre en œuvre
des messages publicitaires et des stratégies marketing destinés aux enfants ou aux très jeunes adolescents. L'ajout du terme « adulte » dans la qualifica-
tion de la cible (sans rien changer à sa définition)
permet de contrer ces mises en cause qui s'inten-
sifient au milieu des années 1970. « Jeunes adultes
fumeurs » : voilà donc une nouvelle expression qui
va pénétrer l'espace public. Or si l'on cherche la
fréquence avec laquelle celle-ci est utilisée dans un
corpus représentatif de la langue anglaise — les
dizaines de milliers de livres de fiction, d'essais,
d'articles de presse, de publications savantes, etc.,
numérisés en mode texte par Google —, on voit
que « jeunes adultes fumeurs » (*young adult smokers* en version originale) n'existe quasiment pas
dans tout ce qui est écrit en anglais entre 1880 et
1975. Mais à partir de cette date, le terme fait florès
et passe dans la langue commune. Son occurrence
est quatre-vingt-treize fois plus fréquente en 1983
qu'en 1976 sur l'ensemble du corpus de Google
Books. En 1999, l'expression était plus de cent
trente fois davantage utilisée qu'en 1976[6]. Qu'un
mémo de quelques lignes concocté au milieu des
années 1970 par un communicant de l'industrie

du tabac puisse avoir eu un tel effet sur la langue écrite et sur la pensée est proprement fascinant.

Si une marque de produits laitiers, par exemple, introduisait à dessein une centaine d'additifs dans ses yaourts de manière à en rendre les consommateurs dépendants, en même temps qu'ils détérioreraient leur santé suffisamment pour leur ôter en moyenne dix ans d'espérance de vie, et si cette même marque de produits laitiers usait de subtiles techniques marketing pour toucher les jeunes adolescents, nous descendrions dans les rues, nous ferions le siège de ses usines pour protéger la santé de nos enfants. Avec le tabac, rien de cela. Nous acceptons la même situation avec une formidable apathie. « Ce n'est pas la même chose » est la réponse classique à ce genre d'objection. Sans que l'on sache jamais réellement en quoi « ce n'est pas la même chose »…

Parfois, introduire des idées dans la population demande un peu plus d'efforts et d'investissements. Surtout lorsque l'idée que l'on veut implanter dans l'esprit public est en rupture complète avec le réel, voire quand elle soutient l'exact inverse de la réalité tangible des choses. Ainsi, nous associons volontiers le fait de fumer à la liberté individuelle et nous sommes presque instinctivement portés à l'idée que l'interdiction du tabac dans les lieux publics, par exemple, contrevient à une liberté inaliénable : celle de fumer. Est-on jamais « libre de fumer » ? Une petite fraction des fumeurs consomment la cigarette librement, sans développer d'addiction très forte. Mais la plupart des enquêtes d'opinion montrent clairement

que la majorité des fumeurs souhaiteraient cesser
de fumer et qu'ils n'y parviennent pas — la plupart ayant découvert la cigarette à l'adolescence.
Pour nombre d'entre eux, fumer n'est donc pas une
liberté mais un esclavage dont il n'est pas possible
de se défaire, sauf à rendre sa vie momentanément
insupportable.

Être «libre de fumer» : l'installation dans la
population de ce réflexe mental — qui ne résiste
ni à l'analyse critique ni même au simple bon sens
— est un remarquable tour de force. Derrière ce
spectaculaire retournement de la réalité, il y a bien
sûr le matraquage des images publicitaires. Mais il
y a aussi quelques faillites qui annoncent celles que
l'on découvrira plus loin et qui, elles, concernent
les institutions scientifiques. Car, aux États-Unis, si
cette idée de «liberté de fumer» s'est si bien portée
pendant tellement longtemps, c'est aussi parce que
l'American Civil Liberties Union (ACLU) — peu ou
prou l'équivalent outre-Atlantique de la Ligue des
droits de l'homme (LDH) française — a bien souvent fait croisade commune avec les industriels du
tabac. Par exemple pour la «liberté de fumer sur
le lieu de travail»… Les *tobacco documents* offrent
une déprimante explication à cette communauté
de vues. Entre le milieu des années 1980 et le début
des années 1990, Philip Morris et RJ Reynolds ont
accordé près de 1 million de dollars de largesses à
l'ACLU. Dans les documents comptables des fabricants de cigarettes et des organismes qui leur sont
affiliés de la base de données des documents de
l'industrie, la recherche du terme «American Civil

Liberties Union » retourne quelque quatre-vingt-dix-huit occurrences.

Nous voici donc, en quelque sorte, transportés dans la trame de *1984*, le roman de George Orwell où un État totalitaire et omnipotent fait répéter aux foules que « la paix c'est la guerre », que « l'amour c'est la haine ». Dans le monde de *Big Tobacco* comme dans celui de Big Brother, « l'esclavage, c'est la liberté ».

LE RETOURNEMENT DE LA SCIENCE

De la même manière que nos conversations sont biaisées par le marketing des cigarettiers, de la même façon que l'esprit public a été contaminé par leur propagande et par le détournement ou la fabrication d'images, la science et la vie académique ont été détournées de leur fonction première. L'histoire et les sciences de la vie sont probablement les disciplines qui ont le plus été instrumentalisées et perverties par le tabac. Ce n'est pas seulement d'un détournement qu'il s'agit : il s'agit aussi de retourner la démarche scientifique contre la science. C'est-à-dire faire de ses principaux moteurs — le doute, la prise en compte d'éléments contradictoires, la recherche toujours accrue d'exactitude — de formidables instruments pour *ralentir* le rythme d'acquisition des connaissances et des savoirs sur le tabac et ses méfaits.

L'histoire est célèbre. Elle a tant et tant été racontée en Amérique du Nord qu'elle est connue de tous. En France et en Europe, elle soulève tou-

jours la surprise, l'étonnement et l'incrédulité. Les
14 et 15 décembre 1953, les principaux patrons de
l'industrie du tabac se rencontrent à l'hôtel Plaza
de New York. C'est une réunion de crise. Plusieurs
titres de la grande presse — le *New York Times*, *Life*,
etc. — ont commencé à distiller une information
de nature à nuire profondément au *business* de la
cigarette et à son avenir : des chercheurs du Sloan-
Kettering Institute sont parvenus à déclencher des
cancers chez des rongeurs en leur appliquant sur
la peau le goudron présent dans les cigarettes. En
réalité, le lien entre cancer du poumon et cigarette
était suspecté de longue date et la découverte du
Sloan-Kettering Institute n'était nullement une
surprise. Elle n'en était, d'ailleurs, que plus dangereuse pour le commerce de la cigarette.

À leur réunion de l'hôtel Plaza, les grands
patrons américains du tabac convient John Hill
— le patron du cabinet de conseil en relations
publiques Hill & Knowlton —, qu'ils choisissent
pour les conseiller dans cette passe délicate. Dix
jours plus tard, le 24 décembre 1953, John Hill
adresse à ses mandants un document de seulement neuf pages dont la valeur historique et épis-
témologique est considérable. Sobrement intitulé
« Recommandations préliminaires aux fabricants
de cigarettes », il dresse un plan d'action « sur le
long terme » qui intègre l'utilisation de la science
à des fins de communication. Il ne faut pas aller
contre la science, il faut la détourner. Il ne faut pas
entraver la recherche, il faut l'encourager, la rémunérer, l'orienter, dit en substance le document. « Il
n'y a rien que les fabricants de cigarettes puissent

dire ou ne pas dire pour empêcher les gens d'être soucieux de leur santé, sans parler de leur peur du cancer[7]», écrit John Hill. Aussi, pour ne pas discréditer leur action, les cigarettiers veilleront à ne «rien faire qui les ferait paraître indifférents aux considérations sanitaires» pas plus qu'ils ne «doivent apparaître minimiser les recherches qui vont contre la cigarette». Les industriels prendront garde à ne pas donner l'impression de nier systématiquement les découvertes qui iraient contre eux, ils doivent en susciter de nouvelles et mettre en avant des scientifiques qui partagent leurs vues.

Le mémo de John Hill — qui fait littéralement entrer la science dans un nouveau chapitre de son histoire — conseille ainsi la création d'un organe commun aux géants de la cigarette, et qui serait dévolu à la recherche. Le nom proposé est le Tobacco Industry Research Council (TIRC) et c'est précisément celui qui sera choisi par les industriels. «Le mot "recherche" doit être inclus dans l'intitulé de ce comité, pour établir le fait qu'il entreprendra ou financera de la recherche scientifique fondamentale et ne sera pas seulement une agence d'information», argumente le génial John Hill. Le communicant ne se limite pas à poser les fondations de l'organe de recherche des fabricants : il lui donne même, sur deux pages, une ébauche de programme scientifique pour les années à venir, en dressant rapidement — mais avec quel formidable sens et de la science et de la communication ! — une liste de sujets de recherche et de questions à traiter en priorité.

«Pourquoi, dans certaines expériences, les souris montrent-elles une tendance à développer des cancers de la peau, après avoir été soumises à l'application des goudrons de la cigarette, alors que les tentatives d'induire des cancers du poumon en les plaçant dans des boîtes emplies de fumée de cigarette, échouent ? », « Pourquoi les taux de cancers du poumon varient autant selon les villes, alors que la consommation de cigarettes par individu y est approximativement la même ? », « Quelle est la corrélation, si elle existe, entre certains changements des modes de vie américains — comme l'augmentation constante de l'industrialisation et de l'urbanisation, ainsi que l'accroissement des problèmes de pollution atmosphérique dans nos centres urbains ? », « Quelle est l'augmentation de l'incidence, si elle est réelle, des cancers du poumon par rapport à d'autres maladies, au cours des dix dernières années ? », « Que peuvent être les effets statistiques des meilleurs diagnostics » sur la mesure de l'évolution réelle des cancers du poumon ?, « Quelles sont les maladies humaines attribuées par erreur au tabac au cours des derniers siècles ? », « Quels sont les bénéfices et les satisfactions tirés du fait de fumer, attestés par des tests scientifiques ou des mesures des réactions ou des attitudes du fumeur ? », etc.

Ce programme, ébauché en quelques jours sur un coin de table par John Hill, va être globalement suivi par le TIRC. Surtout, il fournit un *modus operandi* dont on verra qu'il a servi, à quelques ajouts et raffinements près, à toutes les industries placées dans une situation semblable à celle des cigarettiers en 1953. John Hill avait en outre prévenu : le TIRC devrait annoncer publiquement ses motivations, et montrer ainsi que «le premier et plus important intérêt de l'industrie est la santé publique», qu'«il n'y a pas de preuve des affirmations liant la cigarette et le cancer du poumon» et que «l'industrie inaugure un plan commun pour s'occuper de cette situation». Le «Frank Statement to Cigarette Smokers» est le premier acte du TIRC. Cette «franche déclaration aux fumeurs de cigarettes» est un communiqué d'une pleine page, publié le 4 janvier 1954 dans quatre cent quarante-huit grands journaux américains. Il dit en substance : nous ne nions pas qu'il puisse y avoir un problème, nous allons même participer à l'effort de recherche pour le cerner avec certitude et, si besoin, le régler.

Le TIRC changera de nom dix années après sa création et deviendra le Council for Tobacco Research (CTR). Mais peu importe son nom : quatre décennies durant, l'organe de liaison entre les cigarettiers et le monde de la recherche académique va financer des centaines de programmes de recherche dans les universités américaines et étrangères, tout en inondant d'argent les domaines des sciences de la vie servant ses intérêts. Le but n'est pas toujours de financer de la mauvaise recherche qui conclurait systématiquement à l'absence de risque de la consommation de tabac. Le but est aussi de financer de l'excellente recherche biomédicale dont les résultats peuvent — d'une manière ou d'une autre — être utiles à la perpétuation et à l'acceptation de la cigarette.

À son démantèlement en 1998, le CTR avait injecté au total quelque 300 millions de dollars

dans la recherche américaine. Encore cette somme
ne concerne-t-elle que les financements du CTR,
accordés au nom de l'ensemble de l'industrie du
tabac. Elle ne tient pas compte d'autres dizaines
de millions de dollars investis indépendamment du
CTR, de même qu'elle ne tient pas non plus compte
des sommes considérables engagées dans des missions de *consulting* qui ont concerné des milliers
de chercheurs dans le monde entier — missions
qui permettent aussi de biaiser la science, comme
on le verra dans la suite. Au total, c'est donc probablement bien plus d'un demi-milliard de dollars
qui a été dépensé par les géants du tabac pour
pervertir ou détourner la démarche scientifique.
L'importance du CTR aux yeux des industriels ne
fait pas de doute : « C'est la meilleure et la moins
chère assurance que l'industrie du tabac peut avoir,
et si le CTR n'existait pas, l'industrie devrait l'in-
venter ou mourir », déclare en 1975, au cours de
l'une des réunions du conseil, Addison Yeaman,
vice-président de Brown & Williamson.

Le premier directeur scientifique du TIRC/
CTR est un biologiste du nom de Clarence Little.
Il correspond à merveille à ce que recherche l'industrie : c'est un homme d'un certain âge — il a
déjà 64 ans lorsque les cigarettiers font appel à
lui —, qui a derrière lui une carrière couronnée de
succès. Il est membre de l'Académie des sciences
américaine, il a présidé l'université du Michigan et
jouit d'une position sociale élevée dans l'*establish-
ment* scientifique de son pays. Ce prestige et cet
entregent sont nécessaires pour attirer au conseil
scientifique du TIRC/CTR des personnalités scien-

tifiques de premier ordre, elles aussi bardées de titres, qui permettront d'asseoir la crédibilité de l'organisme inventé par John Hill. Mais parallèlement à ses titres et à sa contribution — réelle — à la science, c'est un homme de convictions fortes. Né en 1888, généticien, Clarence Little a fait toute sa carrière dans un contexte d'immenses bouleversements scientifiques. La découverte des mécanismes intimes de l'hérédité et de prédisposition à certaines affections impressionne fortement de nombreux savants. Clarence Little est de ceux-là. Et lorsqu'à cette révolution scientifique se mêlent certains penchants politiques très droitiers, l'eugénisme n'est pas très loin.

Selon les historiens des sciences Naomi Oreskes (université de Californie à San Diego) et Erik Conway (Jet Propulsion Laboratory/NASA), la pensée et les conceptions de Clarence Little « s'écartai[en]t grandement du courant de pensée dominant[8] » : « Dans les années 1930, Little avait été un fervent défenseur de l'eugénisme [...]. Ces conceptions n'étaient pas rares dans les années 1920 — elles étaient partagées par beaucoup de scientifiques et de politiciens [...] — mais presque tout le monde abandonna l'eugénisme dans les années 1940 lorsque les nazis montrèrent où ce genre d'idées pouvait mener. Mais Little demeura convaincu que, par essence, tous les caractères humains avaient une base génétique, y compris la vulnérabilité au cancer. Pour lui, la cause du cancer n'était pas le tabagisme, c'était une faiblesse génétique. »

En 1959, Little dresse dans un mémo confiden-

tiel la liste des pistes de recherche que le TIRC/CTR
doit soutenir et susciter dans la recherche académique. Il n'est pas étonnant que le premier point,
l'axe prioritaire de recherche choisi, soit libellé en
ces termes : « L'hérédité : dans quelle mesure la
nature biochimique des individus dépend de caractères innés ? Dans un même environnement, certains développent la maladie, d'autres non[9]. » Pour
Robert Proctor, « l'essentiel de la recherche financée par le TIRC/CTR a été dévolue non à examiner
les liens possibles entre la cigarette et le cancer du
poumon mais à s'intéresser d'une part aux mécanismes intimes de la cancérogénèse plutôt qu'à ses
causes, et lorsque les causes étaient effectivement
cherchées, elles l'étaient systématiquement hors
des effets du tabac ». En quelque quarante années
d'activité, environ six mille quatre cents articles
de recherche ont ainsi été publiés dans la littérature scientifique, introduisant, selon l'expression
de l'historien américain, « un macro-biais dans la
recherche en biologie, en particulier par le surfi-
nancement apporté à la génétique fonctionnelle »
— c'est-à-dire à un domaine de recherche destiné
avant tout à associer des gènes à des fonctions précises.

Le biais n'est pas réductible à la quantité considérable de recherches menées sur financement
(donc sur *volonté*) de l'industrie : avec l'abondance
des crédits destinés à un secteur précis, ce sont
des écoles de pensée scientifique qui se forment
et, avec elles, des manières d'envisager la réalité.
Aujourd'hui encore, cette tendance consistant à
s'intéresser davantage aux mécanismes molécu-

laires et aux déterminants génétiques des grandes maladies métaboliques qu'à leurs causes environnementales est très marquée. La presse se fait très régulièrement l'écho de la découverte du « gène de l'obésité », du « gène de susceptibilité au cancer du sein », etc. Ce déterminisme génétique est aujourd'hui encore régulièrement mis en avant par d'autres industries que celle du tabac.

Contrairement à une opinion répandue, les cigarettiers n'ont pas soutenu exclusivement de la mauvaise recherche, des travaux de piètre qualité qui auraient plus ou moins maladroitement tenté de réfuter les résultats liant le tabac à toutes sortes de troubles et de maladies. Une bonne part de la recherche ainsi soutenue était excellente : de nombreuses institutions prestigieuses — en fait, la quasi-totalité des départements de recherche biomédicale des grandes universités américaines — ont eu, à un moment ou un autre, recours à l'argent du tabac. Pas moins de six scientifiques américains qui furent plus tard lauréats du prix Nobel de physiologie et de médecine (en particulier Stanley Prusiner pour ses travaux sur le prion, ou encore Harold Varmus) ont ainsi mené une part de leurs travaux grâce à ces fonds. Bien que de grande qualité, bien qu'ouvrant la voie à des découvertes fertiles, ces recherches apparaissaient aux cigarettiers comme une manière de distraire l'opinion des risques du tabac. Cette technique — diluer un problème par la documentation d'autres problèmes — est une constante de l'industrie inventée par le tabac.

Dans son programme de 1959, Clarence Little

liste ainsi, outre les nécessaires travaux destinés à documenter les causes génétiques, donc *internes*, du cancer, ceux qu'il entend pousser pour explorer l'effet des infections (« Comment des bactéries ou des virus présents ou précédemment actifs peuvent-ils influencer des changements cellulaires ? »), de la nutrition (« Comment les divers nutriments pris, absorbés, stockés ou sécrétés par les individus affectent-ils des changements dans les tissus ou les cellules ? Le cholestérol est une substance désormais soumise à des intenses investigations, mais les déficits vitaminiques et autres déséquilibres peuvent être importants »), des hormones, du stress (« L'ulcère est déjà reconnu comme une maladie dans laquelle le stress est important »), des autres polluants de l'air, etc.

Financer des chercheurs prestigieux et des travaux de qualité présente un avantage pour les industriels : cela sert de caution à des travaux de piètre qualité, également financés par eux, dont le but est limité à réfuter ou relativiser les résultats de recherches défavorables à la cigarette. Dans les prétoires, les avocats des firmes poursuivies par des malades font régulièrement valoir ce fait, explique Robert Proctor : *Big Tobacco* n'a pas financé de la mauvaise science puisque Harold Varmus ou Stanley Prusiner ont obtenu le prix Nobel. En réalité, les demandes de financement qui étaient rejetées par le conseil scientifique du TIRC/CTR — ce dernier était malgré tout composé de chercheurs de renom qui ne pouvaient donner leur *imprimatur* à n'importe quel projet de recherche — étaient réexaminées par des avocats qui décidaient de débloquer (ou non) les fonds demandés. Les critères de choix n'étaient bien évidemment pas l'intérêt scientifique des projets proposés mais l'usage qu'il était possible d'en faire à des fins rhétoriques, médiatiques, de communication ou juridiques. Parfois, les avocats travaillant au sein du CTR démarchaient eux-mêmes des institutions de recherche pour faire mener des travaux qu'ils jugeaient intéressants et utiles.

Dès le milieu des années 1960, alors que le Surgeon General — c'est-à-dire la plus haute autorité de santé américaine — venait de déclarer officiellement en 1964 le lien entre cancer du poumon et tabagisme, des dizaines de tels projets, baptisés « *Special Projects* » (« Projets spéciaux » en français), se voient financés par le CTR. Un document interne de l'organisation, daté d'octobre 1966[10], en dresse sur une centaine de pages une liste non exhaustive, accompagnée de descriptions explicites des projets retenus. Par exemple, le Special Project 109 (SP-109) consiste à établir « une collection de cas d'emphysème chez des individus non fumeurs et jeunes » ; le SP-111 vise à collecter « des tissus d'autopsie présentant des altérations précancéreuses dans des poumons de non-fumeurs, se développant pour des raisons systémiques comme des déficits vitaminiques » ; le SP-106 est une « étude épidémiologique [menée] pour trouver des poches de haute incidence de cancer du poumon sans lien avec le tabagisme » ; le SP-101 est voué à produire des « analyses statistiques » nouvelles et « cherche à réduire la corrélation entre tabagisme et maladie

par l'introduction de variables additionnelles[11] »,
selon une note de février 1966. Etc.

Toute cette « production scientifique » ne vise
qu'à une chose : alimenter les communicants en
arguments, selon une stratégie de mise en doute
systématique de la science et de ses productions
« normales ». Cette stratégie n'a jamais été mise
en œuvre de manière fortuite. Elle est même mise
en théorie et formalisée dans certains mémos
internes. L'un des plus célèbres d'entre eux, daté de
1969, et puisé dans les archives du grand cigarettier Brown & Williamson, le dit sans ambages : « Le
doute est notre produit, car il est le meilleur moyen
de s'opposer à "l'ensemble des faits" présent à l'esprit du public. C'est aussi le moyen d'établir une
controverse. Dans l'entreprise, nous reconnaissons
qu'une controverse existe. [...] Si nous réussissons
à établir une controverse au niveau de l'opinion,
alors il y a une opportunité de mettre en avant
les "faits réels" sur le tabagisme et la santé[12]. » *Big
Tobacco* vend certes des cigarettes, mais il vend
avant toute chose du doute. S'il échoue à vendre
du doute, il échouera à écouler ses cigarettes.
Construire, grâce à la science instrumentalisée,
de fausses controverses est l'un des grands axes
de la « stratégie scientifique » des cigarettiers. De
fait, se réclamer d'un discours scientifique est plus
efficace pour asseoir sa crédibilité que nier en bloc
des résultats de recherche. « Nous ne pouvons pas
prendre une position directement opposée aux
forces anticigarette et affirmer que la cigarette
contribue à une meilleure santé, poursuit le même
mémo de Brown & Williamson. Aucune informa-

tion en notre possession ne soutient une telle affirmation. » Il ne faut donc pas nier la science, mais s'en réclamer. Et faire du doute scientifique l'un des moteurs de la démarche scientifique, un instrument de communication pour ralentir le rythme d'acquisition des connaissances, et surtout sa perception par les décideurs puis le public.

Cette stratégie a eu des effets de masse. Car en définitive le caractère cancérigène du tabac n'a été officiellement reconnu aux États-Unis qu'en 1964. Sans les manœuvres dilatoires de l'industrie, une telle reconnaissance aurait pu intervenir dix ans plus tôt. Quel a été l'impact, en termes de santé publique, de ces dix ans de retard ? Le premier élément à avoir à l'esprit est que, selon l'OMS, à chaque million de cigarettes fumées, c'est environ un mort prématuré dans les années qui suivent. « Si on décale les courbes de la consommation du tabac, c'est-à-dire si on place en 1954 le début de fléchissement constaté à partir de 1964, on voit que huit mille milliards de cigarettes "en trop" ont été consommées aux États-Unis. Elles n'auraient pas été fumées si le public avait su la vérité dix ans plus tôt, explique Robert Proctor. Cela représente environ huit millions de morts dans les décennies suivantes[13]. » Les mensonges d'une demi-douzaine de capitaines d'industrie provoquant la mort de plusieurs millions de personnes ? Un film qui mettrait en scène une conspiration de cette ampleur serait taxé d'irréalisme ou de loufoquerie.

LE PROJET COSMIC

La science n'est pas uniquement mise à contribution et détournée pour faire pièce aux résultats issus de la démarche scientifique traditionnelle, pour créer du doute et maintenir « la controverse vivante », selon une expression que l'on rencontre parfois dans les documents des industriels. La science instrumentalisée des cigarettiers sert également à fabriquer des idées. À mesure que les preuves de la nocivité du tabac sont devenues de plus en plus écrasantes et indéniables, les fabricants de cigarettes ont changé leur fusil d'épaule. Ils ont cherché à créer des histoires. Après l'avis du Surgeon General de 1964, un autre rapport officiel américain provoque une profonde consternation parmi les cadres de *Big Tobacco*. En 1988, la plus haute autorité sanitaire américaine rend public un avis scientifique dont le résultat est profondément anxiogène pour les consommateurs de tabac : la nicotine est aussi addictive que l'héroïne ou la cocaïne. On peut discuter à l'infini de la pertinence de la comparaison ainsi opérée entre une drogue licite et des substances bien plus psychoactives, alimentant des trafics sanglants et une délinquance internationale de la pire espèce. Il n'empêche. Avant même que l'opinion du Surgeon General ne soit rendue publique — les grandes lignes en étaient connues de longue date par les cigarettiers —, le rapprochement entre des drogues dures de sombre réputation et l'anodine cigarette porte un rude coup à l'industrie. Il faut réagir et asseoir l'idée que la consommation de tabac *répond à un besoin fondamental* des populations. Qu'il peut sembler mauvais pour la santé et exagérément addictif, mais qu'il est d'une manière ou d'une autre *nécessaire*. Il faut faire accroire l'idée que la cigarette remplit un certain nombre de fonctions qui auraient, de tout temps, été remplies par d'autres substances psychoactives. Et que si tel est le cas, c'est bien que la nicotine de nos cigarettes est pourvoyeuse de certains bénéfices — d'un point de vue anthropologique et sociétal, mais aussi pourquoi pas d'un point de vue sanitaire et biologique.

En janvier 1987, les cadres de Philip Morris imaginent ce qu'ils baptisent le « projet Cosmic ». Très ambitieux, ce projet secret n'a été mis au jour que tout récemment par Robert Proctor. Il entend fabriquer une histoire en jetant habilement des ponts entre les disciplines, notamment entre les sciences humaines et la biologie. Dans les années 1960, le CTR avait déjà financé des historiens de la médecine. Certains avaient donné toute satisfaction. Milton Rosenblatt (Virginia Medical Center) avait par exemple publié dans *Bulletin of the History of Medicine* une étude sur le cancer du poumon au XIXᵉ siècle suggérant fortement que l'augmentation de l'incidence notée depuis le milieu du XXᵉ siècle était principalement liée aux progrès du diagnostic. L'épidémie de cancers pulmonaires n'était pas corrélée au succès des nouvelles formes de tabac : elle suivait l'utilisation croissante des nouvelles techniques d'imagerie médicale… Le « surdiagnostic » était né.

Écoutons les communicants du cigarettier amé-

ricain décrire eux-mêmes le projet Cosmic dans
ce mémo de 1988 : «Le projet a commencé avec
une question des hauts cadres de l'entreprise :
"Que faisaient les gens, avant l'introduction du
tabac, pour satisfaire le même besoin?" La raison
profonde de s'interroger sur ce point est que nous
pouvons mieux nous préparer au futur si nous
comprenons notre passé, et les bénéfices que notre
produit offre à nos consommateurs[14]. » «Le champ
d'activité du projet traite de l'*histoire* et des aspects
comportementaux du tabac et de ses alternatives,
poursuivent les auteurs du mémo de Philip Morris, en soulignant eux-mêmes les idées-forces du
projet. [...] Le champ d'activité du projet exclut les
effets sanitaires du tabagisme.» Ainsi, on voit clairement que la nocivité du tabac n'est plus discu-
table pour les cadres de *Big Tobacco* au milieu des
années 1980. Au détournement de la science utilisé
dans les années 1960 et 1970 pour mettre en doute
le lien entre différents cancers, maladies cardio-
vasculaires et consommation de tabac succède une
autre grande thématique : «Oui, le tabac est peut-
être mauvais pour la santé par certains aspects,
mais il pourvoit des avantages qui sont reconnus
de longue date par les sociétés», disent désormais,
en substance, les cigarettiers. «Les théories scientifiques actuelles sur le comportement tabagique
ont été étudiées et un réseau extensif d'historiens
et de scientifiques travaillant dans ce domaine a
été développé dans le monde entier», poursuit le
mémo de Philip Morris, qui précise trois objectifs :
    «a) conduire des recherches indépendantes sur
les bénéfices du tabagisme pour les consomma-

teurs et publier ouvertement les résultats de ces
travaux ;

« b) étudier l'histoire du tabac et les réponses
précédentes des sociétés à son utilisation, afin que
l'environnement dans lequel nous menons nos
affaires soit mieux compris ;

« c) développer et maintenir un réseau de personnalités qui nous tiendront informés de l'environnement scientifique et réglementaire changeant
dans lequel l'entreprise opère. »

Les professeurs Mangan et Colrain (université
d'Auckland, Nouvelle-Zélande), Eysenck et Bar-
rett (université de Londres), le professeur Haier
(université de Californie à Irvine), le psychiatre
et historien de la médecine David Musto (université Yale) et l'historien David Harley (université
d'Oxford) forment les premiers piliers du projet
Cosmic, selon le mémo de 1988. Sans oublier un
certain David Warburton, psycho-pharmacologue
à l'université de Reading, dont le travail s'avérera
déterminant dans le projet imaginé par Philip Morris. Ces directeurs scientifiques du projet Cosmic,
recrutés dans la communauté académique, sont
confortablement rétribués. La totalité des documents comptables ne sont pas accessibles en ligne,
mais ceux qui le sont permettent d'avoir une idée
des largesses de Philip Morris vis-à-vis de ses affidés académiques. Le 19 mars 1992, une simple
lettre adressée par David Harley au département
de la recherche de Philip Morris USA demande,
sans autre forme de procès : « Merci de remettre la
somme de 10 000 dollars à David Harley, à l'adresse
ci-dessus, pour paiement de sa recherche[15]. »

Aucun détail d'aucune sorte sur la nature de la recherche n'est précisé et l'adresse indiquée par l'historien est son adresse personnelle. Au total, plus de 115 000 dollars lui ont été versés par Philip Morris entre 1988 et 1991[16]. David Musto, lui, est financé à hauteur de 470 000 dollars entre août 1988 et décembre 1993[17] et les documents internes de Philip Morris montrent que «la présentation de ses opinions aux *mass media*[18]» fait partie du contrat. Les exemples sont légion.

Dès son engagement aux côtés de Philip Morris, David Harley produit toutes sortes de prestations en lien avec la mission que lui a assignée son employeur secret. Sans dévoiler sa subordination financière à celui-ci, il multiplie les prises de parole publiques «replaçant» l'usage de la cigarette dans une perspective historique : plusieurs conférences diffusent ces idées, au début des années 1990, dans la communauté des historiens. En 1993, David Harley signe également dans *Bulletin of the History of Medicine*, toujours sans faire état de ses liens avec Philip Morris, une longue étude intitulée «Les débuts de la controverse du tabac : puritanisme, James Ier et les médecins du roi», dans laquelle il place le commencement d'une prétendue «controverse» à l'époque du règne de James Ier d'Angleterre (1566-1625). Avec grand talent, l'historien normalise le projet industriel des cigarettiers en réduisant ses oppositions à une vieille lubie puritaine qui ressurgit de temps à autre. On peut penser que cette torsion de l'histoire destinée à servir les intérêts de Philip Morris et consorts demeure confinée aux revues savantes et à la communauté des historiens. Qu'elle ne sert, en somme, à rien ou à peu de chose.

C'est pourtant faux : les idées telles que celles-ci, qui semblent aller à contre-courant des opinions perçues comme dominantes et donc un peu triviales — « le tabac, ce n'est pas bien » —, rencontrent toujours un vif succès. À ceux qui les adoptent, elles donnent l'illusion qu'ils raisonnent, qu'ils en savent plus, qu'ils savent mieux que les autres. Elles leur donnent des munitions rhétoriques assurant une sorte de suprématie intellectuelle sur leurs contradicteurs, garantie par une position en apparence originale et iconoclaste, tout autant qu'appuyée sur un *ersatz* de raisonnement. Cette histoire de James Ier d'Angleterre qui lutte contre la cigarette pour des raisons de puritanisme et d'hygiénisme avant l'heure n'est sans doute pas fausse ; mais le rapprochement avec la situation actuelle et l'industrie cigarettière est parfaitement trompeur. Et c'est précisément cela qui fait mouche.

En 1998, dans son livre *La Guerre du tabac*, le journaliste Michel de Pracontal la reprend à son compte et l'histoire fait florès en France. De fait, qu'en disent ceux, journalistes ou intellectuels, qui rédigent des recensions de cet ouvrage ? François Chast, chef du service pharmacologie-toxicologie de l'Hôtel-Dieu, écrit dans la *Revue d'histoire de la pharmacie* à propos du livre de Michel de Pracontal : « La première grande campagne antitabac intervient sous le règne de James Ier avec son pamphlet *A Counterblast to Tobacco*. Walter Raleigh, le grand importateur de l'usage du tabac en Europe, sera décapité sous son règne. Venue des pays anglo-saxons, cette croisade internationale se justifie par l'objectif évidemment légitime de réduire les dangers de la fumée. Mais il est clair que sa portée dépasse le simple combat sanitaire : la guerre du tabac traduit aussi un vaste mouvement culturel qui fait de la santé le dernier idéal, érige la longévité en valeur suprême et aspire à l'utopie d'une société sans risque. » Dans sa critique, *Le Monde* se place à distance du livre mais prend malgré tout acte de ce qu'« un nouvel hygiénisme a pris naissance aux États-Unis, avant de faire tache d'huile » et évoque un « néopuritanisme reposant sur l'utopie d'une société sans maladie et sans risque ».

Il est toujours fascinant, et aussi assez perturbant, d'observer la manière dont des arguments fabriqués par l'industrie du tabac se répandent dans la société, comment ils trouvent leur place dans le bouillonnement et le flot des idées. Le livre de Michel de Pracontal offre à cet égard un exemple admirable. Bon nombre d'arguments mis en avant dans son ouvrage sont très précisément ceux fabriqués par l'industrie : la cigarette n'est pas le problème puisqu'elle existe depuis si longtemps, le problème est le néopuritanisme. C'est ce dernier qui a le caractère de nouveauté, c'est lui qui fait que l'on parle tant de la cigarette et de ses ravages. C'est lui, enfin, qui menace la liberté, notre liberté. D'ailleurs Michel de Pracontal l'écrit sans ambages : « Le rêve d'un monde sans tabac n'est pas dépourvu de beauté. Mais son air trop pur pourrait se révéler plus toxique que la fumée. » Dans son livre, le journaliste scientifique exprime par ailleurs ses doutes sur les statistiques « officielles » selon lesquelles un fumeur sur deux mourra du tabac. Celles-ci, comme d'autres études, sont produites par une « science politiquement correcte » et une recherche « au service de l'idéologie sanitaire ». Ce sont les mots mêmes des industriels.

En 1996, Michel de Pracontal avait demandé un entretien à des cadres de *Big Tobacco* pour la préparation de son livre. Dans leurs messages internes, les cadres de RJ Reynolds font grand cas de la venue du journaliste français puisqu'« il a été jugé par Philip Morris comme ayant été très honnête [*very fair* dans le texte] dans ses traitements précédents du tabac[19] ». On en déduit au passage que les responsables de Philip Morris échangent avec ceux de RJ Reynolds des informations ou des opinions sur les journalistes qui s'intéressent au tabac. Que lui a-t-il été exposé ? On ne sait. Reste que le livre publié en 1998 reprend à son compte et avec fidélité des arguments systématiquement mis en avant par l'industrie. Ainsi vont et circulent les idées, de leurs lieux de fabrication aux cerveaux qui les accueilleront et les retransmettront à leur tour. Avec l'histoire de James Ier d'Angleterre, on voit un exemple de cheminement de l'idée trompeuse, depuis le mémo fondateur du projet Cosmic en 1987 jusqu'à un livre de journaliste publié en France une décennie plus tard, et ses recensions dans les revues savantes comme dans la presse généraliste.

L'idée de déporter la controverse sur un supposé puritanisme auquel on cherche de commodes racines historiques n'est que l'un des succès du projet Cosmic. Le plus frappant, le plus éclatant d'entre eux, a été celui d'associer la cigarette à la nicotine, puis la nicotine à certains avantages psychologiques et physiologiques, bien distincts de la seule nécessité de soulager l'addiction : plaisir, mais aussi performances cognitives accrues et meilleur système immunitaire — donc meilleure santé. L'une des chevilles ouvrières de ce succès a été le psycho-pharmacologue David Warburton, professeur à l'université de Reading. Depuis le début des années 1980, l'industrie américaine du tabac se passionne pour les travaux du chercheur britannique, qui associent l'utilisation de nicotine notamment à de meilleures facultés de mémorisation et de concentration. En 1989, Philip Morris met sur pied un groupe informel de scientifiques et d'universitaires, dont il confie l'animation et la coordination à David Warburton. Le nom de ce groupe informel choisi par les communicants du cigarettier est ARISE, acronyme d'Associates for Research Into Substances Enjoyment ou « Associés pour la recherche sur les substances de plaisir ». Le nom de cette structure changera ensuite pour être Associates for Research Into the Science of Enjoyment (ou « Associés pour la recherche en science du plaisir »), l'avantage étant de conserver le plaisant acronyme ARISE et d'ajouter le terme « science » dans le nom du groupe.

Les objectifs, expliquent les maîtres d'œuvre du projet dans un mémo confidentiel[20], sont de « développer la recherche sur l'agrément offert par les produits qui donnent du plaisir », « contribuer au débat social sur l'acceptabilité », « développer ces

thèmes de manière à ce qu'ils soient compris par
une large audience, y compris le grand public ». La
principale activité d'ARISE est de réunir des scientifiques — sciences humaines et sciences de la vie
mêlées — afin de les faire discourir sur le plaisir,
ses bénéfices, ses ennemis dans la société. Et d'invi-
ter journalistes, régulateurs, autres scientifiques, à
assister à ces conférences. La cigarette y est abor-
dée, noyée à dessein dans la foule de ces innocents
« petits plaisirs de la vie » que sont un verre de vin,
un carré de chocolat, une tasse de café... Il faut à
tout prix, ajoutent les architectes d'ARISE, « sépa-
rer la nicotine » de l'héroïne et de la cocaïne — dont
le Surgeon General vient de déclarer qu'elles éga-
laient la cigarette en potentiel addictif — et en faire
un objet d'étude de la « science du plaisir ».

Que dit cette science ? « Le plaisir fait baisser le
niveau de cortisol et rend le système immunitaire
plus efficace », « la dépression augmente le niveau
de cortisol et fait baisser les catécholamines, ce
qui augmente les risques de maladies comme
les cancers, les maladies cardio-vasculaires, les
ulcères, les infections », ajoute la note de présentation d'ARISE. L'idée-force est de réunir des universitaires et des chercheurs qui travaillent sur le
thème du plaisir au sens large et d'inclure leurs
réflexions — qui n'ont souvent pas grand-chose à
voir avec la cigarette — dans un édifice médiatique
qui fait le lien avec le tabac. « Les effets sensoriels,
et autres, de l'alcool, du chocolat, du thé, du café
ou du tabac donnent du plaisir et sont donc bénéfiques pour la santé », tandis que « le café, le thé et
la cigarette augmentent l'attention et la mémoire

et augmentent donc l'accomplissement au travail,
ce qui prodigue aussi du plaisir ».

Nous y voilà : la cigarette, première cause de
mortalité évitable dans le monde, responsable de
cent millions de morts prématurées au XXᵉ siècle
et d'un milliard de plus à venir au cours du XXIᵉ,
est « bonne pour la santé ». Dans le monde de *Big
Tobacco*, « la maladie et la mort, c'est la santé ».
Bien sûr, le principal artisan d'ARISE, David Warburton, n'est pas fou. Il ajoute systématiquement
dans les communiqués de presse qu'il rédige à
l'intention des journalistes que les « plaisirs » prodigués par la cigarette doivent être recherchés avec
« modération » pour qu'ils se révèlent bénéfiques.
Quant à savoir ce qu'est une consommation modérée... Interrogé en janvier 1994 par un journaliste
de la télévision canadienne sur ce point précis,
David Warburton répond que « les individus déter-
minent pour eux-mêmes ce qui est bon pour eux
[...] afin qu'ils puissent bénéficier des avantages
sans se causer de problèmes[21] ». En somme, l'appel
à la « modération » est un pur argument de façade
— d'ailleurs, il est simplement grotesque d'appeler
à la modération à propos d'un produit aussi hautement addictif que la cigarette.

En 1989, ARISE organise une première conférence à Florence. Bien d'autres suivront : Venise
(1991), Bruxelles (1993), Amsterdam (1995), Paris
et Rome (1997), Kyoto (1999)... Que se dit-il au
cours de ces réunions savantes ? À celle de Rome[22],
par exemple, le professeur Vittorino Andreoli, psychiatre à l'hôpital civil de Vérone, fait une présentation intitulée « D'une société de culpabilité à une

société de plaisir », dans laquelle il assure que « la transgression est une déviation de la norme sociale qui peut procurer du plaisir » ; le psychologue David Benton, professeur à l'université du pays de Galles, intitule sa première présentation « Chocolat, humeur et culpabilité » et sa seconde « Pouvez-vous contrôler votre humeur avec des sucres ? » ; le professeur Michel Cabanac, du département de physiologie de l'université Laval (Canada), évoque pour sa part « le plaisir et l'optimisation du travail mental et physiologique » ; les professeurs Anthony Cleare et Simon Wessely, de la faculté de médecine du Kings College de Londres, font un lien entre « anhédonie et anénergie » ; le sociologue français Claude Fischler, directeur de recherche au CNRS, parle, lui, de « douceur, plaisir et moralité », etc.

Mises ensemble, les communications de la cinquantaine de scientifiques, chercheurs et universitaires ayant participé aux activités d'ARISE forment un sympathique et séduisant tableau. Celui d'une société gagnée par le puritanisme où le plaisir — non seulement source de bien-être mais également de bonne santé — est de plus en plus vilipendé par des ayatollahs de la santé publique. Le constat général n'est d'ailleurs pas forcément et complètement faux ou trompeur. Mais il ne s'applique simplement pas à la grande majorité des clients de *Big Tobacco*, qui fument pour être ponctuellement soulagés de leur addiction à la nicotine et redevenir normalement performants et productifs dans leurs activités quotidiennes, plutôt que par plaisir librement pris — comme ce peut être le cas avec le fameux carré de chocolat, la tasse de café ou le verre de vin. Une grande réussite pour Philip Morris, inventeur d'ARISE, est d'avoir trouvé des associés industriels, qui se sont finalement retrouvés, au moins partiellement, instrumentalisés dans l'opération. D'autres soutiens financiers s'adjoignent aux fabricants de tabac dès le milieu des années 1990 : Coca-Cola, Guinness, Nestlé, l'association des agences de publicité européenne, Kraft General Foods, ou encore Eurotoques (organisation professionnelle européenne de cuisiniers et restaurateurs) rejoignent Philip Morris, BAT, Gallaher, Rothmans et RJ Reynolds[23]. Être parvenu à enrôler à ses côtés des géants de l'agroalimentaire est déjà une forme de validation du message que tentent de faire passer les cigarettiers grâce à l'instrumentalisation de la science : une petite cigarette, c'est comme une tasse de café.

La question de l'honnêteté intellectuelle et de la sincérité des scientifiques participants se pose inévitablement. Mais contrairement à une opinion couramment répandue dès lors que les mécanismes et les intentions de ce genre d'opération sont révélés, il est probable que la grande majorité des scientifiques enrôlés dans les activités d'ARISE ont été de parfaite bonne foi. Un coup de sonde dans les *tobacco documents* montre que beaucoup, à l'image du Français Claude Fischler, ne sont pas rémunérés, mais seulement défrayés, pour leurs prestations. Les communications qu'ils présentent au cours des conférences sont vraisemblablement tout à fait conformes à leurs idées, leurs convictions et leurs travaux. Ces derniers sont cependant souvent très minoritaires ou marginaux au sein de leur propre communauté. Tout le génie des industriels est alors d'effectuer un patient travail de veille pour identifier les scientifiques, chercheurs, universitaires, dont les opinions ou les recherches, mises dans un certain contexte, pourraient leur être utiles.

Les *tobacco documents* montrent que Claude Fischler est repéré en 1992 par Hélène Bourgois-Kornel, la directrice du Groupement de fournisseurs communautaires de cigarettes (basé à Paris, représentant les industries américaine, britannique et française du tabac), qui fait suivre un de ses articles (« L'addiction, un concept à utiliser avec modération ? ») à ses homologues bruxellois. Qui eux-mêmes prennent la décision de soumettre[24], en janvier 1993, le papier de Claude Fischler à une vingtaine de hauts cadres de Philip Morris, BAT, Imperial Tobacco, RJ Reynolds, etc. La suite de l'histoire n'est pas accessible, mais il semble clair qu'après la lecture de l'article, Claude Fischler a été jugé « invitable » aux événements d'ARISE. Il est convié en 1997, « aux frais de la princesse », confiera-t-il plus tard au journaliste David Leloup, pour intervenir à la conférence de Rome. Si les idées de Claude Fischler plaisent tant à l'industrie, c'est qu'elles « perpétuent l'argument de "l'inévitabilité" — "les gens qui mangent meurent" — selon lequel il n'y a aucune raison d'éviter tels produits puisque de toute façon nous mourrons tous, estime Elizabeth Smith, chercheuse au centre d'études sociales et comportementales de l'université de Californie à San Francisco. Cela sans se poser la question de savoir comment — paisiblement ou dans la douleur, à la suite d'un cancer du poumon ou d'un diabète? — ni quand : à 80 ou à 60 ans[25]? » Le sociologue mêle en outre les effets scientifiquement avérés de ces produits sur la santé et les croyances qui leur sont associées et, poursuit Elizabeth Smith, « il se focalise sur les consommateurs et leur stigmatisation supposée plutôt que sur les industries qui promeuvent ces produits ».

La popularité de ces idées auprès des industriels — ceux du tabac en leur temps, mais de nombreux autres — fait de Claude Fischler un chercheur apprécié et courtisé. Et ce d'autant plus qu'il est membre du panel d'experts de l'Autorité européenne de sécurité des aliments (EFSA) pour la communication des risques. Ainsi, selon la déclaration d'intérêts qu'il a remplie pour l'EFSA, il est, ou a été, associé aux activités de la Fondation Nestlé, du Barilla Center for Food and Nutrition, de l'Institut Benjamin-Delessert (qui réunit le secteur du sucre), de Knorr, de l'Institut Bonduelle… Pour le tabac, les choses sont différentes. Interrogé, il explique n'avoir « jamais été consultant pour l'industrie du tabac » et n'avoir pas eu de collaboration particulière avec ARISE. « J'ai juste été invité par David Warburton à parler à un colloque, par l'intermédiaire d'un collègue américain, se souvient-il. J'ignorais que les cigarettiers finançaient l'événement, mais j'avais trouvé bizarre qu'un groupe de gens fument aussi ostensiblement lors des pauses. Je n'avais jamais vu ça à un colloque[26]… »

D'autres, à l'inverse de Claude Fischler, savent parfaitement ce qu'ils font, pour qui et pourquoi ils

le font. Le psychiatre Michael Bozarth, professeur
à l'université de l'État de New York à Buffalo, est
un habitué de ce genre de conférences. Il établit
ses propres factures, dont les *tobacco documents*
gardent copie : comme celle de 20 812 dollars qu'il
adresse en novembre 1994[27] à l'un des cabinets
d'avocats de Philip Morris, pour sa participation
à deux réunions. Pour ceux qui sont parfaitement informés de ce qu'ils font, il faut noter une
absence fréquente de déclaration de liens d'intérêts, contrairement aux règles éthiques en vigueur
dans la communauté scientifique : sur la douzaine
d'articles publiés par David Warburton dans la littérature scientifique portant sur la nicotine, aucun
n'indique les liens financiers entre l'auteur et les
industriels. En 2006, jeune retraité de l'université
de Reading, David Warburton avait été interrogé
sur ce point par le journaliste britannique George
Monbiot, auquel il avait rétorqué « ne pas avoir le
temps de répondre ».

La manière dont le « sujet ARISE » est « vendu »
aux médias ne trompe pas. Elizabeth Smith a
patiemment inventorié et analysé la couverture
que la presse généraliste a faite des conférences
d'ARISE. Le résultat est désastreux pour la profession, sans distinction de support, de pays, de
couleur politique des journaux. Dans leurs communications internes, les responsables d'ARISE
se félicitent d'ailleurs de la manière dont les journalistes réagissent et mordent à l'hameçon. Entre
1989 et 2005, les activités et les positions du petit
groupe informel ont généré huit cent quarante-six
articles de presse, dans vingt pays. Près de cinq

cents d'entre eux ont mentionné la cigarette sur
un pied d'égalité avec les autres «petits plaisirs»
auxquels les cigarettiers voulaient voir leur produit associé. Environ quatre cents de ces articles
ont présenté la cigarette sous un jour positif, du
point de vue du plaisir procuré comme de celui
de bénéfices sanitaires présumés. Dans les inter-
views qu'ils donnent à la presse, certains membres
d'ARISE vont bien plus loin que le discours malgré tout académique et policé qu'ils tiennent au
cours de leurs communications scientifiques. Dans
à peine moins d'un article de presse sur huit, les
politiques de santé publique sont dénoncées
comme «fascistes», «antidémocratiques» ou simplement contre-productives puisque la frustration
et la culpabilité engendrent du stress. Ainsi, sur les
huit cent quarante-six articles de presse suscités
par ARISE, cinq cent onze mentionnent des dégâts
sanitaires potentiellement liés à des mesures de
santé publique. Le retournement de la réalité est
total.

À plusieurs reprises, les journalistes tentent toutefois de faire leur travail comme on le leur a toujours appris : ils interrogent d'autres scientifiques
qui contestent ou qui relativisent la manière dont
le message d'ARISE est marketé et présenté au
public. Certes. Mais le résultat final n'en est pas
moins bénéfique aux industriels puisqu'il met
en scène une «controverse» fabriquée de toutes
pièces et mise en scène par l'industrie pour ressem-
bler à une dispute académique classique. Dans ce
genre de situation, opposer les points de vue dans
un souci de traitement journalistique contradic-

toire brouille la perception de la cigarette et de ses méfaits. Selon l'analyse d'Elizabeth Smith, seuls dix-huit articles, sur les huit cent quarante-six publiés au total, démontent méthodiquement les arguments et les intentions de l'industrie, sans reprendre à leur compte les éléments de langage des porte-parole d'ARISE. Tout le monde ne se donne pas ce mal. En janvier 1997, une journaliste radio en vue couvre la conférence de Paris et prodigue à ses auditeurs cette conclusion : « Un morceau de chocolat, un verre de vin, une bonne cigarette : vous pouvez y aller. Au lieu d'être obsédé par la santé, tout le monde devrait être obsédé par le plaisir, qui est source de bonne santé[28] ! » Preuve qu'une absence à peu près totale de sens critique n'est pas incompatible avec un remarquable esprit de synthèse.

DES CHERCHEURS PRÉCIEUX

Les effets bénéfiques de la nicotine, présumés ou avérés, ont été longtemps et âprement recherchés par les cigarettiers. Ce que des chercheurs comme David Warburton disaient observer sur les effets psychostimulants de la nicotine intéressait suffisamment Philip Morris et consorts pour que de belles sommes soient consacrées à en chercher la réalité biologique, à l'échelle du fonctionnement intime du cerveau. Des chercheurs français — dont certains de grand renom — seront ainsi soutenus par les cigarettiers américains dans le but de mener cette quête — uniquement motivée par la volonté de démontrer des effets bénéfiques de la cigarette, ou d'explorer les voies d'addiction de sa substance active, la nicotine. L'un de ceux qui ont travaillé en étroite collaboration avec Philip Morris sur le sujet est le neurobiologiste Jean-Pol Tassin, directeur de recherche à l'Inserm — dont le laboratoire était hébergé à l'époque au Collège de France, l'une des plus prestigieuses institutions de la vie scientifique et savante française. Le Collège aura d'ailleurs, pendant de longues années, des relations fortes et étroites avec Philip Morris, jusqu'à accueillir dans ses murs une association jouant le rôle d'écran entre les cigarettiers et les chercheurs qu'ils financent en France.

Au début des années 1980, le neurobiologiste Jean-Pol Tassin et Jacques Glowinski, respectivement directeur de recherche à l'Inserm et professeur au Collège de France, travaillent ensemble sur les récepteurs nicotiniques du cerveau — c'est-à-dire les zones cérébrales qui interagissent avec la nicotine. En novembre 1987, Iancou Marcovitch, alors directeur scientifique de Philip Morris Europe, se rend à Paris et rencontre Jean-Pol Tassin au Collège de France. « Le but de la discussion était d'explorer la possibilité d'un programme de recherche conçu autour des études du professeur Warburton, expliquent les notes de Iancou Marcovitch, accessibles dans les *tobacco documents*. Le docteur Tassin a une attitude objective vis-à-vis de la cigarette et est ouvert à l'idée d'une recherche sur la nicotine et les récepteurs nicotiniques. Le contact sera gardé et nous lui avons envoyé de la littérature [scientifique][29]. » Le financement des travaux menés dans le laboratoire de Jacques Glowinski et Jean-Pol Tassin sera soutenu par Philip Morris à hauteur de 2,8 millions de francs (546 000 euros courants) entre 1989 et avril 2000 — année à laquelle Jean-Pol Tassin prend la présidence du conseil scientifique de la Mission interministérielle de lutte contre les drogues et la toxicomanie.

Outre l'envoi de littérature scientifique, mentionné dans les notes de Iancou Marcovitch, les échanges épistolaires entre le cadre de Philip Morris et les membres du laboratoire de neuropharmacologie du Collège de France montrent une claire volonté de l'industriel américain de piloter ou à tout le moins d'influer sur les chercheurs. Dans un courrier adressé en 1989 à l'industriel, Jacques Glowinski explique que Jean-Pol Tassin est « enchanté et très stimulé par les échanges fructueux de [sa] réunion avec [le] comité scientifique[30] » de Philip Morris. « J'espère que vous avez trouvé nos deux lignes de recherche [...] intéressantes et que vous pourrez donner un avis favorable à la poursuite de cette collaboration, ajoute le professeur du Collège de France dans la même lettre. De fait, nous avons déjà eu une discussion au niveau du conseil de notre laboratoire pour envisager la poursuite de ce travail sous différents aspects complémentaires. » À l'été 1990, l'un des chercheurs du laboratoire se déplace à Hambourg pour présenter les premiers résultats obtenus. Le 29 juin 1990, Jean-Pol Tassin écrit à Iancou Marcovitch que la nicotine a des modes d'action différents de la morphine sur le cerveau. En juin 1990, nous sommes exactement deux ans après que le Surgeon General a publié son rapport sur l'addictivité de la nicotine, comparable à celle de la cocaïne et de l'héroïne.

Les chercheurs financés par le tabac publient une science qui certes apporte des connaissances nouvelles — il n'y a aucun lieu de penser qu'elle soit frauduleuse — mais qui avance guidée par les stratégies de communication des industriels. Le lien de subordination qui s'instaure lentement entre la structure détenant l'argent et les individus qui l'utilisent pour produire des connaissances transparaît dans de petits détails de la correspondance — nourrie — échangée entre les scientifiques et Iancou Marcovitch. Dans son courrier de juin 1990, Jean-Pol Tassin ajoute : « Nous rédigeons actuellement ce travail plus en détail afin de le publier dans un journal international. Au cas où vous auriez une préférence pour un journal particulier, n'hésitez pas à nous le faire savoir[31]. » La collaboration se poursuivra jusqu'en 2000, avec la proposition de Jean-Pol Tassin de travailler sur « l'effet neuroprotecteur de la nicotine ».

Neuf ans plus tard, le neurobiologiste français cosigne une étude[32] qui fera couler beaucoup d'encre. Après des expériences menées sur des rongeurs, les auteurs affirment que la nicotine seule n'est pas addictive. Qu'elle a besoin d'être associée à d'autres composants du tabac pour produire l'effet d'addiction. Comment formuler le communiqué de presse annonçant cette publication ? Voici la première phrase du texte rédigé par Jean-Pol Tassin et diffusé le 23 janvier 2009 par le CNRS à l'ensemble de la presse : « Sans être associée à certains composants du tabac, la nicotine n'est pas addictive. » Voilà qui permet aux dirigeants de *Big Tobacco* de continuer à clamer, la main sur le cœur et en s'appuyant sur de la science publiée dans les revues savantes, que la nicotine n'est pas addictive. L'Alliance contre le tabac et la Société française de tabacologie ne sont pas dupes et publient aussitôt un communiqué soulignant que cette étude « coïncide avec les intérêts de l'industrie du tabac qui a longtemps nié, dans sa communication externe, que l'addiction à la nicotine était la cause principale du maintien de la consommation et du marché du tabac ». Dans la communication interne de *Big Tobacco*, les choses sont quelque peu différentes. Car les preuves empiriques de l'addictivité de la nicotine sont si écrasantes qu'un responsable de Brown & Williamson écrit par exemple en juillet 1963 un mémo confidentiel à son état-major dans lequel il explique sans autre forme de procès : « La nicotine est addictive. Nous sommes dans le business de vendre de la nicotine, une drogue addictive efficace dans les mécanismes de relâchement du stress[33]. »

Il n'y a nul indice de fraude dans le travail de Jean-Pol Tassin et ses coauteurs. Mais une manière de tourner les choses, de les présenter, qui suscite automatiquement chez le profane des certitudes trompeuses. Ainsi, en conclusion de leur article, les chercheurs dirigés par Jean-Pol Tassin assurent avoir découvert à l'issue de leur travail les raisons pour lesquelles, « chez les humains, les thérapies de remplacement de la nicotine sont la forme la plus répandue d'interventions pharmacologiques, mais se sont révélées remarquablement infructueuses[34] ». Dans un article de recherche, on n'affirme rien qui ne soit étayé par d'autres études scientifiques. Chaque chiffre, chaque fait doit être très précisément documenté. Ainsi, à l'appui de l'affirmation selon laquelle l'utilisation de substituts nicotiniques (gommes, patchs, etc.) se révélerait infructueuse dans le sevrage tabagique, Jean-Pol Tassin cite deux études. La première ne montre nullement la prétendue inutilité des substituts : elle ne fait que décrire la baisse — réelle — de leur efficacité avec le temps. La seconde[35] analyse plus d'une centaine d'études cliniques, rassemblant des dizaines de milliers de patients, et menées au cours des dernières années, sur l'efficacité des substituts nicotiniques. En voici la conclusion : « Toutes les formes de traitements par substitution nicotinique (TSN) commercialisées (gommes à mâcher, patchs transdermiques, sprays nasaux, inhalateurs ou pastilles sublinguales) peuvent aider les personnes qui essaient d'arrêter de fumer à augmenter leurs chances de réussite. Quelle que soit leur forme, les TSN multiplient de 1,5 à 2 fois les chances de s'arrêter de fumer. » C'est ce que Jean-Pol Tassin et ses collègues traduisent par « remarquablement infructueuses ». L'étude citée affirme donc *l'exact inverse* de ce que lui fait dire Jean-Pol Tassin.

C'est aussi par ces petits détails que la discrète influence des cigarettiers continue de s'exprimer dans la littérature savante. Une unique étude menée sur quelques rongeurs fournit un résultat fondamental sans doute intéressant selon lequel d'autres constituants du tabac peuvent accroître les effets addictifs de la nicotine. Mais il est utilisé pour faire passer un message trompeur auprès de l'opinion et des responsables politiques : faire accroire l'idée qu'elle invalide plus d'une centaine d'études cliniques — c'est-à-dire menées sur des humains qui souhaitent s'arrêter de fumer et non sur quelques souris enfermées dans des cages. C'est en effet l'idée-force qui est retenue par la presse de l'expérience menée en 2009 par Jean-Pol Tassin : les substituts nicotiniques seraient inefficaces. Voilà un message qui sied aux géants du tabac qui se vivent comme concurrencés déloyalement par les géants de la pharmacie : ces nouveaux arrivants sur le marché de la nicotine — jusqu'à récemment chasse gardée de la cigarette — bénéficient des subventions de la Sécurité sociale (c'est le cas en France et dans de nombreux pays). Promouvoir l'idée que les substituts seraient inefficaces, c'est pousser pour qu'ils ne soient plus remboursés. C'est donc accroître mécaniquement le nombre de cigarettes vendues.

Il apparaît si impérieux à Jean-Pol Tassin de continuer à répéter cette affirmation trompeuse que — plus de trois ans après la publication de son travail sur le sujet ! — il écrit lui-même un billet sur le site participatif du *Nouvel Observateur* intitulé « Arrêter de fumer ? Ne comptez pas sur les patchs à la nicotine[36] ! » L'article est un remarquable condensé de tous les messages que l'industrie du tabac cherche à faire passer de longue date. Jean-Pol Tassin assure que « 75 % des gros fumeurs sont anxio-dépressifs et utilisent le tabac comme une automédication pour supporter leurs malaises psychiques » sans la moindre source pour étayer ce chiffre. Mais avec le sous-entendu que l'on a déjà rencontré plus haut, selon lequel la cigarette peut être un « médicament » pour soigner l'anxiété et la dépression. Dans la même veine, Jean-Pol Tassin répète qu'il « existe une différence minime entre patchs et placebo » — ce qui, on l'a vu, est démenti par l'état des connaissances sur le sujet — et ajoute que « ceux qui continuent à mâcher des gommes même s'ils ont arrêté de fumer depuis bien longtemps, c'est vraisemblablement parce que ce sont des excitants qui augmentent l'attention et les capacités intellectuelles ». On a, là encore, déjà rencontré cette ritournelle. La conclusion de l'article trahit les allégeances intellectuelles de son auteur de manière si criante qu'elle en est presque embarrassante. « Il est important que les personnes qui souhaitent arrêter de fumer soient au courant [de l'inutilité des substituts nicotiniques] et ne culpabilisent pas si elles ne parviennent pas, même avec l'aide d'un patch ou d'une gomme, à arrêter la cigarette », conclut-il en effet. En juin 2012, au *Monde* qui révélait ses liens passés avec Philip Morris, Jean-Pol Tassin avait notamment déclaré : « Je dois beaucoup à M. Marcovitch[37]. » Cette manière de confesser, presque inconsciemment, une forme de dette vis-à-vis de l'ancien haut cadre de Philip Morris est lourde de sens.

Porter la « bonne parole » dans les médias généralistes est important en ce que cela permet d'accéder à l'opinion et aux décideurs. Mais il faut aussi influer sur la communauté savante elle-même. En

2010, dans un long entretien à la *Lettre du Collège de France*, Jean-Pol Tassin se fait en quelque sorte l'avocat des cigarettiers, à destination d'un lectorat appartenant au sommet de la catégorie supérieure des scientifiques et intellectuels français — avec, il est vrai, l'honnêteté de rappeler au cours de l'entretien qu'il a bénéficié de subsides de ceux dont il parle. Il explique ainsi que «les cigarettiers, en cherchant à fidéliser et à augmenter leur clientèle, ont produit une véritable addiction pathologique, mais en quelque sorte sans le vouloir». «Ils ont toujours cherché à produire les cigarettes les plus agréables possible, avec l'idée que c'est ce qui fidéliserait les fumeurs, parce qu'ils faisaient le lien entre plaisir et addiction, ajoute le chercheur. De ce fait, on leur prête parfois de fausses intentions. Par exemple, on dit qu'ils mettent de l'ammoniac dans les cigarettes pour rendre les fumeurs plus dépendants. En réalité, au départ, ce n'est pas du tout pour cette raison. Ils veulent obtenir un goût agréable.» De nombreux livres, des témoignages de l'intérieur de l'industrie, des enquêtes journalistiques ont pourtant montré au cours des dernières décennies que certains additifs — en particulier l'ammoniac — avaient été ajoutés dans le seul but d'accroître l'addiction des fumeurs. «C'est le charabia de l'industrie», commente le cardiologue Stanton Glantz, professeur à l'université de Californie à San Francisco, l'un des meilleurs connaisseurs des secrets de l'industrie cigarettière, à propos des termes employés par Jean-Pol Tassin. «L'utilisation des mots "agréable" et "goût" est exactement la même que celle des entreprises du tabac, lorsqu'elles cherchent à contourner le fait qu'elles ont manipulé la nicotine et les additifs des cigarettes pour maximiser leur potentiel addictif[38]. »

L'intérêt pour Philip Morris de financer les travaux de tel ou tel chercheur ne tient pas uniquement à la nature des résultats qui sont attendus ou espérés de lui. Bien sûr, ce point demeure central et, dans leurs messages internes, les patrons de la recherche de Philip Morris ne s'embarrassent pas de précautions. « Clairement, je ne veux pas que nous investissions dans de la recherche qui ne pourra pas nous être utile[39] », écrit l'un d'eux à l'un de ses subordonnés, en 2002, pour motiver le refus d'une importante subvention demandée par un laboratoire de physique de l'École polytechnique. Mais au-delà de cet aspect, aider les chercheurs dans leurs travaux, et donc dans l'avancement de leur carrière, forge un lien durable dont les cigarettiers espèrent toujours qu'il adoucira la parole publique de ceux qu'ils ont ainsi poussés. En outre, les chercheurs des organismes publics de recherche ou des universités peuvent avoir, à un moment ou un autre de leur carrière, leur mot à dire en tant qu'experts, dans la conduite des politiques publiques. C'est un point déterminant. Ainsi, en marge du dossier déposé par Jean-Pol Tassin et Jacques Glowinski, le responsable de Philip Morris chargé de l'évaluer trouve important de noter que leur institution, le Collège de France, « représente la première entité de recherche neuronale en France et a un rôle d'expert dans toutes les décisions liées à la pharmacologie des drogues[40] ».

C'est probablement ce genre de considérations qui ont poussé Philip Morris à financer des scientifiques bénéficiant d'une situation particulière et emblématique, d'une autorité incontournable dans le domaine de la tabacologie. Né en 1927, Robert Molimard, professeur émérite à l'université Paris-Sud, résistant de la première heure, personnage haut en couleur en même temps que fondateur de la tabacologie française, est de ces cibles de choix pour les industriels. Au milieu des années 1980, alors que le docteur Molimard fonde la Société d'étude de la dépendance tabagique — la première société savante fondée en France autour des usages et des effets du tabac —, il reçoit ses premiers fonds de Philip Morris. Il sera au total financé à hauteur de 3,5 millions de francs (environ 700 000 euros courants) entre 1986 et 1998. Les *tobacco documents* n'étant pas encore numérisés et accessibles en totalité, il est impossible de savoir si le soutien du cigarettier américain au tabacologue français a effectivement cessé en 1998 ou s'il s'est poursuivi au-delà. Toujours est-il que l'on trouve dans les documents la trace d'une demande de financement[41] faite en 2000 par Robert Molimard, dont l'issue (favorable ou non) n'est pas connue. Dès 1986, les financements accordés par Philip Morris transitent par une association, Naturalia et Biologia, physiquement domiciliée au... Collège de France. Robert Molimard semble d'ailleurs avoir bénéficié d'un régime particulier puisqu'il est le seul scientifique français à avoir été financé par Philip Morris par le biais de cette association*, dont le nom n'apparaît dans les *tobacco documents* qu'associé à celui de Robert Molimard. Ce dernier, président de la Société française de tabacologie de 1983 à 2004, disposait de fait d'une position exceptionnelle dans l'organisation de la recherche sur le tabac et d'un prestige considérable auprès des responsables politiques.

Dans la plupart de ses publications, ses liens avec le tabac n'ont pas été dévoilés. Pas plus que dans ses déclarations d'intérêts. Membre du conseil d'administration du Formindep — un collectif de médecins œuvrant contre l'influence des groupes pharmaceutiques sur la pratique médicale —, Robert Molimard a dû fournir une déclaration listant ses liens d'intérêt (passés et présents), dans laquelle il dit n'avoir été financé par Philip Morris Europe que de 1988 à 1990, « pour maintenir l'activité de [s]on laboratoire » et pour « payer [s]a technicienne ». Soit un oubli de dix années de subventions. La révélation de ces liens par *Le Monde*, en juin 2012, a plongé le Formindep dans un profond embarras. Qu'une association qui lutte contre les conflits d'intérêts avec l'industrie pharmaceutique découvre dans son conseil d'administration une personnalité n'ayant pas déclaré une décennie complète de liens financiers avec un grand cigarettier, voilà qui fait un peu désordre. Le 26 juin 2012, le médecin a d'ailleurs reconnu les faits et présenté sa démission aux autres membres

---

* Celle-ci, fondée en 1958, existe toujours, mais n'est plus hébergée par le Collège de France.

du conseil d'administration du Formindep, qui l'ont refusée.

L'épisode n'a pas empêché Robert Molimard de continuer à prendre des positions publiques sur la cigarette, conformément aux arguments déployés de longue date par les cigarettiers, et en claire rupture avec l'état des connaissances scientifiques. Ainsi, le 2 août 2012, le médecin français rendait-il publique la lettre qu'il adressait — au nom du Formindep — au président de la Haute Autorité de santé (HAS), afin de plaider contre le remboursement des substituts nicotiniques. La missive était éloquemment titrée « Le mythe de l'addiction à la nicotine » et mettait en garde contre le manque d'indépendance du panel d'experts de la HAS, trop lié selon lui au monde pharmaceutique pour être crédible et objectif. Bien sûr, il ne faut pas sous-estimer la capacité des laboratoires pharmaceutiques à influencer les politiques publiques. Mais qu'un scientifique secrètement financé pendant douze ans par *Big Tobacco* soit celui — au nom d'une association destinée à désaliéner la médecine des intérêts privés ! — qui mette en garde les pouvoirs publics contre cette situation, en mobilisant de surcroît les arguments trompeurs de ses anciens commanditaires, a quelque chose d'à la fois surréaliste et inquiétant.

Très régulièrement, les prises de position de Robert Molimard dans le débat public ont rejoint celles de l'industrie. Sur la question de l'augmentation du prix des paquets de cigarettes — dont l'écrasante majorité des études montrent qu'elle a un effet sur la consommation —, le médecin français assurait en 1999 qu'elle ne ferait que favoriser la contrebande. Un argument systématiquement mis en avant par les cigarettiers pour contrer les hausses de taxes sur le tabac. Le rapport de 1988 du Surgeon General, dont on a vu à quel point il embarrassait les industries ? « Un canular fantastique monté par l'industrie pharmaceutique pour vendre ses substituts nicotiniques, gommes et patchs en tête[42] ! » L'interdiction de fumer dans les lieux publics ? « Une intrusion fascisante ! » confie-t-il en 2011 à un documentariste dont l'entretien circule sur le Net. Tout cela prononcé avec l'autorité du médecin, du savant.

Pour l'industrie cigarettière, soutenir Robert Molimard dans ses travaux était une priorité. En 1988, un mémo de Philip Morris précise qu'« après les élections françaises et la formation du nouveau gouvernement, le professeur Molimard continue d'être une figure clé, en France, car il reste membre de divers comités officiels qui traitent des aspects scientifiques du tabagisme[43] ». Des années plus tard, un autre mémo ajoute qu'il « est considéré en France comme un des experts les plus importants sur le tabagisme » et souligne également le rôle stratégique qu'il est susceptible de jouer auprès des pouvoirs publics : « Il a été membre de la commission officielle mise sur pied par le gouvernement pour discuter du tabagisme (la Commission Hirsch)[44]. » Les *tobacco documents* gardent la trace de dizaines de rencontres, à Paris, entre Robert Molimard et Iancou Marcovitch, au cours desquelles le médecin et chercheur français informe son contact de l'avancée de ses travaux, de la situation scientifico-politique relative au tabac en France, ou encore de sa nomination au sein de telle commission officielle[45].

De fait. En 1992, Robert Molimard est nommé membre de la commission d'experts officielle qui doit se prononcer sur une nouvelle liste d'additifs autorisés dans le tabac. C'était l'époque du «Conseil supérieur d'hygiène publique» qui remplissait, au sein du ministère de la Santé, le rôle dévolu aujourd'hui aux agences de sécurité sanitaire. Le comité d'experts rassemble quatre médecins ou pharmaciens, dont Robert Molimard ; le ministère de l'Économie a un représentant (membre de la Direction générale de la consommation, de la concurrence et de la répression des fraudes, DGCCRF) ; les industriels en ont deux, dont Hélène Bourgois-Kornel. Dans le compte rendu qu'elle fait à ses mandants américains de la première réunion du 17 décembre 1992, elle explique que «l'atmosphère était excellente[46]». «À ma surprise, ce qui est clairement sorti de cette réunion, ajoute-t-elle, c'est que contrairement à ce que nous avaient dit nos "amis" de la DGCCRF, c'est le ministère de l'Économie, et non le ministère de la Santé, qui pousse pour qu'une "justification" soit apportée, additif par additif.» Traduction : le panel de médecins choisis se montre moins regardant que le représentant de Bercy, et ce malgré les assurances apparemment obtenues par des «amis» dont l'identité n'est pas précisée. Le président du comité, le docteur Claude Boudène, n'a «aucune connaissance particulière du sujet», précise Hélène Bourgois-Kornel, tandis que le second scientifique du comité est « demeuré silencieux presque tout le temps » de la réunion. Robert Molimard, lui, a fait des suggestions, et notamment que « les additifs utilisés actuellement soient autorisés dans la nouvelle liste » et que « des données très sérieuses pour les nouveaux additifs à ajouter sur la liste » soient demandées. Une position qui rassure l'industrie puisqu'elle ne remet pas en cause, sur la foi d'éventuelles nouvelles données scientifiques, les « sauces » déjà utilisées par les cigarettiers. Finalement, la liste des substances autorisées — l'écrasante majorité des demandes de l'industrie seront satisfaites — fut publiée le 1er octobre 1995 au *Journal officiel*. Et il est remarquable de constater que la publication de cette liste ne fit aucun bruit, d'aucune sorte. Pas un journal ne s'en fit l'écho.

« *INSIDE JOB* »

Pour l'industrie du tabac, dans les années 1990, la question des additifs est l'une des plus brûlantes. C'est leur ajout au tabac qui permet d'entretenir l'addiction des fumeurs en rendant la fumée plus douce, plus pénétrante, plus volatile, c'est-à-dire en permettant son inhalation. L'année même où, en France, le Conseil supérieur d'hygiène publique rend une opinion favorable à la liste d'additifs soumise par l'industrie, il se produit aux États-Unis un événement très inquiétant pour les géants de la cigarette. Bill Clinton, alors à la Maison-Blanche, avance l'idée que les produits du tabac puissent entrer dans la catégorie des produits régulés par la Food and Drug Administration (FDA), qui n'a alors d'autorité que pour évaluer l'innocuité des médicaments, des aliments et des cosmétiques. L'affaire a capoté après que la Cour suprême des États-Unis a invalidé l'amendement législatif concerné pour des questions techniques. Mais dès le milieu des années 1990, les cadres de Philip Morris savent pertinemment qu'ils devront faire face à une inquisition réglementaire de plus en plus intrusive. Ils avaient raison. En 2009, le Family Smoking Prevention and Tobacco Control Act donne finalement l'autorité à la FDA sur les produits du tabac : les additifs ajoutés aux cigarettes ne doivent en théorie pas aggraver la nocivité du produit. On voit qu'il y a là pour les fabricants une inquiétante contradiction. Dès le vote de la nouvelle loi, la FDA interdit l'adjonction des agents de saveur fruités dans les cigarettes, réputés attirer les enfants vers la cigarette. Mais *quid* des centaines d'autres additifs ajoutés au tabac ?

Dès le coup de semonce de 1995, les cadres de Philip Morris, mais aussi d'autres fabricants, avaient commencé à s'organiser. Dans le cadre d'une longue étude publiée par *PLoS Medicine*, quatre médecins et biologistes de l'université de Californie à San Francisco ont entrepris d'examiner les *tobacco documents* pour comprendre comment les cigarettiers avaient entendu répondre à cette menace : tout simplement en faisant plancher leurs propres scientifiques sur la question de la toxicité des additifs et en faisant publier leur travail dans une revue scientifique à comité de lecture. De manière à disposer, le moment venu, de quelques arguments scientifiques face aux régulateurs. « Les scientifiques de Philip Morris ont conçu en 1997 le "projet MIX" pour évaluer les effets des additifs de la cigarette sur la chimie de la fumée, sa mutagénicité et sa cytotoxicité *in vitro* et son activité biologique *in vivo*, expliquent Marcia Wertz et ses coauteurs. En 2001, quatre articles de recherche signés par les scientifiques de Philip Morris, fondés sur le "projet MIX", ont été acceptés pour publication dans la revue *Food and Chemical Toxicology*. »

Les conditions dans lesquelles ces articles ont été acceptés — donc d'une certaine manière *endossés* — par *Food and Chemical Toxicology* sont abordées dans les *tobacco documents*. Dans un courrier interne, l'une des chercheuses de Philip Morris demande à Ed Carmines, patron des toxicologues de Philip Morris et leader du « projet MIX », s'il a reçu des commentaires de la part des *reviewers* (scientifiques choisis par l'éditeur de la revue pour expertiser une étude avant publication). Ed Carmines répond sans ambages : « C'était un coup monté de l'intérieur [*inside job*, dans le texte]. Nous sommes allés vers une revue dont l'éditeur nous connaît. [...] Un des *reviewers* a rejeté l'un des articles parce qu'il trouvait irréaliste de tester la cigarette de la manière dont nous l'avons fait[47]. » Selon l'usage en vigueur dans les revues scientifiques, c'est l'éditeur de la revue qui prend la décision, *in fine*, de publier ou non les études soumises. Et ce, même si les *reviewers* émettent des avis négatifs. Mais, comme le dit Ed Carmines, qui n'a pas retourné les demandes d'entretien qui lui ont été adressées, l'éditeur de la revue « connaît » Philip Morris. « L'éditeur de *Food and Chemical Toxicology*, Joseph Borzelleca, avait été membre du conseil scientifique du CTR et du conseil scientifique de Philip Morris, il avait également une longue histoire de consultance et de recherche contractuelle avec Philip Morris », écrivent Marcia Wertz et ses coauteurs.

Pour comprendre l'influence que des personnalités comme Joseph Borzelleca peuvent avoir sur la marche de la science et sur les choix que peuvent faire certaines prestigieuses publications, il faut avoir à l'esprit, comme le rappelle l'hommage[48] qui lui a été rendu en 2011 par son université de rattachement, la Virginia Commonwealth University, que ce toxicologue prestigieux a non seulement été de longues années (entre 1992 et 2011) l'éditeur de *Food and Chemical Toxicology*, mais qu'il siégeait encore en 2011 dans les comités éditoriaux de neuf autres revues savantes. Il a aussi siégé au sein d'une variété d'agences gouvernementales américaines, dont la FDA, l'Environmental Protection Agency (EPA), le National Cancer Institute, l'Occupational Safety and Health Administration, le National Institute for Mental Health, mais aussi, au niveau international, à l'OMS. Bien sûr, s'agissant des quatre articles soumis par Philip Morris, on peut se dire que s'ils avaient été de si piètre qualité, le comité éditorial de la revue aurait protesté contre Joseph Borzelleca. Peut-être. Mais, comme le rappellent Marcia Wertz et ses collègues, « onze des membres du comité éditorial de la revue ont, ou ont eu, des liens avec l'industrie du tabac : trois en étaient employés, deux avaient des postes au conseil scientifique de Philip Morris et six autres étaient liés par des financements ou d'autres types de connexion ». C'est à ce genre de détails que l'on constate l'importance que peuvent avoir des liens subtils mais puissants noués entre un industriel et les scientifiques qu'il subventionne ou qu'il aide dans leur carrière.

Car au final, bien entendu, les quatre articles des chercheurs de Philip Morris, qui reçoivent l'onction d'une publication dans *Food and Chemical Toxicology*, concluent qu'il n'y a aucun risque spécifique aux additifs. Après examen des *tobacco documents*, Marcia Wertz et ses coauteurs sont parvenus à exhumer environ cinq cents documents de travail confidentiels, qui relatent en détail les expériences menées par les chercheurs de Philip Morris, en donnent les données brutes et dévoilent les étapes intermédiaires de l'analyse, jusqu'à l'étude finalement publiée. Le projet MIX consistait en l'analyse de trois cent trente-trois additifs, sur les cinq cent quatre-vingt-dix-neuf utilisés par Philip Morris. Pourquoi ces trois cent trente-trois ? La réponse n'est pas dans les *tobacco documents* : Marcia Wertz et ses collègues avouent n'en avoir pas la moindre idée.

Mais pour ces trois cent trente-trois additifs, « les documents internes révèlent des changements *post hoc* des protocoles d'analyse après que les résultats statistiques initiaux ont indiqué une augmentation de la toxicité des cigarettes associées aux additifs ». Lorsqu'ils ont étudié *in vitro* la toxicité de la fumée, les chercheurs du cigarettier ont en effet raisonné — si tant est que ce terme ait un sens dans le cas présent — en évaluant la toxicité de la fumée par unité de particules produites. Une concentration donnée de particules — dans la fumée produite par les cigarettes additivées ou non — a toujours la même toxicité. Mais, ce faisant, les chercheurs de Philip Morris ont masqué une partie de leurs propres résultats : les cigarettes additivées produisent *plus* de matière particulaire. Et sont donc plus toxiques. En conclusion de leur réanalyse, Marcia Wertz et ses collègues trouvent que les teneurs de quinze produits chimiques carcinogènes augmentent d'environ 20 % à la suite de l'ajout des additifs au tabac. Quant à l'étude *in vivo*, elle a porté sur l'inhalation de fumée pendant si peu de temps (quatre-vingt-dix jours) et sur si peu de rats qu'elle avait peu de chances de trouver le moindre effet statistiquement significatif.

En 1997, les cadres de Philip Morris avaient vu juste. Préparer une grande étude toxicologique et la faire publier afin d'avoir quelque chose à montrer aux régulateurs était avisé. Les quatre articles trompeurs sont cités par les autorités sanitaires qui prennent leurs résultats au sérieux, sans en interroger outre mesure la méthodologie, les intentions, ni en étudier les données brutes. À l'échelon européen, dans son rapport de novembre 2012 sur les additifs, le Comité scientifique sur les risques sanitaires émergents, qui dépend de la Commission européenne, a par exemple cité les articles de Philip Morris sans s'interroger sur leur validité. Parmi la dizaine de scientifiques sollicités par le comité pour participer à la rédaction de son rapport, on trouve d'ailleurs Jean-Pol Tassin. En conclusion de leur travail d'exhumation de ces données et de leur réanalyse, Marcia Wertz et ses collègues concluent malicieusement que, désormais, « la FDA et les agences similaires qui mettent en œuvre les articles 9-11 de la Convention-cadre de l'OMS pour la lutte antitabac (qui prévoient de soumettre les additifs à une étroite régulation) peuvent utiliser les données du projet MIX pour bannir l'utilisation de ces trois cent trente-trois additifs ».

Les quatre articles d'Ed Carmines et ses comparses de Philip Morris ont non seulement déjà largement entravé l'acquisition de savoir, ils ont créé de l'ignorance : le premier d'entre eux, qui fait la synthèse des autres, avait été cité fin 2012 dans pas moins de cent trente études ultérieures. Par capillarité, ils ont pénétré la littérature et ont donc déjà altéré la perception que la communauté des toxicologues se fait des effets de ces additifs qui décuplent ceux de la nicotine, et finissent au fond des bronches de centaines de millions de fumeurs.

« CHANGEUX ! »

L'importance d'avoir construit un vaste réseau de scientifiques « amis » apparaît clairement au travers d'histoires comme celles du succès du projet MIX. Les cigarettiers ont longtemps disposé du plus vaste réseau de cette sorte. Et, en France, les collaborations strictement scientifiques avec des chercheurs du monde académique ne se sont pas limitées à Robert Molimard, Jacques Glowinski et Jean-Pol Tassin. Tant s'en faut. D'autres projets étaient généreusement soutenus par le CTR et Philip Morris Europe, par le truchement de Iancou Marcovitch — décédé en 2012.

Le grand neurobiologiste Jean-Pierre Changeux, professeur au Collège de France, l'un des scientifiques français les plus titrés et les plus cités, a également eu recours à l'argent du tabac. Son cas est un peu particulier. Le 10 août 1994[49], il adresse spontanément au CTR une demande de financement, sur papier à en-tête de l'Institut Pasteur, et réclame 255 000 dollars (environ 275 000 euros courants) pour un projet d'étude des effets de la nicotine sur le cerveau de la souris. Entre 1995 et fin 1998 le laboratoire de Jean-Pierre Changeux touchera en définitive 220 000 dollars (180 000 euros courants). Son projet de recherche intéresse les cigarettiers mais c'est surtout le prestige de son nom qui semble le plus motiver les *reviewers* du CTR. Sa lettre demandant le soutien de l'officine a été numérisée avec, encore collé, un post-it où est griffonné à la main un « Changeux ! » en grosses lettres ponctuées par un point d'exclamation triomphal. « Changeux est très célèbre, explique, dans un mémo interne, l'un des cadres du CTR. Nous devrions soutenir son activité. » « Les stratégies de financement de l'industrie du tabac sont complexes, commente Robert Proctor. Financer des laboratoires prestigieux est très utile aux avocats de l'industrie : lorsque l'on fait valoir qu'ils subventionnent de la science biaisée, ils ont

toujours plusieurs noms à mettre en avant pour
démentir, dont plusieurs prix Nobel[50]. »

La joie des responsables du CTR s'explique aisé-
ment. En 1994, c'est déjà, aux États-Unis, le cré-
puscule de l'organisation et, pour les chercheurs
américains, travailler avec l'argent du CTR est
de plus en plus mal vu. Cette année, James Todd,
vice-président de l'American Medical Association,
adresse à tous les doyens des facultés de médecine des universités américaines une mise en garde
contre les collaborations avec « les institutions
de recherches de l'industrie du tabac ». Celles-ci,
poursuit James Todd dans sa lettre, « sont utilisées par les cigarettiers comme partie intégrante
de leur stratégie de relations publiques, avec deux
buts à l'esprit. Premièrement les fonds alloués par
le tabac à la recherche les aident à convaincre les
responsables politiques et le public qu'ils mènent
des projets scientifiques légitimes en cours pour
chercher des liens entre tabagisme et maladies
— et que la question est toujours controversée.
Deuxièmement, l'industrie utilise ces fonds pour
réduire au silence les universités et les chercheurs,
et se lier à de prestigieuses institutions afin de
s'acheter une respectabilité[51] ». Dans la presse
américaine, les informations commencent à sortir
sur les manipulations de la science par l'industrie,
et les partenariats entre le CTR et le monde académique se font de plus en plus rares. Ces polé-
miques n'ont, semble-t-il, pas atteint la France.
Jean-Pierre Changeux, pourtant à l'époque président du Comité consultatif national d'éthique,
fait malgré tout appel aux fonds du tabac. D'autres

de ses travaux avaient précédemment été financés par RJ Reynolds.

« Me suis-je préoccupé des aspects déontologiques liés au financement de mon laboratoire par le CTR ? Oui, a admis Jean-Pierre Changeux. Il était bien connu à l'époque que les industriels du tabac avaient publié des données falsifiées et fait de la publicité mensongère sur le tabagisme. [...] Pour moi, l'essentiel était la liberté de la recherche, sans mainmise du CTR, ce que j'ai obtenu. Comme le montre notre article publié en 1998 dans *Nature*, financé partiellement par le CTR, nous avons confirmé la dépendance à la nicotine sur un modèle animal, et analysé le rôle du récepteur de l'acétylcholine dans cette dépendance. Ce travail a ainsi contribué à montrer que les allégations des cigarettiers sur l'absence de dépendance nicotinique liée à l'usage du tabac étaient fausses[52]. » Mais parmi les travaux menés par Jean-Pierre Changeux grâce à l'argent du tabac, seuls les résultats donnant une image positive de la nicotine (propriétés analgésiques, psychoactives, etc.) sont en définitive popularisés par les industriels : puisqu'ils financent des travaux, ils peuvent communiquer auprès des journalistes comme bon leur semble. Les effets négatifs mis au jour sont ignorés ; les effets positifs font l'objet de communiqués de presse. Comme cette découverte, publiée en 1999 par Jean-Pierre Changeux dans *Nature*, montrant les propriétés antidouleur de la nicotine sur la souris. Elle fait immédiatement l'objet d'un communiqué de presse, donnant lieu à une dépêche de l'agence Reuters, qui sera reprise dans le monde entier.

Dans la foulée du projet ARISE, les travaux financés par les industriels sur les effets positifs de la nicotine se sont multipliés dès la fin des années 1980. Une quantité phénoménale de recherches ont été menées en ce sens. Aux États-Unis, le nombre de chercheurs engagés dans cette voie grâce à l'argent de *Big Tobacco* est si considérable qu'il est impossible d'en dresser la liste. En France, outre les chercheurs basés au Collège de France — qui ont cependant travaillé sur bien d'autres sujets —, Gabriel Micheletti et Béatrice Lannes (CHU de Strasbourg) reçoivent pendant au moins cinq ans, au milieu des années 1990, des subventions de Philip Morris Europe pour, notamment, explorer les possibles fonctions retardatrices de la nicotine sur l'apparition de la maladie de Parkinson. Un mémo interne du cigarettier américain espère que Gabriel Micheletti pourra « soutenir [cette] hypothèse en trouvant le mécanisme qui empêche la dégénérescence des neurones[53] ». Ils lèveront ainsi l'équivalent d'environ 150 000 euros courants et réclameront à nouveau, jusqu'en 2000, de l'argent au géant américain de la cigarette. Les termes dans lesquels Gabriel Micheletti demande cet argent trahissent d'ailleurs un clair acte de subordination à celui qui détient les cordons de la bourse puisque le chercheur strasbourgeois trouve utile de préciser dans l'une de ses lettres à Iancou Marcovitch qu'en France « la campagne antitabac est véritablement cosmique[54] ». En définitive, les travaux menés à Strasbourg n'ont pas été concluants du point de vue de l'intérêt que pouvait en tirer le cigarettier et les financements se sont taris relativement rapidement.

Que retenir de cette affaire de bénéfices tirés de la nicotine ? Interrogé par *Le Monde* lors de la mise en évidence de ses liens passés avec les cigarettiers, Jean-Pierre Changeux précisait bien que « la nicotine a des effets addictifs, avec d'autres substances du tabac, qui entraînent cancers et maladies cardio-vasculaires ». Mais, ajoutait-il, « elle a aussi des effets bénéfiques : c'est un stimulant cognitif, un neuroprotecteur important pour la lutte contre Alzheimer, et elle a des propriétés analgésiques et antidépressives[55] ». Ce propos de Jean-Pierre Changeux consacre une éclatante victoire des industriels. Il montre comment la réflexion d'un homme honnête, qui est aussi l'un des plus brillants esprits de notre temps, a été en quelque sorte « piratée » par les cigarettiers. Car dans la première partie de son explication, le grand neurobiologiste considère comme équivalentes nicotine et cigarette — la première impliquant la seconde et vice versa — en mettant en garde contre « des cancers et des maladies cardio-vasculaires ». Dans la seconde partie de son propos, il ajoute, sans avoir démêlé le lien étroit présumé entre cigarette et nicotine, que cette dernière est pourvue de toute une série d'avantages dont nos fonctions cérébrales pourraient profiter. C'est ici que le bât blesse. Car ce que sous-entend l'explication de Jean-Pierre Changeux — et c'est de cette manière que la comprend celui qui la lit rapidement —, c'est que la cigarette protège contre la maladie d'Alzheimer, contre l'apathie intellectuelle, etc. En résumé, « la cigarette c'est la nicotine, or la nicotine est bonne pour mon cerveau, donc la cigarette est bonne pour mon cerveau ».

Le problème de ce syllogisme c'est que la cigarette n'est pas la nicotine et que la nicotine n'est pas la cigarette. Les expériences des neurobiologistes comme Jean-Pol Tassin ou Jean-Pierre Changeux sont menées sur des rongeurs exposés à de la nicotine *seule*. Sans les dizaines de milliers de produits de combustion présents dans la fumée de cigarette et qui ont, eux aussi, un effet sur le vieillissement des tissus cérébraux. Dans cette « bataille de la nicotine », *Big Tobacco* a formidablement instrumentalisé les biais d'approche de certaines disciplines. Avec les lunettes du neurobiologiste, la nicotine est une substance qui, comme beaucoup de substances psychoactives, possède des propriétés qu'il est possible de considérer comme positives. Qu'en est-il, en réalité, de l'effet de la cigarette — qui contient certes de la nicotine mais aussi du benzène, du monoxyde de carbone, des goudrons, du formaldéhyde, de l'acide cyanhydrique, de l'urétane, de l'acétone, du naphtalène et mille autres choses encore — sur le cerveau ? Quel est son réel pouvoir protecteur contre la maladie d'Alzheimer, par exemple ? Pour répondre, la neurobiologie est parfaitement inutile : il faut se tourner vers l'épidémiologie.

De nombreuses études ont été menées sur le sujet. Dans un article paru en 2010 dans *Journal of Alzheimer's Disease*, Janine Cataldo et plusieurs chercheurs de l'université de Californie à San Francisco en avaient inventorié quarante-trois publiées depuis 1984. Prises dans leur ensemble, elles donnent des résultats peu lisibles. Des études montrent, sur certaines cohortes d'individus, des risques accrus de développer la maladie pour les non-fumeurs, d'autres travaux montrent au contraire des risques accrus chez les fumeurs. En faisant la moyenne des résultats de toutes ces études, Janine Cataldo et ses coauteurs ont trouvé un risque *accru pour les fumeurs* de 5 % de développer un syndrome d'Alzheimer. Soit presque rien et en tout cas un risque statistiquement non significatif. La cigarette n'aurait donc pas un effet protecteur sur les fumeurs, ni même un effet délétère suffisamment marqué pour être certain.

Mais l'étude d'une cohorte est chose complexe. Et il peut arriver que certains paramètres soient oubliés, ou non pris en compte par les chercheurs qui mènent ces travaux. Comme, par exemple, corriger les effets d'âge. Le risque de développer une maladie neurodégénérative varie aussi en fonction de l'âge des individus et, les fumeurs vivant dix ans de moins en moyenne que les non-fumeurs, des biais peuvent intervenir dans la manière d'interpréter et de présenter les résultats. Pour en avoir le cœur net, Janine Cataldo et ses coauteurs ont entrepris d'utiliser les *tobacco documents* pour identifier, parmi l'ensemble des auteurs des quarante-trois études, lesquels étaient, ou avaient été, liés d'une manière ou d'une autre à l'industrie cigarettière. Soit parce qu'ils étaient — ou avaient été — consultants pour elle, soit parce qu'ils avaient — ou avaient déjà eu — recours à ses financements pour mener leurs recherches. Environ un quart des quarante-trois études avaient dans leurs auteurs des chercheurs ayant déjà frayé avec *Big Tobacco*. Surprise : en ignorant le résultat de ces études et en ne tenant compte que de la trentaine d'auteurs qui n'avaient jamais eu affaire aux industriels, le risque de contracter la maladie d'Alzheimer est *accru pour les fumeurs* de 72 % par rapport aux non-fumeurs* ! D'ailleurs, des travaux expérimentaux de toxicologie plus récents, menés sur le rat, suggèrent que l'exposition à la fumée de cigarette accélère le processus de vieillissement cérébral. Des chercheurs menés par Yuen-Shan Ho (université de Hongkong) ont exposé des rongeurs, une heure par jour seulement pendant huit semaines, à un air chargé à 4 % de « fumée passive » (soumettant les animaux à l'équivalent d'un tabagisme passif). « Nos données suggèrent qu'un tabagisme chronique peut induire des changements synaptiques et d'autres altérations neuropathologiques, écrivent les chercheurs en conclusion de leur travail, publié en 2012 dans la revue *PLoS One*. Ces changements sont les signes de phases précoces de neurodégénérescence et pourraient expliquer pourquoi fumer peut prédisposer à la maladie d'Alzheimer et à des démences. »

De cela, on peut tirer deux conclusions. La première est que les très nombreux scientifiques qui jurent que les financements n'influent en rien

---

* Il faut prendre le chiffre de 72 % avec précaution : ce n'est qu'une estimation. Janine Cataldo et ses coauteurs mettent eux-mêmes en garde contre les limites de leur propre méta-analyse. Le fait saillant à retenir est que fumer est un important facteur de risque pour la maladie d'Alzheimer.

sur les résultats se trompent lourdement — ce que montrent par ailleurs d'autres études sur ce que les Anglo-Saxons appellent le *funding effect* (effet de financement). Les chercheurs qui affirment que les sources financières de leur recherche (sans même parler de leurs employeurs, en général publics) n'ont aucune influence ni sur leur résultat ni sur leur discours public sont un peu comme ces téléspectateurs qui jurent en majorité ne pas être influencés par la publicité, alors que si cette influence — qui se mesure en espèces sonnantes et trébuchantes — était nulle, la publicité aurait disparu de longue date. La seconde est que, dans cette affaire de cigarette, de nicotine et de cerveau, l'industrie a de nouveau réussi un admirable retournement de la réalité, en jouant habilement des biais de disciplines scientifiques, parvenant à faire passer un mal pour un bien dans l'opinion.

Ainsi, l'investissement ciblé dans la recherche génère pour un industriel dont les produits sont susceptibles d'être à *risque* un bénéfice de manière quasiment automatique. Mais la situation américaine, marquée par des relations très judiciarisées entre les personnes privées et les entreprises, offre un autre avantage de poids à se lier à des chercheurs. La démarche offre un réservoir de ce que la justice américaine appelle des témoins experts, cités par l'une ou l'autre des parties (plaignants atteints de maladies ou cigarettiers). Les avocats de l'industrie s'échangent ainsi d'interminables listes de «chercheurs amis» qui feront de bons témoins experts sur tel ou tel sujet. Dans ces listes,

on trouve bien sûr les chercheurs du monde académique qui sont consultants pour l'industrie, mais
aussi des chercheurs dont les travaux ont simplement été financés. Des centaines de noms figurent
sur ces listes.

Dans leurs documents internes, les avocats
de *Big Tobacco* appellent cela se constituer une
« écurie d'experts ». « Les dollars de la recherche
doivent être dépensés pour maintenir une "écurie
d'experts", pour ainsi dire, pour fournir des capacités dans les domaines de besoin critiques[56] »,
explique un mémo de 1980 de RJ Reynolds. « Nos
avocats pourront produire leur écurie d'experts
dont beaucoup diront de très gentilles choses sur
[…] le CTR[57] », affirme pour sa part le patron du
CTR à propos d'un procès en cours, en 1998. En
France, des chercheurs et médecins comme Robert
Molimard ou Gabriel Micheletti[58] se sont chacun
pliés aux demandes des cigarettiers en fournissant
des témoignages écrits, garants de ce que leurs
financiers les avaient toujours laissés libres de travailler comme ils l'entendaient. Ces pièces étaient
présentées dans les prétoires, pour montrer que la
science suscitée par les cigarettiers était de bonne
qualité. Qu'elle ne contrevenait pas à la démarche
scientifique normale.

Que disent, aujourd'hui, les chercheurs français
qui ont puisé dans les caisses de *Big Tobacco* pour
mener leurs recherches ? « Notre financement par
le CTR et RJ Reynolds s'est fait en toute transparence, avec l'accord de ma hiérarchie à l'Institut
Pasteur, et la mention de ces financements dans les
articles publiés, a expliqué Jean-Pierre Changeux

au *Monde*. Il va de soi que, depuis des années, nous ne recevons plus de tels financements, et qu'aujourd'hui je ne ferais certainement plus appel à des fonds de cette nature. En effet, même si la dangerosité du tabac est scientifiquement établie, le tabagisme est toujours un fléau mondial et les marchands de cigarettes sont toujours très puissants[59]. »

Jean-Pol Tassin et Robert Molimard assument, et jurent que ces liens n'ont en rien influé sur leurs recherches et leur parole publique. On a pourtant le droit d'en douter. Dans le dossier du Mediator, le laboratoire Servier a présenté devant les juges, en décembre 2011, un rapport rédigé par un éminent scientifique, directeur de recherche à l'Inserm, contestant la nature anorexigène (coupe-faim) du Mediator*. C'est-à-dire allant dans le sens de Servier, en dépit de la littérature scientifique et des propres documents internes du laboratoire[60]. Qui est donc ce prestigieux chercheur de l'Inserm appelé à la rescousse par Servier, pour abonder dans son sens ? Jean-Pol Tassin.

---

* Mathieu Delahousse, « Guerre des experts autour du Mediator », rtl.fr, 16 octobre 2012. Interrogé par l'auteur, Jean-Pol Tassin n'a pas souhaité s'exprimer sur l'information obtenue par RTL.

Chapitre II

OPÉRATION HEIDELBERG

L'AMIANTE ET SES THURIFÉRAIRES
MALGRÉ EUX

En science comme ailleurs, le prestige des noms a son importance. Bien qu'elle relève d'une démarche fondamentalement collective, nous associons spontanément l'activité de recherche à quelques grandes figures solitaires, des génies qui d'un coup changent les paradigmes et révolutionnent nos façons de voir le monde. Bien qu'Albert Einstein eût été incapable de formaliser ses théories sans les mathématiques développées avant lui par Lagrange et sans les notions de physique introduites par Newton, une telle vision n'est pas complètement fausse. Elle est en tout cas très enracinée dans nos esprits. L'industrie l'a compris et tente souvent de rallier à elle des grands noms de la science — on a vu dans le chapitre précédent l'excitation des responsables du CTR à l'idée de financer les travaux du grand neurobiologiste Jean-Pierre Changeux. Les communautés scientifiques sont d'ailleurs elles aussi fortement structurées par les opinions émises par telle ou telle « grande pointure », tel prix Nobel, tel prix Crafoord, tel médaillé d'or du CNRS. Une pétition de chercheurs « mise à feu » par quelques signatures de prestige rencontrera à l'évidence un fort succès. Par effet boule de neige, d'autres savants prestigieux y adhéreront, entraînant dans leur sillage d'autres savants moins renommés.

Contrairement à l'intuition, les grands chercheurs ne font probablement pas preuve de plus de discernement que quiconque lorsqu'ils apposent leur signature à une motion. Au début des années 1990, un quart des prix Nobel alors vivants et des milliers d'autres savants ont ainsi été enrôlés à leur insu dans une opération de communication ourdie par les industriels français de l'amiante, tôt rejointe par les cigarettiers américains et sans doute bien d'autres.

DES RELENTS D'AMIANTE ET DE TABAC

Certains rideaux de fumée sont tissés avec tant d'intelligence et de ruse que l'admiration peut parfois l'emporter sur l'indignation. Parfois, il faut savoir tirer son chapeau avant de sortir son fusil. Ainsi de l'appel d'Heidelberg, sans doute la plus formidable opération de communication scientifique jamais entreprise par un lobby industriel : rien de moins que l'enrôlement, à leur insu, de milliers des plus brillants esprits de notre temps. L'extraordinaire force de l'appel d'Heidelberg — un simple texte d'une dizaine de phrases — est d'être parvenu, à un moment crucial de l'histoire des sciences de l'environnement, à leur donner un statut à part. Dans l'imaginaire collectif et la vie intellectuelle française, ces disciplines ont été et seront encore longtemps exclues du champ de la science et durablement associées à l'émotion et à l'irrationalité. L'appel d'Heidelberg a même fait plus encore que cela : il a contribué à instrumentaliser l'idée même de science pour polariser le débat sur la place de l'homme dans la nature, polarisation dont nous sentons, aujourd'hui encore, les effets.

L'appel d'Heidelberg est rendu public le 1er juin 1992, à la veille de l'ouverture du premier Sommet de la Terre, à Rio. Il est court, sec, percutant. Il fait, aussitôt, grand bruit : explicitement adressé aux « chefs d'État et de gouvernement », il met en garde contre l'irruption de l'irrationalité dans les mécanismes de prise de décision, à la faveur de la montée en puissance des préoccupations environnementales. Si la motion fait grand bruit, c'est, d'une part, parce qu'elle profite de l'attention médiatique portée sur le Sommet de Rio. Mais c'est aussi — et surtout — parce qu'elle peut se prévaloir d'une quantité de soutiens scientifiques de très haute volée. L'appel d'Heidelberg est, sans doute, l'un des textes qui peuvent s'enorgueillir du plus grand nombre de signatures aussi prestigieuses. La première version du texte, publiée par *Le Figaro*, rassemble plus de deux cent cinquante signataires, dont plus de soixante-dix prix Nobel, la plupart scientifiques : Hans Bethe (prix Nobel de physique, 1967), Linus Pauling (chimie, 1954, et paix, 1962), Ilya Prigogine (chimie, 1977), Jean-Marie Lehn (chimie, 1987), Pierre-Gilles de Gennes (physique, 1991), Harold Varmus (physiologie et médecine, 1989)… Mais pas seulement.

On trouve aussi au bas de l'appel d'Heidelberg les
noms d'Elie Wiesel (paix, 1986), ou encore ceux
de… Pierre Bourdieu, Marc Fumaroli ou Eugène
Ionesco. Dans la liste originelle (telle que publiée
par *Le Figaro*), on trouve beaucoup de Français
(un peu moins d'une centaine), et aussi quelque
quarante-cinq Américains et trente-sept Allemands — les autres nationalités étant bien moins
représentées. Mais la publicité donnée à l'appel et
l'enthousiasme qu'il suscitera dans certaines communautés scientifiques porteront, dans les mois
suivants, le nombre de signataires à plusieurs milliers. Que dit le texte ? Le voici :

> Nous soussignés, membres de la communauté
> scientifique et intellectuelle internationale, par-
> tageons les objectifs du Sommet de la Terre qui
> se tiendra à Rio de Janeiro sous les auspices des
> Nations unies et adhérons aux principes de la pré-
> sente déclaration.
>
> Nous exprimons la volonté de contribuer pleine-
> ment à la préservation de notre héritage commun,
> la Terre. Toutefois, nous nous inquiétons d'assister,
> à l'aube du XXIe siècle, à l'émergence d'une idéologie
> irrationnelle qui s'oppose au progrès scientifique et
> industriel et nuit au développement économique
> et social.
>
> Nous affirmons que l'état de nature, parfois
> idéalisé par des mouvements qui ont tendance à se
> référer au passé, n'existe pas et n'a probablement
> jamais existé depuis l'apparition de l'homme dans
> la biosphère, dans la mesure où l'humanité a tou-
> jours progressé en mettant la nature à son service,
> et non l'inverse.
>
> Nous adhérons totalement aux objectifs d'une
> écologie scientifique axée sur la prise en compte,

le contrôle et la préservation des ressources naturelles. Toutefois, nous demandons formellement par le présent appel que cette prise en compte, ce contrôle et cette préservation soient fondés sur des critères scientifiques et non sur des préjugés irrationnels.

Nous soulignons que nombre d'activités humaines essentielles nécessitent la manipulation de substances dangereuses ou s'exercent à proximité de ces substances, et que le progrès et le développement reposent depuis toujours sur une maîtrise grandissante de ces éléments hostiles, pour le bien de l'humanité. Nous considérons par conséquent que l'écologie scientifique n'est rien d'autre que le prolongement de ce progrès constant vers les conditions de vie meilleures pour les générations futures.

Notre intention est d'affirmer la responsabilité et les devoirs de la science envers la société dans son ensemble. Cependant, nous mettons en garde les autorités responsables du destin de notre planète contre toute décision qui s'appuierait sur des arguments pseudo-scientifiques ou des données fausses ou inappropriées.

Nous attirons l'attention de tous sur l'absolue nécessité d'aider les pays pauvres à atteindre un niveau de développement durable et en harmonie avec celui du reste de la planète, de les protéger contre les nuisances provenant des nations développées, et d'éviter de les enfermer dans un réseau d'obligations irréalistes qui compromettrait à la fois leur indépendance et leur dignité. Les plus grands maux qui menacent notre planète sont l'ignorance et l'oppression, et non pas la science, la technologie et l'industrie, dont les instruments, dans la mesure où ils sont gérés de façon adéquate, sont des outils indispensables qui permettront à l'humanité de venir à bout, par elle-même et pour elle-même, de fléaux tels que la surpopulation, la faim et les pandémies.

La motion, décrite comme «naïvement scientiste» par certains commentateurs critiques, n'a donc en elle-même rien de scandaleux. Bien sûr, on peut lui reprocher d'associer étroitement la science et l'industrie («Nous nous inquiétons d'assister, à l'aube du XXIe siècle, à l'émergence d'une idéologie irrationnelle qui s'oppose au progrès scientifique et industriel», «Les plus grands maux qui menacent notre planète sont l'ignorance et l'oppression, et non pas la science, la technologie et l'industrie... ») jusqu'à appuyer l'idée trompeuse qu'il ne peut y avoir de science qu'au service d'activités industrielles et commerciales. Mais cela mis à part, il va sans dire que l'on peut adhérer à toutes les idées énoncées dans le texte sans se rendre coupable de mauvaise foi ou de malhonnêteté intellectuelle. C'est simplement d'opinion qu'il s'agit.

Au moment où il est publié — c'est-à-dire à la veille de l'ouverture du Sommet de Rio —, l'appel d'Heidelberg capte l'attention en semblant lancer une manière de débat sur l'environnement, au moment où celui-ci arrive sérieusement sur la scène diplomatique internationale. Le texte est subtilement rédigé pour toucher deux cordes sensibles, comme l'explique Edgar Morin. «L'écologie est une discipline qui s'est forgée de manière scientifique, mais elle est fondamentalement pluridisciplinaire, explique le philosophe français, qui s'est engagé dans la polémique en 1992. Mais pour certaines communautés, en particulier celles de la physique ou de la chimie, la science est disciplinaire : ils voyaient l'écologie comme une idéologie politique et non comme une réelle science. » Quant à la présence des sciences humaines, Edgar Morin l'explique par l'opposition entre nature et culture, apparemment portée par le texte. « En général, dans les sciences sociales et la philosophie, on opère une disjonction très forte entre nature et culture, dans une conviction que la nature est un monde d'objets à manipuler, que ce n'est pas un monde qui a une vie propre, que c'est un monde qui peut être dégradé. L'homme serait maître et possesseur de la nature, etc. C'est tout simplement l'idéologie de la civilisation occidentale, c'est enraciné dans le système d'éducation, c'est en nous[1]. »

C'est ainsi que l'on considère, à l'époque de sa publication, les motivations intellectuelles de l'appel d'Heidelberg. Et les raisons de son succès. Les titres de la presse — tous bords confondus — sont éloquents et soulignent bien l'opposition entre science et rationalité d'une part et préoccupations environnementales d'autre part. L'environnement, c'est l'irrationnel. Les scientifiques signataires de l'appel d'Heidelberg ne sont bien sûr pas responsables de l'exploitation que les journalistes ont faite du texte, mais c'est ainsi : le texte est présenté d'une certaine manière à la presse et, surtout, dans un certain contexte. Il est naturellement présenté comme une réaction au Sommet de la Terre, et ce, en dépit de l'antiphrase liminaire qui assure que les signataires en partagent les objectifs. L'évidence est en effet bien trop forte. « Des scientifiques s'inquiètent du tout-écologie », titre *Le Figaro*. « Rio contre Heidelberg », ou encore « Rigueur scientifique contre coquecigrues écologistes », voire « Des scientifiques se mobilisent contre "l'écologisme irrationnel" », ajoute *Le Monde*. « Rio : faut-il brûler les écologistes ? » demande pour sa part *Libération* à sa une. Au-delà des clivages traditionnels, le message relayé, transmis aux décideurs et au public, est celui d'une séparation claire entre la science et les questions environnementales.

Avec le recul, la mobilisation des signataires apparaît étrangement paradoxale. Car en 1992 les sciences environnementales ont au contraire commencé à se structurer depuis plusieurs années. Loin de n'être qu'un salmigondis de pseudosciences et de superstitions, comme le laisse entendre l'appel d'Heidelberg, elles acquièrent à cette époque une forte légitimité.

Au début des années 1980, des chimistes de l'atmosphère — principalement Paul Crutzen, Mario Molina, Frank Rowland et Susan Solomon — identifient les effets destructeurs des chlorofluorocarbures (CFC) sur la couche d'ozone stratosphérique : le protocole de Montréal pour le bannissement progressif de ces gaz propulseurs et réfrigérants est signé en 1987 par l'ensemble des pays européens et une vingtaine d'autres États ; il sera en 2009 le premier traité environnemental à atteindre la ratification universelle. Deux ans plus tard, en 1989, est introduite dans les lois fédérales américaines la perspective de créer un marché des émissions de dioxyde de soufre et d'oxydes d'azote pour réduire l'acidité des eaux de pluie (les fameuses « pluies acides »). Enfin, en 1988, le Groupe d'experts intergouvernemental sur l'évolution du climat (GIEC) est créé à l'initiative des États du G7 et placé sous l'ombrelle de l'Organisation météorologique mondiale et du Programme des Nations unies pour l'environnement. Au menu du Sommet de la Terre de 1992 se trouve d'ailleurs la Convention-cadre des Nations unies sur les changements climatiques. Dans les années 1980, sur un sujet qui n'a apparemment rien à voir mais dont on verra qu'il n'est pas étranger à l'appel d'Heidelberg, les premières législations sont prises aux États-Unis pour interdire la cigarette dans les lieux publics, en raison des risques posés par le tabagisme passif dont les effets ont été clairement mis en évidence par l'épidémiologie.

Ainsi, contrairement à ce qui transparaît aux protagonistes comme Edgar Morin, la cible de l'appel d'Heidelberg n'est en réalité pas l'écologie *stricto sensu*. Ni l'écologie scientifique ni l'écologie politique. La cible de l'appel d'Heidelberg est l'ensemble des disciplines émergentes que sont les sciences de l'environnement. Il s'agit, ni plus ni moins, d'enrôler des scientifiques prestigieux pour attaquer — sans le dire explicitement — la science.

La raison en apparaît aujourd'hui clairement. Pour le monde industriel au sens large, le fait que deux grands problèmes environnementaux — la destruction de la couche d'ozone et l'acidité grandissante des eaux pluviales — aient été identifiés et étudiés par la méthode scientifique et — pire ! — le fait qu'ils aient donné lieu à des réglementations nationales ou des traités internationaux sont des signaux inquiétants. Et d'autant plus inquiétants que se profile la question du changement climatique. Une question dont la nature même, par sa gravité et son caractère global, ne pourra se régler qu'au prix de réglementations autrement plus invasives et contraignantes que les maigres efforts demandés aux industriels pour remplacer les CFC par d'autres gaz et limiter les rejets de dioxyde de soufre. Le début des années 1990 est donc une période charnière, un moment clé pour l'industrie. Et une grande part de l'avenir sera déterminée par le niveau de crédibilité auquel parviendront les sciences de l'environnement — physique et chimie de l'atmosphère, écologie (au sens de l'étude des écosystèmes), santé environnementale, toxicologie humaine et environnementale, etc.

Il faut donc s'interroger sur les initiateurs de l'appel d'Heidelberg. Derrière le rideau de fumée des signataires, il faut chercher les commanditaires. Et, avant tout, le ou les auteurs. Car ce ne sont pas les centaines de signataires qui prennent la plume ensemble : le texte existait bien sûr avant qu'ils ne le signent. Au milieu du mois de juin 1992, Roger Cans — alors chargé des questions d'environnement au *Monde* — a enquêté sur la genèse de l'appel. Il en a tiré le meilleur article [2] qu'il était sans doute alors possible de faire, sans la perspective que nous avons aujourd'hui sur le déroulement des événements et leur motivation profonde.

L'homme qui rédige la première mouture de l'appel d'Heidelberg s'appelle Michel Salomon. Il est docteur en médecine, puis devient un journaliste en vue au milieu des années 1950 — il collabore notamment à *L'Express* pendant de nombreuses années, où il devient grand reporter. Ensuite, il rejoint les laboratoires Roussel avant de devenir directeur de la communication de la firme pharmaceutique américaine Sterling-Winthrop. Il reste à ce poste jusqu'à la fin des années 1980, en même temps qu'il fonde une revue, *Projections*, dans laquelle interviennent de prestigieuses signatures. «Grâce à ses activités passées variées, grâce aussi à sa jovialité communicative, le docteur Salomon possède un beau carnet d'adresses, qui lui permet de trouver facilement ses auteurs, écrit Roger Cans. Des auteurs prestigieux : grands chirurgiens, professeurs de médecine réputés, universitaires bardés de diplômes. Parfois aussi un académicien (Eugène Ionesco) ou un ancien Premier ministre (Raymond Barre). Et des prix Nobel à la pelle. » En mars 1992, Michel Salomon commence à faire circuler une ébauche de ce qui deviendra l'appel d'Heidelberg. Il sollicite notamment l'un de ses amis, le grand physicien et mathématicien français André Lichnerowicz (1916-1998), pour l'aider à donner à sa motion un caractère international, et lui demande de soumettre le texte aux scientifiques d'une sorte de club nouvellement créé (qui fera d'ailleurs long feu) : le World Institute of Science, qu'André Lichnerowicz préside alors et qui compte en son sein une soixantaine de savants des plus galonnés, dont une quinzaine de prix Nobel. L'effet ne se fait pas attendre. Bardé de quelques noms prestigieux, l'appel est adoubé par un nombre croissant de chercheurs et Michel Salomon propose au petit groupe des premiers signataires la tenue d'une sorte de séminaire dans une ville universitaire de renom : Oxford, Cambridge, Tübingen ou Heidelberg. Ce sera Heidelberg.

C'est un premier fait troublant : pourquoi organiser un déplacement dans une prestigieuse ville européenne, si ce n'est dans un but de marketing, par pur souci de communication ? Il devient dès lors possible d'accoler un toponyme prestigieux au texte, qui lui donne l'ampleur et le sérieux désirés. Surtout, un tel événement se finance et, aujourd'hui encore, un doute persiste sur l'origine des fonds qui ont permis le déplacement de ce petit monde — au moins une cinquantaine de personnes —, réuni autour de Michel Salomon, à Heidelberg. À l'époque, de premiers soupçons se font jour. « Des questions se posent, inévitablement, sur l'origine réelle de l'initiative du docteur Salomon, écrit ainsi Roger Cans deux semaines après la publication de l'appel. Lancer un appel à la raison au moment même où les politiques débattent des mesures à prendre pour préserver la biodiversité et lutter contre l'effet de serre, c'est-à-dire les deux conventions qui heurtent le plus les laboratoires pharmaceutiques et les industriels, c'est évidemment une curieuse coïncidence. » Roger Cans le soupçonne d'autant plus que, raconte-t-il aujourd'hui, ce n'est pas Michel Salomon lui-même qui assure la promotion du texte. C'est un autre personnage de cette histoire qui démarche les journalistes, d'abord au *Monde*, ensuite au *Figaro*, pour proposer une parution en exclusivité. « Avant mon départ pour Rio, un certain Marcel Valtat est venu me voir au journal pour me proposer l'exclusivité de l'appel d'Heidelberg », se souvient Roger Cans.

Marcel Valtat (décédé en 1993) est le patron et le fondateur de Communications économiques et sociales (CES), un cabinet de conseil aux entreprises, connu pour travailler avec les industriels de la chimie, de la pharmacie et... de l'amiante. « J'ai lu le texte et j'ai tout de suite soupçonné qu'il y avait des intérêts économiques derrière, poursuit Roger Cans. Par déontologie, je l'ai refusé. Je savais que, si *Le Monde* le publiait en exclusivité, on penserait qu'il en épousait le point de vue. C'est *Le Figaro* qui a finalement eu le "scoop". » Bien sûr, l'écrasante majorité des signataires ignore tout de l'origine du texte et des motivations de ses commanditaires. Sans preuve d'aucune sorte, les soupçons de Roger Cans ne pèsent pas bien lourd. Lorsqu'il interroge certains signataires sur une possible instrumentalisation de leurs idées par des industriels, ils balaient l'idée d'un revers de main ou minimisent l'effet de l'initiative. Refusant d'envisager que, selon son expression, « soixante prix Nobel puissent être complices de petites magouilles », le biologiste Louis Albou, secrétaire général du World Institute of Science, répond alors au *Monde* que « Salomon s'est servi de nous mais qu'importe : c'était aussi notre message ». Dans la foulée de la publication de l'appel, le prix Nobel de chimie Jean-Marie Lehn fait au *Monde* cette déclaration extraordinaire, qui montre le caractère orwellien de la situation : « Quand un texte me plaît, je signe. Les industriels n'ont rien à voir là-dedans. Les intérêts, il y en a des deux côtés. Les biotechnologies, en Europe, sont menacées par des campagnes que je réprouve. Je suis pour qu'on se serve de ce qu'on sait. » Que voulait-on faire, à Rio, en juin 1992, sinon, précisément, se servir de ce que l'on savait ? C'est-à-dire — grâce à la physique et la chimie de l'atmosphère, la géochimie et la glaciologie — utiliser ce que l'on savait sur le climat. Ce que l'on savait alors était déjà assez clair : le climat allait changer du fait des activités humaines et il était préférable pour l'humanité qu'il change le moins possible.

Le caractère purement franco-français des commanditaires de l'appel est d'ailleurs trahi par la couverture journalistique qui lui est accordée. En dépit des très nombreuses nationalités représentées parmi les signataires du texte, aucun article — pas le moindre — ne sera consacré au texte par la presse américaine de qualité. Les archives du *New York Times* et du *Washington Post* sont parfaitement vierges de toute mention de l'appel d'Heidelberg. Alors que ce dernier déclenche une avalanche d'articles de presse et de commentaires en France, il passe remarquablement inaperçu ailleurs. Il faut attendre 1997 pour que le terme « appel d'Heidelberg » apparaisse dans les colonnes du *New York Times*. Mais pas sous la plume d'un journaliste : l'appel est rapidement mentionné dans une tribune signée par le directeur de l'Alexis de Tocqueville Institution, un *think tank* américain néoconservateur dont il sera question plus loin. Le grand quotidien de référence américain ne citera plus jamais cet appel qui a pourtant fait couler tant d'encre dans l'Hexagone.

Aujourd'hui, grâce aux *tobacco documents*, il n'y a plus seulement des soupçons sur les commanditaires du texte, mais nous disposons d'éléments de preuve sur leur identité. On les trouve dans un mémo interne de Philip Morris, daté du 23 mars 1993[3]. La note confidentielle présente ainsi « l'appel d'Heidelberg et la coalition » : « L'appel d'Heidelberg a maintenant été signé par plus de deux mille cinq cents scientifiques, économistes et intellectuels, dont soixante-dix prix Nobel. Comme continuation, une nouvelle institution baptisée International Center for a Scientific Ecology a été créée à Paris pour fournir des opinions aux gouvernements et aux officiels du monde entier sur ce que constitue une science environnementale solide, sur des questions particulières. » La « coalition » évoquée dans le titre du document est donc cette « nouvelle institution », le fameux ICSE. À quoi tient l'existence de cette « coalition » ? Le mémo de Philip Morris l'explique sans barguigner : elle « a son origine dans l'industrie de l'amiante, mais elle est devenue un mouvement large et indépendant en un peu moins d'un an ». « Nous sommes engagés aux côtés de cette coalition à travers la National Manufacturers Association [pour la France, il s'agit du Groupement des fournisseurs communautaires de cigarettes, qui représente en Europe les intérêts des cigarettiers américains, *N.d.A.*], mais nous nous faisons discrets car des membres de la coalition s'inquiètent que l'on puisse faire un lien avec le tabac, ajoute la note de Philip Morris, signée par un certain Gerard Wirz. Notre stratégie est de continuer à la soutenir discrètement et de l'aider à grandir, en taille et en crédibilité. Le timing est particulièrement favorable vu la sympathie de Bill Clinton pour le message de la coalition. »

L'identité des commanditaires de l'appel d'Heidelberg et de leurs alliés américains est-elle si étonnante ? Pas vraiment. Non seulement le texte lie de manière univoque science et industrie, mais il susurre aussi cette petite phrase, discrète bien que lourde de sens : « Nous soulignons que nombre d'activités humaines essentielles nécessitent la manipulation de substances dangereuses ou s'exercent à proximité de ces substances, et que le progrès et le développement reposent depuis toujours sur une maîtrise grandissante de ces éléments hostiles. » Il faut rappeler que les industriels de l'amiante étaient en délicate posture au début des années 1990. Pour éviter que leur produit ne soit interdit, ils avançaient notamment l'idée — trompeuse — que le flocage des bâtiments à l'amiante était sans danger pour les populations, pour peu que l'isolation soit garantie, et assuraient que les faibles doses de fibres respirées étaient sans danger. C'était le fameux « usage contrôlé » de l'amiante.

Marcel Valtat — alors patron de CES — étant décédé en 1993, il n'est plus possible de l'interroger sur la provenance des financements engagés dans l'« opération Heidelberg ». Mais son plus proche collaborateur, Jean-Pierre Hulot, qui lui a succédé à la tête du cabinet de conseil, confirme aujourd'hui, laconiquement, que « l'appel d'Heidelberg est bien parti de CES[4] » et que « Michel Salomon travaillait pour [CES] en free-lance ».

Mais Jean-Pierre Hulot réfute que l'industrie de l'amiante ait été derrière l'opération. À l'en croire, l'initiative aurait été bénévole, sans commanditaire et sans volonté de retour sur investissement, simplement décidée après des discussions amicales avec le président de l'époque de l'Académie des sciences, aujourd'hui décédé. On peut ne pas croire Jean-Pierre Hulot. Quant à la création de l'ICSE — cette « coalition » présentée par les cadres de Philip Morris comme une « excroissance » de l'appel d'Heidelberg —, elle « partait d'une volonté de diversifier l'activité de CES et d'organiser des congrès scientifiques », assure Jean-Pierre Hulot.

On verra plus loin ce qu'il en est de ces fameux « congrès scientifiques ». Quant à l'amiante, en dépit des affirmations de Jean-Pierre Hulot, il existe de solides raisons de penser que le lobby constitué par les transformateurs français de cette fibre minérale — cet « or blanc » — a bel et bien été le commanditaire de l'appel d'Heidelberg. Car c'est CES qui s'est chargé d'assurer les relations publiques des industriels français de l'amiante — au premier rang desquels Ferodo-Valeo, Eternit et Éverite, filiale de Saint-Gobain — en imaginant, en organisant et en hébergeant le célèbre Comité permanent amiante. L'histoire est bien connue[5] : cette structure de lobbying informelle a été créée par Dominique Moyen (un haut fonctionnaire dont il sera question plus loin) et Marcel Valtat en 1982 à la demande des industriels, puis dissoute en 1997. Elle était composée de représentants des entreprises concernées, de scientifiques et de médecins, de même que de syndicalistes et de fonctionnaires de plusieurs ministères (Travail, Santé, etc.)... Le Comité permanent amiante se réunissait régulièrement dans les locaux de CES, au 10, avenue de Messine à Paris — la société de relations publiques était le quartier général du lobby de l'amiante. Son ancien « secrétaire », Jean-Pierre Hulot, a été mis en examen en décembre 2011 par la juge Marie-Odile Bertella-Geffroy pour « homicides et blessures involontaires ». Comme un certain nombre d'autres responsables du Comité.

Le Comité permanent amiante avait pour mission expresse, selon les documents de l'instruction menée par la juge Bertella-Geffroy et consultés par le journaliste François Malye — l'un des meilleurs connaisseurs du dossier —, selon les mots mêmes de ses fondateurs, de permettre « un contrôle du discours scientifique et médical » en détenant le « quasi-monopole de l'expertise française sur l'amiante ». Cette mainmise sur le discours scientifique a permis d'installer, dans les médias, mais surtout dans l'esprit des responsables politiques, l'idée d'« usage contrôlé de l'amiante ». Idée discrètement relayée en 1992, comme on l'a vu, dans l'appel d'Heidelberg, avec la caution inconsciente (dans tous les sens du terme) de près du quart des prix Nobel alors vivants. Cette idée d'usage contrôlé est simple : si toutes les normes d'utilisation sont respectées, c'est-à-dire que la quantité de fibres inhalées est très faible, nul risque grave n'est encouru par quiconque.

La science était pourtant claire depuis les années 1960. Entre 1965 et 1997, la consultation de la base de données de l'éditeur scientifique Elsevier indique que pas moins de six cent dix-huit articles de recherche (recherches originales ou revues de littérature) avaient été publiés sur le sujet, l'écrasante majorité montrant un lien clair entre le mésothéliome — un cancer des voies respiratoires presque exclusivement lié à l'amiante — et la fibre minérale inhalée, même à très faibles doses. La simple lecture des résumés d'articles de recherche publiés dans les années 1970 est ahurissante. Elle montre l'étendue des connaissances que la science avait réunies dès cette époque et révèle que ce savoir — pourtant solide et largement partagé par la petite communauté de spécialistes — est demeuré ignoré de la grande majorité. Elle montre comment la maîtrise de la communication de la science *devient* la science elle-même dans l'esprit public. Le résultat de cette manipulation a été calculé par des épidémiologistes de l'Inserm : entre 1996 et 2025, environ cent mille personnes devraient mourir prématurément, en France, de leur exposition à l'« or blanc* ». C'est l'un des plus effroyables désastres sanitaires de ces dernières décennies. Chaque mois, silencieusement et dans une relative indifférence, environ deux cents personnes meurent en France de ce crime de bureau commis il y a moins de trente ans, dont l'une des

---

* « Effets sur la santé des principaux types d'exposition à l'amiante », rapport de l'Inserm de juin 1996, publié en janvier 1997. À l'heure où ces lignes sont écrites, il n'existe à notre connaissance pas d'autres données publiées, mais ce bilan de cent mille morts devrait être réévalué dans de prochains travaux, vraisemblablement autour de quatre vingt mille morts.

chevilles ouvrières aura été la manipulation de la science. À l'échelle mondiale, il est impossible d'imaginer ce qu'a pu être et ce que sera le bilan global de l'utilisation, soigneusement maintenue le plus longtemps possible, de l'amiante.

Il faut ici faire une parenthèse sur ce qu'était le fameux Comité permanent amiante et sur le génie de ses inventeurs. En 2005, le rapport parlementaire consacré à l'ensemble de l'affaire a pointé que cette structure informelle avait « bénéficié de la caution de scientifiques éminents, mais aussi de jeunes chercheurs abusés et tenus dans l'ignorance de l'existence de produits de substitution ». L'idée-force des concepteurs du Comité permanent amiante est d'être parvenus à réunir dans une même structure des scientifiques galonnés mais clairement acquis à la cause des industriels, des scientifiques ignorants du sujet, des industriels mus par la volonté de poursuivre leur business, des syndicalistes soucieux de préserver l'emploi, des fonctionnaires qui étaient dépêchés là parce que tous les autres y étaient — une structure aussi remarquablement paritaire ne pouvait pas être mauvaise. Surtout — et c'est là toute l'ingéniosité du dispositif — des médecins clairement et sincèrement engagés contre l'amiante, comme les professeurs Jean Bignon et Patrick Brochard, ont également été enrôlés dans le Comité, probablement sans en comprendre la nature et les motivations réelles.

Le Comité permanent amiante produisait une science négociée entre des représentants de l'industrie, des scientifiques ignorants et de bonne

foi, des scientifiques corrompus et des scientifiques compétents et de bonne foi. La structure
même du comité était donc garante que rien de
strictement scientifique ne sortirait jamais des réunions de l'avenue de Messine, et que la nécessité
du consensus entre les différentes parties préser-
verait l'amiante de toute recommandation d'interdiction. Plus tard, en 1996, Jean Bignon écrira :
« J'ai accepté, avec d'autres scientifiques, de faire
partie du Comité permanent amiante, y entraînant
ultérieurement certains de mes collaborateurs [...]
aux côtés des représentants des ministères concernés [...], des syndicats de différentes obédiences et
des industries transformatrices ou utilisatrices de
l'amiante. [...] Je considère *a posteriori* que nous
aurions dû collectivement nous opposer à la création du Comité permanent amiante. Une structure
dépendant directement du Premier ministre [...]
aurait dû contrôler ce problème majeur de santé
publique[6]. » Il y a trois choses à retenir de l'affaire
de l'amiante.

La première est que toute structure où des scientifiques du monde académique doivent siéger et
s'entendre avec des représentants de l'industrie
en situation de conflit d'intérêts est vouée à ne
produire que des avis scientifiquement biaisés —
pour la simple raison que, pour rester elle-même,
la science ne se négocie pas. Elle se discute, entre
scientifiques, sur la foi d'arguments exclusivement
puisés dans la littérature scientifique, mais n'est
pas l'objet d'une négociation au sens politique du
terme. Au reste, le Comité permanent amiante ne
faisait jamais référence à la littérature scientifique

publiée, sauf à en choisir précautionneusement des petites bribes tirées de leur contexte général. On verra dans les pages qui suivent que des structures analogues à celles du Comité permanent amiante existent toujours, mises à profit par d'autres industriels que ceux de l'amiante, et qu'elles ont toujours une influence considérable sur le défaut de régulation du système technique. Le modèle fait florès et s'est même institutionnalisé.

Le deuxième élément notable de cette affaire est que la fabrication d'ignorance et l'occultation du savoir scientifique opéré par le Comité permanent amiante se sont, en France et de manière extraordinaire, propagées à la communauté académique. L'un des principaux membres de la structure de lobbying, le toxicologue Étienne Fournier (hôpital Fernand-Widal), était en effet membre de l'Académie de médecine. Il est parvenu, en 1996, à faire endosser par la prestigieuse société savante un rapport sur le sujet, minimisant les risques liés à la fibre et faisant l'impasse totale sur la littérature scientifique publiée à l'époque. En particulier, le texte affirme que « le mésothéliome [...] frappe un ouvrier fortement exposé sur deux mille » ; dans leur rapport achevé la même année — et, lui, fondé sur la littérature scientifique —, les chercheurs de l'Inserm conduits par l'épidémiologiste Marcel Goldberg concluent à 10 % de décès dus à l'amiante pour les populations fortement exposées. Soit deux cents fois plus... Le texte rédigé par Étienne Fournier assure en outre que n'ont jamais été identifiés de cas de maladies liées à l'amiante hors d'une exposition professionnelle,

affirmation tout à fait extravagante au regard des
études publiées dès les années 1960. Le rapport de
l'Académie, bien que prétendument scientifique,
ne contient d'ailleurs pas une seule référence à la
moindre étude publiée. Il sera néanmoins adopté
à l'unanimité des académiciens, réunis en séance
le 30 avril 1996.

Cette trahison ne marque pas seulement l'une
des heures les plus sombres de l'histoire de l'Académie de médecine. Elle montre un formidable
retournement des logiques : l'organisme spécifiquement destiné à occulter la science propage
son catéchisme jusqu'aux institutions mêmes
qui devraient être les temples inexpugnables de
la connaissance. Le Comité permanent amiante
ne cherche pas à contrer le savoir qui rayonne de
l'Académie : il lui fournit la matière première de
ses avis. Et ce jusqu'à l'absurde. Ainsi peut-on lire
dans le rapport dirigé par Étienne Fournier que
l'une des craintes qui occupent l'Académie n'est
pas que les gens meurent de mésothéliome, mais
qu'ils puissent s'inquiéter de la présence d'amiante
dans leur environnement ou leurs lieux de vie. La
peur irrationnelle de l'amiante semble, dans l'esprit des académiciens, plus dangereuse que le cancer de la plèvre ! Ainsi, en conclusion, l'Académie
nationale de médecine « rappelle que le meilleur
moyen de prévenir certaines maladies comportementales engendrées par une crainte collective
est de maintenir un bon niveau d'information du
public ». L'argument est, de longue date, régulièrement mis en avant dans les milieux industriels : la

peur des substances dangereuses serait plus dangereuse que les substances dangereuses elles-mêmes.

Le troisième élément à retenir du scandale de
l'amiante est cette volonté inoxydable des industriels de faire accroire par tous les moyens l'idée
qu'un « usage contrôlé » de substances dangereuses
— c'est-à-dire l'exposition à de faibles doses de ces
substances — serait sans danger. Ce point apparaît d'ailleurs de manière très claire et très insis-
tante dans le rapport de l'Académie de médecine.
La dangerosité de l'amiante *stricto sensu* n'est
pas niée — un arrangement aussi grossier avec la
réalité ne serait pas crédible ; ce sont les risques
à faibles doses qui sont relativisés et réduits à
un aléa somme toute naturel. Cette « guerre des
faibles doses » est commune à de nombreux secteurs d'activité et fera l'objet d'alliances entre plusieurs métiers industriels, au sein d'organisations-
écrans communes.

C'est très exactement pour cette raison que
l'appel d'Heidelberg suscite l'intérêt des géants du
tabac. On verra dans les pages qui suivent qu'au
début des années 1990 l'une des grandes batailles
livrées par Philip Morris et consorts est celle du
tabagisme passif, qui relève précisément de l'exposition à de *faibles doses* de substances cancérogènes. L'appel d'Heidelberg est supposé montrer
de manière éclatante, au public et aux décideurs,
l'adhésion de la part la plus prestigieuse de la
communauté scientifique à ce principe général :
les *faibles doses* ne seraient pas nocives. Elles ne
posent pas de problèmes. Et ceux qui assurent l'inverse sont du même coup classés dans la catégorie

des militants écologistes, des idéologues, des irrationnels, des « marchands de peur ». Dans le camp
de l'antiscience.

UN CONGRÈS COMPLAISANT

L'intérêt de l'industrie américaine du tabac pour
l'appel d'Heidelberg ne date pas du mémo de Philip Morris du 23 mars 1993. Le 22 juin 1992, trois
jours après la parution, dans *Le Monde*, de l'enquête de Roger Cans sur de possibles commanditaires industriels, Hélène Bourgois-Kornel, responsable du Groupement de fournisseurs communautaires de cigarettes, adresse une lettre à l'un de ses
interlocuteurs chez les cigarettiers américains et
lui glisse une copie de l'article du *Monde*. « L'appel
d'Heidelberg a désormais été signé par soixante-
deux prix Nobel, écrit la correspondante de *Big
Tobacco* en France. Cela fait toujours les gros titres
de la presse. Vous pourriez être intéressé de lire ce
que le journaliste du *Monde* Roger Cans écrit à son
propos. Il est le seul journaliste à analyser ce qu'il
y a *derrière* l'appel[7]. » Le mot *derrière* est souligné
par Hélène Bourgois-Kornel elle-même. Elle ne
manifeste apparemment pas le même scepticisme
que les signataires de l'appel sur une possible instrumentalisation de leurs signatures et de leurs
noms. Bien au contraire, la tournure de sa missive montre qu'elle semble se douter des conditions
probables dans lesquelles la prestigieuse motion a
été conçue et rédigée, et glisse l'idée aux géants du
tabac de prendre des parts dans cette fructueuse

opération de relations publiques — menée aux
dépens des travailleurs et des individus vivant au
contact de substances dangereuses, mais aussi de
la science.

Nous n'en avons pas de preuves formelles et les
tobacco documents sont muets à ce sujet. Mais il
est très probable que c'est à la suite de ce message
que les géants du tabac commencent à s'intéresser
à l'appel d'Heidelberg et, comme l'écrit ce cadre de
Philip Morris en mars 1993, à « soutenir discrètement » la « coalition » nouvellement créée à Paris,
à savoir l'International Center for a Scientific Ecology (ICSE). Dans les *tobacco documents*, celui-ci
apparaît domicilié avenue de Messine, à Paris, à
la même adresse que CES. C'est-à-dire à l'endroit
même où se réunissaient régulièrement le lobby de
l'amiante et ses affidés, sous la houlette de Jean-
Pierre Hulot. On trouve dans l'intitulé même de
l'organisation cette référence, également présente
dans l'appel d'Heidelberg, à une « écologie scientifique » — ce qui transparaît est digne de *1984* : se
réclamer de quelque chose pour le tuer, inverser le
sens des mots pour changer la perception du réel.

Dans sa plaquette de présentation, on apprend
que l'ICSE est une association de loi 1901, dont les
statuts précisent qu'elle est vouée à « promouvoir et
faciliter l'échange de savoir scientifique, fondé sur
des données scientifiques, relatif à la protection de
l'humanité et du monde vivant, des sites naturels et
des ressources de la planète » et qu'elle se propose
d'« offrir aux autorités responsables de la mise en
place et du développement de réglementations
de protection environnementale les faits scienti-

fiques pertinents ». Le prestige des noms associés
à l'ICSE est important. Le conseil de l'association
est, entre autres, composé de Constant Burg, de
Pierre Joly qui en est le président, ou encore du
fameux Michel Salomon, désigné dans la plaquette
de présentation de l'ICSE comme ancien journaliste, éditeur et, surtout, comme le « coordinateur
de l'appel d'Heidelberg ». Un autre personnage
est membre du conseil, un prestigieux physicien
américain d'origine autrichienne, à l'époque déjà
retraité, du nom de Siegfried Frederick Singer —
mieux connu sous le nom de Fred Singer —, dont
il sera largement question plus loin.

Le premier, Constant Burg, est décédé en 1998.
Résistant et médecin de grand renom, il a été
directeur général de l'Inserm de 1969 à 1979, puis
président de l'Institut Curie et membre du Conseil
d'État. Un amphithéâtre porte aujourd'hui son
nom à l'Institut Curie à Paris. Le second, Pierre
Joly, était — il l'est toujours — une figure de la
recherche pharmacologique : il fut président de
l'Association pour la recherche médicale, de l'Association française pour la recherche thérapeutique,
de l'Académie nationale de pharmacie et, en 2011,
de l'Académie nationale de médecine. Encore et
toujours, comme pour l'appel d'Heidelberg, on
relève l'importance des noms. Plus ils sont prestigieux, plus les titres auxquels ils sont associés sont
ronflants, plus la crédibilité d'une association est
forte — quand bien même elle se donnerait pour
objectif d'aller contre la science.

Contacté par téléphone pour évoquer les conditions de son « recrutement » à la présidence de

l'ICSE, Pierre Joly s'est montré fort gêné, affirmant d'abord qu'il ne connaissait pas cette organisation puis, mis devant l'évidence, qu'il ne s'en souvenait pas[8]. Au reste, il est possible que Constant Burg et Pierre Joly puissent à l'époque avoir tout ignoré de la nature réelle de l'association. Dans sa plaquette de présentation, celle-ci ne décline bien sûr aucun de ses liens ni avec CES, ni avec l'industrie de l'amiante, ni avec les cigarettiers américains. Ni avec quoi que ce soit d'autre. L'association semble être une société savante comme une autre, motivée par la seule volonté de faire avancer la connaissance et d'aider à structurer un domaine de recherches.

Que fait l'ICSE ? Son premier « séminaire scientifique international » est organisé le 10 mai 1993 à Paris, à l'hôtel Hilton de l'avenue de Suffren. Le thème retenu peut sembler abscons au béotien : « Le concept de relation linéaire entre la dose et l'effet est-il un modèle valide pour évaluer les risques liés aux faibles doses de carcinogènes ? » Derrière le jargon se cache la question cardinale, celle des *faibles doses*. L'ensemble du séminaire est monté pour promouvoir l'idée que soumettre de vastes populations à une faible exposition de produits carcinogènes n'entraînera pas d'effets notables, car ces derniers ne sont pas liés de manière linéaire (c'est-à-dire strictement proportionnels) à la dose reçue. Au cours du séminaire de l'ICSE, des conférenciers sont appelés à évoquer cette problématique — toujours dans le but de pousser la thèse de l'innocuité des faibles doses.

Le premier colloque de l'ICSE aborde des questions très diverses : tabagisme passif, nucléaire, produits chimiques et phytosanitaires, amiante, etc. Hélas, nous ne disposons que des documents internes de l'industrie du tabac. Il faut donc tenter de déceler les modalités d'organisation du colloque à travers les *tobacco documents*. Qu'y trouve-t-on ? D'abord que le statisticien Peter Lee, qui s'exprime sur le tabagisme passif, a été rémunéré par l'industrie cigarettière à de très nombreuses reprises : on trouve dans les *tobacco documents* une vingtaine de factures émises par P. N. Lee Statistics and Computing, sa société de consultants. Ce n'est pas tout : le 28 avril 1993, deux semaines avant la tenue du fameux colloque de Paris, sa présentation circule au sein du Tobacco Advisory Council — une des organisations interprofessionnelles de l'industrie du tabac américaine — afin d'y être contrôlée et amendée[9]. Sous couvert des titres universitaires et académiques des conférenciers, c'est donc l'industrie qui parle. Car il n'y a aucune raison de penser que les autres présentations du colloque — chacune commanditée par les industriels concernés — n'aient pas été soumises à ce même régime.

Voici le bref résumé en quatre points que Peter Lee fait à ses commanditaires, trois jours après sa tenue, de la conférence de Paris :

(i) La pollution chimique humaine est une source mineure des risques de cancers.

(ii) Bien trop de temps et d'argent sont dépensés à tenter de minimiser les risques ridicules posés par les produits chimiques produits par l'homme, alors qu'il est clair qu'il serait bien plus efficace de se concentrer à réduire les risques significatifs du cancer et des autres maladies issus d'autres causes.

(iii) Les résultats des tests de carcinogènes sur les animaux où l'exposition est proche de la dose maximum tolérée pourraient ne pas être extrapolables aux faibles doses, ni extrapolables sur l'homme.

(iv) Des doses-seuils existent probablement pour de nombreux carcinogènes [c'est-à-dire qu'il existerait des doses limites au-dessous desquelles les produits carcinogènes n'auraient *aucun* effet][10].

À l'issue de ce genre de conférence, un document de synthèse est rédigé en langue commune pour être transmis à la presse et aux responsables politiques. Là encore, il faut s'en remettre à la documentation des cigarettiers pour comprendre la nature réelle de la synthèse qui sera rédigée. Qu'y trouve-t-on ? Le 10 juin 1993, un responsable de Rothmans International Tobacco adresse une lettre à Hélène Bourgois-Kornel, la désormais fameuse représentante en France des intérêts des cigarettiers américains, pour lui expliquer que, « la semaine dernière, Sophie Valtat, de l'ICSE, [lui] a envoyé la version provisoire du document de consensus [issu de la conférence du 10 mai]. [...] C'est bon pour la plus grande part. Cependant, j'ai le sentiment que la deuxième phrase pourrait faire condamner l'ICSE comme étant aussi dogmatique que ceux qu'il tente de corriger de telles erreurs. Je me demande si le mot "suggérées" ne devrait pas être introduit entre "causes" et "sont". Cela donnerait : "Les causes majeures suggérées sont..."[11] », suivent l'alimentation, le manque d'exercice phy-

sique, etc. Que veulent dire cette petite remon-
trance et cette demande d'amendement ? Que
même les cigarettiers trouvent le résumé trop
caricatural ! La rédaction du document de consensus par l'ICSE a ainsi été si complaisante envers
ses donneurs d'ordre qu'elle en devient suspecte.
Interrogé pour savoir s'il estime normal que les
« congrès scientifiques » de CES, la société de
relations publiques à l'origine de l'ICSE, aient été
secrètement si étroitement contrôlés par l'industrie, Jean-Pierre Hulot répond : « Je ne suivais pas
cela personnellement, je ne suis pas au courant[12]. »

LA BATAILLE DU TABAGISME PASSIF

Pour comprendre l'importance de cette thématique — celle des faibles doses — et les raisons
qui ont poussé les cigarettiers américains à s'en
inquiéter et à structurer autour d'eux des coalitions
industrielles, il faut revenir en 1981 et se rendre au
Japon. Là, un épidémiologiste du nom de Takeshi
Hirayama (Institut national de recherche sur le
cancer, Tokyo) mène la première étude d'ampleur
sur le tabagisme passif et ses effets. À l'époque, au
début des années 1980, une bonne part de l'opinion
— à l'échelle mondiale — n'est pas encore réellement au fait des risques sanitaires du tabagisme
lui-même. Ceux éventuellement présentés par le
tabagisme passif semblent une aimable plaisanterie. Le 17 janvier 1981, le scientifique japonais
publie dans le *British Medical Journal* les résultats
d'une grande enquête menée sur l'ensemble du ter-

ritoire nippon, sur une cohorte gigantesque de plus de quatre-vingt-onze mille femmes, non fumeuses et âgées de plus de 40 ans, suivies pendant quinze ans. Ce que publie l'épidémiologiste japonais glace littéralement le sang des marchands de tabac : les femmes qui partagent la vie d'un fumeur ont un risque accru de cancer pulmonaire, risque proportionnel à la quantité de cigarettes fumées quotidiennement par leur compagnon. Dans les années suivantes, d'autres études confirmeront ce lien entre tabagisme passif et cancer des voies respiratoires.

Pour les cigarettiers, le risque se concrétise très vite. Dès le milieu des années 1980, aux États-Unis, une trentaine d'États considèrent que les preuves scientifiques apportées suffisent à bannir la cigarette — plus ou moins complètement — des lieux publics. Sont visés en priorité ceux dans lesquels des travailleurs sont exposés à la fumée. Ces restrictions, prises sans attendre de décision de l'État fédéral américain, qui reste longtemps en retrait, font localement baisser la consommation : certaines études citées dans les *tobacco documents* font état d'une baisse de près de 30 %. À l'époque et jusqu'à la fin des années 1990, dans la vieille Europe, les mesures prises dans ces États américains apparaissent comme une manifestation d'hystérie hygiéniste bien plus fondée sur une vision puritaine du monde et une stigmatisation de tout hédonisme que sur un constat scientifique simple et assez incontestable. L'opération ARISE, dont il a été question au chapitre précédent, y est pour beaucoup. Pourtant, si on réglemente, outre-

Atlantique, la consommation de cigarettes dans les lieux publics, c'est pour éviter les procès à répétition qui ne manqueraient pas d'être intentés, dès qu'un non-fumeur exposé sur son lieu de travail viendrait à contracter une maladie imputable à la « fumée passive ». L'affaire était pressentie dès avant la publication de Takeshi Hirayama. En 1978, un mémo secret du Tobacco Institute sur les inquiétudes qui commençaient à poindre dans la population, à propos des risques potentiels du tabagisme passif, faisait écrire à son auteur que ce sujet était « la menace la plus dangereuse pour la viabilité de l'industrie du tabac qui se soit présentée à ce jour[13] ». De fait, que le tabac tue les fumeurs, passe encore, mais s'il s'avère qu'il a également tendance à tuer des non-fumeurs...

En 1986, au vu des études ayant succédé à celle de Takeshi Hirayama, le Surgeon General déclare officiellement la « fumée passive » cancérigène. L'année d'après, *Big Tobacco* imagine et lance le Whitecoat Project (« Projet Blouse blanche », en référence aux blouses parfois portées par les scientifiques dans leur laboratoire) dont le but est d'éviter que la situation de défiance aux États-Unis ne se propage au reste du monde. Il faut donc, pour cela, se projeter hors des frontières américaines et recruter secrètement des consultants en Europe, en Asie, en Amérique latine. En peu de temps, « ETS » (pour *Environmental Tobacco Smoke*, ou Fumée ambiante du tabac) devient l'un des acronymes les plus utilisés dans la documentation interne des cigarettiers américains. Selon l'analyse de Barnoya et Glantz, les marchands de tabac se divisent le monde en aires d'influence : Philip Morris mène les opérations en Europe, à Hongkong et au Guatemala ; RJ Reynolds opère aux Philippines tandis que BAT se concentre sur Taïwan ou encore le Costa Rica... « Le but de ce programme était d'identifier, de former et de promouvoir des scientifiques, médecins ou ingénieurs, qui ne seraient pas assimilés à l'industrie par le public », expliquent Joaquin Barnoya et Stanton Glantz (université de Californie à San Francisco), dans une analyse publiée en 2005 par l'*European Journal of Public Health*.

De fait, pour n'avoir aucun contact direct avec les cigarettiers, c'est le bureau londonien du cabinet d'avocats américain Covington & Burling, mandaté par Philip Morris, qui s'occupe de recruter les « blouses blanches » en Europe, de les payer, de les défrayer et de rendre compte de leurs activités. Un mémo interne de Philip Morris, daté d'avril 1988, décrit en termes simples l'objectif du projet : « Il permettra de continuer d'utiliser l'argument selon lequel il n'y a pas de preuve scientifique convaincante que l'ETS représente un risque pour les non-fumeurs. » Un autre, daté de février de la même année, précise : « L'objectif stratégique pour Philip Morris en Europe est d'aller au-delà de l'établissement d'une controverse sur un risque sanitaire supposé de l'ETS, il sera de disperser les suspicions de risques[14] » — c'est-à-dire de fabriquer de la science de distraction, susciter des résultats ou des travaux sur les autres polluants de l'air intérieur... Il ne s'agira pas tant de financer des travaux de recherche — comme ce fut le cas précédemment — mais essentiellement de recruter des consultants, secrètement payés à titre personnel pour les services rendus.

La France fait partie de l'opération. Mais la situation y est particulière : à peu près personne, dans la communauté scientifique, ne travaille sur la question du tabagisme passif. Difficile de faire émerger, dans ces conditions, des «experts-ressources» qui pourraient influencer les responsables politiques et les médias. Le 19 juin 1989, Keith Teel, avocat au cabinet Covington & Burling, écrit un mémo confidentiel à plusieurs hauts cadres de Philip Morris. «Depuis un certain temps, écrit-il, nous travaillons à recruter des scientifiques français qui pourraient nous aider sur le problème de l'ETS. La semaine dernière, en France, chez John Faccini, les membres de notre groupe britannique ont rencontré quatre scientifiques français qui, espérons-le, formeront [en France] le noyau dur d'un groupe de sept à neuf consultants sur la question de la qualité de l'air intérieur et de l'ETS[15].» La rencontre qu'il y évoque a lieu chez John Faccini, un consultant d'origine britannique installé en France, ancien du groupe Pfizer devenu directeur de l'Institut français de toxicologie, une société privée installée à Lyon. La réunion donne le coup d'envoi à la participation occulte d'un petit groupe de scientifiques français, dont les noms ne sont pas mentionnés, au Whitecoat Project.

Quelques mois plus tard, les 3 et 4 novembre 1989, Philip Morris fait organiser à Montréal un «symposium international sur l'ETS». La conférence semble d'abord un événement scientifique

« normal » : elle se tient dans les murs d'une prestigieuse institution — l'université McGill — et elle
est financée par une organisation au nom rassu-
rant, l'Institute for International Health and Development (IIHD). La « conférence de McGill » est
aujourd'hui citée comme un modèle de manipulation de la science et de fabrication du doute. Car
non seulement l'IIHD était une organisation-écran
de l'industrie du tabac, non seulement les portes de
l'université McGill avaient été ouvertes par le toxicologue Donald Ecobichon, professeur à McGill
et financé de longue date par *Big Tobacco*, mais
la totalité des quelque quatre-vingts scientifiques
participants étaient invités, payés ou défrayés par
Covington & Burling. C'est-à-dire par Philip Morris. Le programme[16] de la conférence de McGill
mentionne, parmi les invités, quatre Français :
André Fave, présenté comme un vétérinaire sans
affiliation académique, Roland Fritsch et Guy
Crépat, professeurs de biologie à l'université de
Bourgogne, et Alain Viala, professeur à la faculté
de pharmacie de Marseille. Comment évaluer
leur rôle ? D'abord, leur seule présence sur la liste
des participants contribue à donner un caractère
international à l'événement, gage de crédibilité.
Dans un rapport d'activité adressé à ses commanditaires, Covington & Burling se félicite ainsi que
« quelque trente scientifiques européens de sept
pays différents[17] » aient participé à l'événement.
Ensuite, il s'agissait pour les quatre Français de
se « former » à la rhétorique de l'industrie. De fait,
dans le mémo de juin 1989, Covington & Burling
déplore que les scientifiques français approchés,

bien que désireux de s'investir, soient désarmés sur le terrain du tabagisme passif. Dès lors, écrivent les avocats du cabinet londonien, «nous avons pensé qu'il serait utile qu'ils échangent avec plusieurs de nos scientifiques britanniques plus avertis». Lesquels sont présents en masse à Montréal.

Quant à l'utilité de la conférence, elle ne fait aucun doute : Covington & Burling précise que le compte rendu, édité sous forme de livre, a été distribué en Europe à «des journalistes et des parlementaires». Quelque quatre cents exemplaires ont été ainsi écoulés. Or les conclusions du conclave sont, bien sûr, que le tabagisme passif est «un sujet controversé», en raison du «peu de confiance dans les publications», de «l'impossibilité à conclure» du fait des «biais introduits dans les travaux sur l'ETS». En somme, qu'il n'y a encore nulle raison de bannir la cigarette des lieux publics. Dans les documents internes du Tobacco Institute, on trouve ainsi une lettre type exposant les conclusions de la conférence de McGill adressée à plusieurs dizaines de journalistes américains de la presse nationale et régionale identifiés comme «équilibrés» ou «favorables».

Les quatre Français présents à Montréal en novembre 1989 ont continué, dans les années suivantes, à percevoir de l'argent de Covington & Burling. Et dès 1990 d'autres Français les rejoignent sur les listes de consultants dressées par le cabinet d'avocats. On y trouve Dominique Bienfait (alors chef du service aérolique et climatisation du Centre scientifique et technique du bâtiment, le CSTB), André Rico (toxicologue à l'École natio-

nale vétérinaire de Toulouse), Georges Tymen (spécialiste de la pollution atmosphérique particulaire
à l'université de Brest), John Faccini (alors président de la Fédération internationale des sociétés
de toxicologues-pathologistes) ou encore Jacques
Descotes (qui est encore en 2012 le directeur du
Centre antipoison-Centre de pharmaco-vigilance
du CHU de Lyon).

Seule une part des émoluments des « blouses
blanches » françaises figure dans les *tobacco
documents*, les archives de l'industrie n'étant pas
encore intégralement numérisées. Le bilan 1991
de Covington & Burling indique par exemple
que les sommes offertes à chacun varient considérablement, des modiques 2 279 francs suisses
(2 580 euros courants) de Jacques Descotes, qui
n'a semble-t-il joué qu'un rôle mineur dans le dispositif, aux 46 445 francs suisses (52 584 euros courants) de John Faccini[18], discrètement versés sur
un compte en Suisse. La moyenne se situe pour
1991 autour d'une dizaine de milliers de francs
suisses par consultant. Ces rémunérations sont
toutefois très inférieures à celles des consultants
britanniques dont certains sont payés jusqu'à dix
fois plus. En décembre 1992, par exemple, George
Leslie, un toxicologue britannique qui supervise
les opérations, touche la somme de 93 383 livres
sterling (environ 120 000 euros de 2012)[19].

À quels services correspondent ces sommes ?
Généralement à la participation à des conférences.
Mais les documents n'explicitent pas toujours la
nature réelle des services rendus. « J'ai été contacté,
au début des années 1990, par un toxicologue bri-

tannique du nom de George Leslie qui m'a proposé
de faire partie d'un groupe de scientifiques intéressés par l'étude de la pollution de l'air intérieur,
raconte Jacques Descotes, professeur de médecine et ancien consultant. J'ai accepté, mais mon
seul contact a toujours été George Leslie et je n'ai
jamais eu de liens avec Philip Morris ou Covington
& Burling. Je n'ai jamais été payé. Les 2 279 francs
suisses dont il est question dans les documents
sont vraisemblablement les frais liés aux coûts de
mes participations à des conférences[20]. »

Un courrier d'avril 1992, envoyé par George Leslie à Covington & Burling, indique toutefois que
Jacques Descotes a facturé des honoraires pour sa
présence à une conférence à Athènes (Grèce) en
1992, sans toutefois en préciser le montant. Pour
ce même événement, André Rico et Alain Viala ont
réclamé 4 000 francs français (830 euros courants)
par jour, comme le montrent les factures qu'ils ont
établies à l'intention de George Leslie. Toutes ces
réunions scientifiques sur la qualité de l'air intérieur sont coorganisées par l'association Indoor
Air International (IAI), dont George Leslie est le
coordinateur. Les *tobacco documents* l'indiquent
sans ambiguïté : tout est financé par l'argent du
tabac et mis en musique par George Leslie, sous
la supervision de ses commanditaires. Aux côtés
de deux ou trois autres toxicologues britanniques,
George Leslie apparaît être l'un des personnages
centraux du dispositif mis sur pied par Philip Morris via Covington & Burling. Il monte et supervise
un groupe semblable à ARISE, baptisé ARIA (Association for Research on Indoor Air, ou Association

pour la recherche sur l'air intérieur), qui se réunit
à intervalles réguliers, et qui rassemble tous les
consultants recrutés par Covington & Burling.

Stricto şensu, ARIA n'a aucun lien financier
avec Philip Morris et, dans les *tobacco documents*,
on voit en filigrane se dessiner une organisation
digne des sociétés secrètes décrites par l'historien des sciences Alexandre Koyré : à mesure que
l'on monte en hiérarchie, donc en initiation, on
accède à de nouveaux éléments de vérité, tandis
que les nouveaux venus, ou ceux en qui la structure n'a pas une confiance absolue, sont main-
tenus dans l'ignorance du dessein qu'ils servent.
Certains scientifiques recrutés ignorent ainsi
pour qui ils travaillent en réalité. D'autres ont
des doutes, mais pas de certitudes. Ils participent
aux réunions d'ARIA, préparent ou assistent à des
conférences sur la qualité de l'air intérieur, sont
rémunérés pour cela par un cabinet d'avocats
basé à Londres, et ne cherchent pas réellement à
avoir le fin mot de l'histoire. « Au début, j'avoue
ne pas m'être trop posé la question de la provenance de tout cet argent qui servait à organiser
ces conférences, toujours tenues dans des cadres
agréables. Je n'ai appris qu'incidemment, par un
autre membre du groupe, que l'argent provenait
de Philip Morris, dit ainsi Jacques Descotes. Au
départ j'ai imaginé que l'objectif était de constituer
un réseau de taupes dans la communauté scientifique et médicale, des sortes d'agents dormants
qui pourraient être "réveillés". Comme je n'avais
pas l'intention d'être jamais "réveillé", cela ne me
posait pas de problème. Aujourd'hui encore, je ne

comprends pas l'intérêt qu'ils pouvaient avoir dans l'organisation de ces conférences sur l'air intérieur puisque aucun de nous n'était spécialiste du tabac et qu'il n'était presque jamais question de tabagisme passif[21]. »

L'explication est très simple. On la trouve notamment dans un mémo de 1990 de Covington & Burling adressé à Philip Morris, présentant une conférence à venir à Lisbonne : « Le centre d'intérêt ne sera pas le tabac, ce sera plutôt de montrer l'insignifiance de la fumée ambiante de la cigarette, en mettant en avant les vrais problèmes de qualité de l'air[22]. » Après Montréal et Lisbonne, le cabinet se félicite, dans la même note interne, de voir venir d'autres conclaves sur le sujet, tous organisés ou noyautés par ses « blouses blanches » : Budapest, Hanovre, Milan, Visby, Windsor, Oslo… Pour les avocats du cabinet londonien, l'un des plus éclatants succès est la conférence de Lisbonne : celle-ci « a été sponsorisée par une université portugaise et deux groupes scientifiques internationaux — tous deux indépendants de l'industrie, et tout cela a été rendu possible par nos consultants. Les articles [présentés au cours de l'événement] seront publiés sous forme de comptes rendus de la conférence et, de manière plus sélective, dans une revue éditée par l'un de nos consultants. […] Un certain niveau d'équilibre dans la présentation des problèmes est bien sûr nécessaire pour garantir le caractère persuasif de la conférence, mais de manière générale, les résultats seront positifs et importants ».

La plupart des participants à ces conférences, à l'instar de Jacques Descotes, ignorent le dessein qui

les a amenés là. D'autres savent parfaitement pour
qui, et pourquoi, ils travaillent. Certains entrent
même directement en contact avec les maîtres
d'œuvre du système, comme en témoignent plusieurs correspondances. En particulier, les biologistes Guy Crépat et Roland Fritsch adressent en
octobre 1998 un fax à un haut cadre de Philip Morris, auquel ils demandent clairement à être investis
d'une petite mission. « À la demande du docteur
George Leslie, j'ai plaisir à vous faire parvenir ci-
après le programme du congrès français sur les
aérosols qui se tiendra à Paris les 8 et 9 décembre
1998, écrivent les deux scientifiques de l'université de Bourgogne, désormais à la retraite. Guy
Crépat serait disponible pour y assister et en faire
un compte rendu. Nous vous remercions de préciser au docteur Leslie quelles seront les conditions
de prise en charge[23]. » On notera l'intérêt mani-
festé aux conditions matérielles d'organisation.
En 1995, 1998 puis 2001, Guy Crépat et Roland
Fritsch organisent au sein de leur institution de
telles conférences sur l'air intérieur. Aux côtés d'IAI
apparaissent comme coorganisateurs des associations scientifiques sans lien avec le tabac, comme
la Société française de toxicologie. Mais l'organisation est sous influence. En 1995, près de la moitié
des dix-huit membres du comité technique de la
conférence sont des consultants payés ou confortablement défrayés par l'argent du tabac. En 1998,
ils sont cinq sur six ; en 2001, ils sont quatre sur
quatre[24]. Résultat ? Là encore, les scientifiques qui
y participent parlent de tout ce qui peut polluer
l'air intérieur — « allergènes animaux », « champi-

gnons et moisissures», «émanations des moteurs
Diesel», «virus et bactéries», «radon», etc. —, de
tout sauf du tabagisme passif.

Au contraire du faux colloque de McGill, ces
conférences voient la participation d'une majorité de scientifiques sans lien avec le tabac, venant
simplement présenter leurs travaux. Mais en
excluant ou en marginalisant le tabagisme passif,
les «blouses blanches» de l'IAI — qui deviendra
plus tard l'International Society of the Built Environment — parviennent à diluer voire à faire dis-
paraître les risques liés à la fumée de cigarette.
Dans un mémo adressé à Philip Morris en 1990,
Covington & Burling s'en félicite sans fard : «Nos
consultants ont créé la seule société scientifique au
monde qui traite des questions de qualité de l'air
intérieur[25].» Un regard rétrospectif sur la perception des questions de pollution atmosphérique —
au sens large du terme — indique que c'est précisément à partir du moment où le tabagisme passif
a été pointé du doigt que la thématique «qualité
de l'air intérieur» a émergé dans la communauté
scientifique et chez les régulateurs. Ce n'est pas
un hasard si, parmi les consultants français engagés par Covington & Burling, se trouve un haut
cadre technique du CSTB*. Car les industriels
entendent réduire la question du tabagisme passif
à une simple gestion des espaces de travail, à des
moyens de ventilation adaptés. Le CSTB est chargé

---

* Le Centre scientifique et technique du bâtiment ignorait
tout des services de consultant rendus à Philip Morris par
Dominique Bienfait.

en 2012 de l'Observatoire de la qualité de l'air intérieur. D'où le rôle des cigarettiers dans la construction de l'ensemble d'un domaine de recherche, de
sa perception par le public, les décideurs.

Le plus fascinant dans l'affaire est que la distraction organisée par *Big Tobacco* participe à l'émergence d'une préoccupation légitime. Mais celle-ci,
et ce savoir nouveau accumulé « grâce » à l'argent
du tabac, vient précisément diluer et occulter le
rôle majeur de la fumée du tabac dans la qualité
de l'air intérieur. Les médecins eux-mêmes sont, en
France et vraisemblablement en Europe, victimes
de l'écran de fumée tissé par les cigarettiers et ne
prennent guère au sérieux cette histoire de fumée
ambiante de cigarette. « Jusqu'en 2005, de nombreux collègues de l'Académie de médecine, tout à
fait honnêtes, me demandaient si j'étais sûr que le
tabagisme passif relevait bien de la santé publique
et pas plutôt de la politesse[26] », confie le professeur
Gérard Dubois (CHU d'Amiens), pionnier français
de la lutte contre le tabac. Jusqu'en 2005, c'est-à-
dire près d'un quart de siècle après la publication
de Takeshi Hirayama.

La société savante créée par les « blouses
blanches » de *Big Tobacco* fonde même une revue
scientifique, *Indoor and Built Environment*. Mais
là encore, les dés sont pipés. Une étude dirigée
par David Garne (université de Sydney) parue en
2005 dans *The Lancet* a montré qu'*Indoor and Built
Environment* publiait une large part de travaux
menés par des consultants du tabac aux conclusions favorables à l'industrie. « Les dirigeants de
la société savante étaient majoritairement des

consultants payés par l'industrie du tabac : les six membres de 1992 et sept des huit membres en 2002 avaient des liens financiers avec les avocats des industriels, écrivent David Garne et ses collègues. 67 % du comité éditorial de la revue en 1992 et 66 % en 2002 avaient un historique d'associations financières avec l'industrie du tabac. Parmi les articles publiés dans *Indoor and Built Environment*, 61 % de ceux traitant de la fumée ambiante du tabac ont conclu de manière positive pour l'industrie. Parmi eux, 90 % avaient au moins un auteur ayant dans son historique une collaboration avec l'industrie du tabac. » La revue valorise ainsi les « blouses blanches » qui ne parviennent pas à publier dans d'autres revues scientifiques. *Indoor and Built Environment* servait donc à la fois d'instrument d'influence et, aussi, de courte échelle aux amis du tabac.

Ce n'est pas tout. Certains consultants du tabac s'immiscent dans l'Association pour la prévention de la pollution atmosphérique (APPA) — qui, elle, n'a aucun lien avec les cigarettiers. Cette association de médecins et de scientifiques est un interlocuteur clé des pouvoirs publics sur les questions de qualité de l'air. Au début des années 1990, Alain Viala devient même président de son comité régional PACA-Marseille ! Choquée, l'actuelle direction de l'APPA dit n'avoir jamais été informée d'un tel conflit d'intérêts, mais précise que l'association s'est séparée d'Alain Viala voilà plusieurs années[27]. Son implication dans l'APPA et son titre de professeur lui donnent toute légitimité pour s'exprimer dans la presse. Rien d'étonnant à ce que les journalistes lui tendent le micro. Le quotidien *Le Parisien* le cite dans son édition du 18 octobre 1991 : il y déclare que «les risques de cancer [dû au tabagisme passif] ne sont pas certains[28]». À l'Agence France-Presse, il assure à la même époque qu'il n'y a pas de «démonstration convaincante que l'exposition à la fumée ambiante du tabac augmente les risques de cancer chez les non-fumeurs[29]».

UNE SCIENCE BIAISÉE

En 1986, seulement cinq ans après l'étude séminale de Takeshi Hirayama, les autorités sanitaires américaines reconnaissent officiellement le caractère carcinogène de la fumée ambiante de tabac. Mais en Europe, le peu de risques juridiques, la naïveté et l'apathie des autorités, leur perméabilité aux techniques de manipulation de la science suscitent un retard de régulation considérable. En France, fumer dans les lieux publics a été interdit en 2007, vingt et un ans après que les autorités américaines ont reconnu le lien entre plusieurs maladies et le tabagisme passif. Quel est le bilan de celui-ci, en France, lors de ces deux décennies ? Dans le *Bulletin épidémiologique hebdomadaire*, l'épidémiologiste Catherine Hill (Institut Gustave-Roussy) a estimé qu'en 2002 environ mille cent non-fumeurs en sont morts. C'est l'une des estimations les plus basses : d'autres donnent une mortalité annuelle proche du triple. Supposons — hypothèse basse — que l'exposition hors domicile soit responsable de la moitié du bilan : entre 1986

et 2007, le doute savamment entretenu par l'industrie serait alors responsable de quelque dix mille
morts. En réalité sans doute bien plus. Au niveau
mondial, les travaux les plus à jour suggèrent que
le tabagisme passif est directement responsable
d'environ six cent mille morts par an, la majorité
des pays n'ayant pas encore de réglementation sur
la cigarette dans les espaces publics et sur le lieu
de travail. L'évocation de cette estimation, obtenue en conclusion d'études épidémiologiques qui
ne sont pas contestées, laisse souvent parfaitement
incrédule : après tout, d'autres travaux épidémiologiques n'ont-ils pas montré que l'impact de la
fumée passive était nul ou indétectable ?

Les cigarettiers ont financé bon nombre d'études
sur la question. Certains toxicologues spécialistes
du sujet ont même secrètement été rémunérés
comme consultants en même temps qu'ils voyaient
leurs travaux financés par *Big Tobacco*. Le cas le
plus emblématique, en Europe, est celui du Suédois Ragnar Rylander, à l'époque professeur à l'université de Göteborg, puis à l'université de Genève.
Pascal Diethelm, un ancien cadre de l'OMS, et
Jean-Charles Rielle, médecin et responsable du
Centre d'information pour la prévention du tabagisme de Genève, ont découvert en 2001, dans les
tobacco documents, des éléments montrant que
Ragnar Rylander était proche de Philip Morris. Des
dizaines de milliers de dollars de subvention de
recherche mais aussi d'émoluments ont été perçus
par Ragnar Rylander au cours de presque quatre
décennies d'étroite collaboration avec la firme de
Richmond. Ce sont peu ou prou les mêmes tâches

remplies par les autres consultants du tabac, mais avec cette particularité : Ragnar Rylander, désormais à la retraite, était une autorité dans le domaine de la toxicologie environnementale et non un chercheur de peu d'envergure scientifique, comme l'étaient les « blouses blanches » françaises. Parmi les centaines de courriers échangés entre le Suédois et ses interlocuteurs de Philip Morris, on peut se contenter de n'en citer qu'une, qui donne la mesure et l'ampleur de son engagement aux côtés des cigarettiers. Elle est datée du 23 juin 1997 et adressée par le toxicologue à Richard Carchmann, vice-président pour la recherche de Philip Morris. Dans ce courrier, Ragnar Rylander explique son refus de traiter avec la filiale européenne du ciga-rettier américain en expliquant qu'« à travers les années j'ai toujours été très strict en ne rapportant qu'à Richmond [le siège de la maison mère du ciga-rettier] et particulièrement en ne m'engageant pas dans les activités du groupe de Neuchâtel [siège, en Suisse, de la filiale européenne] […], écrit-il. Fina-lement, je n'ai jamais été vu avec un cadre de Phi-lip Morris dans des réunions publiques ou devant des personnes extérieures, pour maintenir autant que possible l'image d'un scientifique indépendant. Jusqu'ici cela a très bien fonctionné […].[30] ».

Après leur découverte, Pascal Diethelm et Jean-Charles Rielle ont publiquement soutenu que le comportement de Ragnar Rylander, au cours de toutes ces années de double jeu, correspondait à « une fraude scientifique sans précédent ». L'accu-sation est brutale, l'affirmation ambitieuse. Bien sûr, Ragnar Rylander a attaqué les deux hommes en justice pour diffamation. Il a été débouté par la justice helvétique en décembre 2003 et les accusations formulées à son encontre ont été précisées et officiellement reconnues par l'université de Genève, dans un rapport signé par une « commission d'établissement des faits » *ad hoc*[31]. Le rapport d'enquête a notamment résumé la situation en rappelant que Ragnar Rylander a travaillé comme « agent de l'industrie et non comme chercheur libre », en tant qu'« organisateur de réunions scientifiques sur le thème de la fumée passive », en tant que « représentant de Philip Morris auprès d'un de ses laboratoires menant des recherches en partie secrètes sur la fumée passive », en tant qu'« agent d'influence auprès d'une université (Hongkong) invitée à donner une promotion importante à une chercheuse elle-même au service de l'industrie du tabac, afin de donner à l'industrie une plate-forme académique en Asie ».

L'affaire Ragnar Rylander, les divers exemples des « blouses blanches » recrutées par l'industrie, pour frappants qu'ils sont, ne permettent pas de prendre la mesure de l'influence qu'ont eue les cigarettiers sur la construction des connaissances relatives à la nocivité de la fumée ambiante du tabac. Pour se faire une idée de la manière dont l'ensemble du corpus scientifique sur le sujet a été biaisé pendant de nombreuses années, il faut faire ce qu'ont fait Deborah Barnes (université de Californie à Berkeley) et Lisa Bero (université de Californie à San Francisco), en 1998 dans la revue *Journal of the American Medical Association* : analyser rétrospectivement les résultats des études épidémiologiques avec... un regard d'épidémiologiste. Les deux chercheuses ont inventorié toutes les *revues de littérature** traitant de la nocivité du tabagisme passif et publiées entre 1980 et 1995. Elles ont trouvé cent six revues de littérature sur le sujet, publiées dans des revues scientifiques ou dans des comptes rendus de conférences scientifiques.

Un peu comme les épidémiologistes relèvent un certain nombre de paramètres pour mener leurs travaux sur les populations humaines en fonction de ce qu'ils cherchent à évaluer (alimentation des individus, style de vie, âge, type d'emploi, etc.), Deborah Barnes et Lisa Bero ont relevé différents paramètres pour chacune des cent six études considérées : le financement (avec ou sans implication de l'industrie du tabac), le lieu de publication, l'année de publication, le nombre d'études prises en compte, le nombre de paramètres analysés, etc. Sur ces cent six revues de littérature, trente-neuf concluent à une absence d'effets — ce

---

* Une « revue de littérature », ou « article de revue », encore appelée *review* par les Anglo-Saxons, est un article de recherche d'un genre un peu particulier : il ne fournit aucune donnée originale, mais consiste à analyser de manière critique l'ensemble des études publiées sur un sujet donné. Le ou les auteurs passent ainsi en revue l'ensemble des faits scientifiques disponibles et tirent de cette « vue d'ensemble » une conclusion sur l'état des connaissances (par exemple pour répondre à la question de savoir si la fumée ambiante de tabac est mesurablement nocive ou non, etc.) et éventuellement sur les recherches qui devraient être menées à l'avenir pour combler les lacunes dans la connaissance.

qui n'est pas négligeable. En cherchant les paramètres qui peuvent influer sur le résultat, les deux chercheuses n'en trouvent qu'un seul : « Le seul facteur prédisant les conclusions d'une revue de littérature a été de savoir si son auteur a été affilié à l'industrie du tabac. » Ni la qualité de la revue de littérature, ni son année de publication, ni le nombre de paramètres dont elle tient compte, ni le nombre total d'études qu'elle analyse et synthétise n'a le moindre effet sur les conclusions. Le *seul* paramètre introduisant un biais est donc le lien, présent ou passé, d'au moins un de ses auteurs avec *Big Tobacco* : sur les trente-neuf études qui concluent à une absence d'effets du tabagisme passif, vingt-neuf ont au moins un auteur lié au tabac. En incluant l'ensemble des études, on voit donc que 63 % d'entre elles trouvent un effet délétère, et 37 % n'en trouvent aucun. Ce n'est pas si loin de l'équilibre. En ôtant le biais de financement, on voit que près de 90 % des études trouvent un effet nocif quand à peine plus de 10 % n'en trouvent pas.

Structurer une recherche « concurrente » pour diluer le risque du tabagisme passif et biaiser la littérature en jouant du *funding effect* n'est pas tout. Les cigarettiers ont aussi eu à cœur de peser sur la science réglementaire — c'est-à-dire celle pratiquée au sein des agences de sécurité sanitaire. En particulier aux États-Unis. Ainsi, le rapport de l'université de Genève sur Ragnar Rylander mentionne une dernière activité pour laquelle le scientifique suédois a agi au service de Philip Morris : « En qualité d'expert, par exemple auprès de l'Agence américaine de protection de l'environnement (EPA). » Car, pendant que les « blouses blanches » bataillent dans l'ombre, en Europe, pour retarder le plus possible une réglementation tenant compte du tabagisme passif, un autre front est ouvert par l'EPA outre-Atlantique. Un autre front sur lequel le tabac ne sera plus seul.

« *JUNK SCIENCE VS. SOUND SCIENCE* »

En juin 1990, un vent mauvais souffle à nouveau aux États-Unis sur le *business* de la cigarette. L'EPA vient en effet de conclure de manière encore provisoire que la fumée ambiante de cigarette est un cancérogène avéré et que trois mille huit cents Américains en meurent chaque année. Ces conclusions sont ouvertes aux commentaires de la communauté scientifique — une pratique normale, sorte de revue par les pairs étendus. L'industrie active ses troupes, partout dans le monde. Les « blouses blanches » françaises par exemple, comme Guy Crépat ou John Faccini, adressent des commentaires critiques à l'EPA. En particulier, Guy Crépat — qui n'a jamais publié un seul travail de recherche en bio-statistiques — critique les tests statistiques utilisés par les experts de l'agence américaine pour traiter et interpréter les données. À l'appui de son argumentaire, il cite également, en annexe, une publication d'Alain Viala, autre « blouse blanche » française de l'industrie. De son côté, John Faccini adresse en guise de commentaire à l'EPA la version anglophone de l'un de ses articles, écrit à la demande des industriels. Nous sommes en 1990 et d'autres figures familières se prêtent à ce jeu — adresser à l'EPA des critiques acerbes sur son rapport. Entre autres, on trouve aussi dans les *tobacco documents* les commentaires techniques concoctés par Peter Lee et Fred Singer, qui seront tous deux présents en mai 1993, à l'hôtel Hilton de Paris, au « séminaire scientifique » de l'International Center for a Scientific Ecology. Cependant, malgré la grande quantité de commentaires négatifs suscités par l'industrie et reçus par l'EPA sur son rapport préliminaire, le texte final sera adopté en 1992, sans changement majeur par rapport à la version proposée deux ans plus tôt : la fumée passive est un carcinogène pour les non-fumeurs.

On a vu que le début des années 1990 est une période périlleuse pour le monde industriel. La fin de la décennie précédente a été marquée par une sorte de série noire. Signature du protocole de Montréal en 1987 (visant à bannir certains gaz dangereux pour la couche d'ozone) ; création du GIEC à la demande du G7 en 1988 ; aux États-Unis, le projet de loi dit « Clean Air Act » est déposé en 1989 et introduit la possibilité de voir mis sur pied un marché aux émissions de dioxyde de soufre pour lutter contre les pluies acides. Enfin, en 1990, l'EPA rend son rapport préliminaire sur le tabagisme passif et sa nocivité. Apparemment sans lien direct, ces événements épars procèdent d'une logique commune. Ils consacrent l'émergence de disciplines scientifiques dont les résultats vont dans la même direction et suggèrent que la régulation du système technique est une nécessité. Une direction qui ne plaît guère aux milieux industriels, toujours désireux de s'affranchir des régulations et de toute entrave légale.

Surtout, ce que mettent en évidence ces sciences émergentes semble en parfaite contradiction avec le plus élémentaire bon sens. Les chlorofluorocarbures, par exemple. Ils sont émis en faible quantité et se diluent dans l'immensité de l'atmosphère terrestre sans provoquer, en apparence, le moindre effet tangible. Rien de plus faux, disent les chimistes de l'atmosphère : ces gaz migrent vers la stratosphère et détruisent le filtre d'ozone qui nous protège des ultraviolets. De même, le dioxyde de soufre émis par les centrales à charbon semble partir dans l'air sans provoquer le moindre dégât visible, or, à des milliers de kilomètres de là, on constate ses effets sur l'acidité des eaux pluviales et les dommages qu'elle cause aux forêts, aux habitations, à l'ensemble des écosystèmes. C'est encore la même histoire pour le climat et les gaz à effet de serre… Comment penser qu'augmenter de quelques parties par million (ppm) la concentration atmosphérique de dioxyde de carbone peut changer quoi que ce soit ? Précisément, disent les chercheurs en sciences du climat : passer de 0,0270 % à 0,055 % de CO_2 dans l'atmosphère (en volume) aura des effets majeurs et considérables sur l'ensemble de la biosphère et, surtout, sur les sociétés et les économies humaines. C'est encore et toujours la même chose avec le tabagisme passif : les volutes bleutées de la cigarette des autres,

que l'on respire sans y penser, ne peuvent de toute
évidence nous porter le moindre préjudice. Et là
encore, la science déjoue notre intuition et notre
bon sens : de petites perturbations, de *faibles doses*,
peuvent avoir des effets majeurs.

Les sciences de l'environnement, au sens le
plus large du terme, émergent et se structurent à
la fin des années 1980, soutenant la vision d'une
nature fragile, en équilibre fondamentalement ins-
table, un équilibre pouvant être rompu par ce qui
nous semble *a priori* n'être que de petites piche-
nettes. Pire : ces sciences suscitent les premières
grandes régulations du système technique. La fin
des années 1980 voit aussi l'émergence d'un mouvement opposé, issu des sciences économiques et
des milieux d'affaires, avec la déréglementation
des marchés financiers et l'amorce de la tendance
vers la mondialisation des échanges commerciaux.
Ce sont deux chemins, deux directions opposées,
qui s'offrent aux sociétés dans les années 1980.
Le premier est indiqué par ces nouvelles sciences
émergentes et montre une voie où la création
de richesses matérielles et l'activité économique
seraient constamment entravées par des réglementations dues à la fragilité de la nature et de nos
cadres de vie. Par notre propre fragilité, en somme.
Le second est celui où le « bon sens » et notre appé-
tit du toujours-plus veulent nous emmener, par la
pente la plus rapide, vers une production toujours
plus importante de biens matériels et de richesses
vite produites et vite consommées. C'est bien sûr la
seconde voie qui a été choisie. Mais elle ne l'a pas
été en pleine connaissance de cause.

Dès le début des années 1990 naît ce que l'on peut désormais appeler, avec le recul, le mouvement en faveur d'une « science solide » (*sound science* en anglais) — mouvement financé directement ou non par des industriels et incarné par des scientifiques à leur solde, ou sincèrement convaincus de la pertinence et de la validité de cette croisade. Car c'est bien d'une croisade qu'il s'agit. Toutes les sciences qui, d'une manière ou d'une autre, suggèrent la fragilité de l'homme et de la biosphère face au système technique doivent être attaquées et ramenées au rang de « mauvaise science » (*junk science* en anglais). Par opposition à la « science solide », celle qui en général nourrit et alimente le système technique. C'est, là encore, sur le terrain des mots et du sens des choses que se joue cette bataille. Comment, en effet, penser que le mouvement pour une « science solide » était en réalité un mouvement *contre la science* au sens large ?

Cette dichotomie entre « science solide » et « mauvaise science » est une invention des cigarettiers. C'est l'une des stratégies utilisées par *Big Tobacco* pour contrer les travaux épidémiologiques qui ont commencé, dans les années 1980, à mettre en cause le tabagisme passif dans l'incidence de certaines maladies — notamment les cancers pulmonaires. On peut montrer cela par une analyse simple des mots utilisés dans les documents des cigarettiers. Sur l'ensemble des documents internes rédigés entre 1940 et 1981, seuls soixante contiennent l'expression « *sound science* » (« science solide ») et moins d'une dizaine font mention de

« *junk science* » (« mauvaise science »). Dans les documents internes rédigés entre 1982 et 1993 — c'est-à-dire entre la publication de l'étude séminale de Takeshi Hirayama et la publication du rapport de l'EPA sur le tabagisme passif — on trouve mille quatre cent quatre-vingt-neuf « *sound science* » et six cent trente-cinq « *junk science* ». Enfin, entre 1993 et 2008, ces occurrences apparaissent respectivement quatre mille huit fois et mille cinq cent trente fois*. On voit que la montée en puissance de ces expressions dans la documentation interne des cigarettiers est parfaitement corrélée à l'émergence de la problématique du tabagisme passif.

Aux États-Unis, dès la publication du rapport final de l'EPA sur la fumée ambiante du tabac, Philip Morris a imaginé et fondé un groupe *ad hoc*, voué à devenir le véhicule — auprès des médias, des décideurs et aussi d'une part de la communauté scientifique — de cette opposition systématique entre *junk science* et *sound science*. Pour ne pas attirer la suspicion, la création et la gestion de ce *think tank* furent confiées à une société de relations publiques, APCO Associates. Ainsi naquit, en février 1993, The Advancement of Sound Science Coalition, ou TASSC (Coalition pour la promotion d'une science solide). Et pour éviter que le lien puisse être fait avec le tabac, la société de rela-

---

* Chiffres obtenus après interrogation de la Legacy Tobacco Documents Library, en novembre 2012. De nouveaux documents numérisés étant régulièrement ajoutés à la base de données de la LTDL, la même recherche menée ultérieurement pourra donner des résultats légèrement différents.

tions publiques a pour mission d'élargir la base des financiers-partenaires de TASSC.

Début 1993, un mémo adressé par un cadre de Philip Morris à son patron présente le projet : « Notre objectif primordial est de discréditer le rapport de l'EPA et d'obtenir d'elle qu'elle adopte un standard d'évaluation des risques pour tous les produits[32]. » Le mémo précise le plan d'action des premières semaines d'activité et fixe un budget de près de 350 000 dollars pour les six premiers mois d'existence du fameux *think tank* et estime fondamental de former des coalitions d'intérêts. Les premiers efforts consistent d'abord à recruter des scientifiques acceptant de faire partie de TASSC, à identifier les journalistes susceptibles d'être favorables au discours promu par les industriels, à adresser aux journaux des tribunes libres... « Sans un effort pour construire un doute raisonnable à propos du tabagisme passif — en particulier parmi les consommateurs — alors virtuellement tout autre effort [...] aura une efficacité significativement réduite[33] », explique ainsi un cadre de la firme de Richmond dans un mémo de février 1993. Le même courrier interne ajoute, en caractères gras, que « la crédibilité de l'EPA peut être défaite, mais pas sur la seule base du tabagisme passif. Cela doit s'inscrire dans une vaste mosaïque, qui rassemblera tous les ennemis de l'EPA en même temps ». Pour maximiser l'efficacité du mouvement, il faut donc ouvrir un front contre toutes les disciplines représentées à l'EPA, il faut coaliser l'industrie contre les sciences de l'environnement. Autre avantage recherché par Philip Morris à élargir ainsi la

base des entreprises partenaires du TASSC : ne pas
faire naître de suspicion et permettre à APCO Associates, en cas de questions gênantes des journalistes sur les commanditaires de l'organisation, de
citer une palanquée de sociétés sans rapport appa-
rent et direct les unes avec les autres. Le premier
objectif du TASSC n'est pas d'infiltrer la science
à proprement parler — il ne sert pas d'agence de
financement de la recherche comme le CTR, par
exemple —, il est plutôt de peser sur l'opinion des
citoyens et des décideurs.

Des milliers de lettres de recrutement sont
adressées dans tout le pays et un certain nombre
de scientifiques — parfois très prestigieux —
répondent favorablement. Au sein du conseil scientifique du TASSC siègent par exemple le biochimiste Bruce Ames ou encore le physicien Frederick
Seitz, deux figures très prestigieuses de la science
américaine. Le premier est l'un des scientifiques
les plus cités au monde dans son domaine ; le
second est un ancien président de l'Académie des
sciences américaine — qui, dès sa retraite prise,
a travaillé pour *Big Tobacco*, en gérant des dota-
tions accordées par le cigarettier RJ Reynolds à la
recherche académique. Frederick Seitz était chargé
de sélectionner les projets à financer et ceux à ne
pas soutenir. Les *tobacco documents* contiennent
de nombreuses listes de soutien au TASSC. Elles
citent parfois jusqu'à deux cents soutiens[34] issus
d'universités mais aussi de grandes sociétés de
la chimie (3M Chemicals, Acro Plastics, DuPont,
etc.), de l'agroalimentaire (Kraft General Food),
des transports (General Motors), de l'énergie

(Exxon), toutes intéressées par le projet affiché du *think tank* : œuvrer pour que toute réglementation des activités industrielles s'appuie sur une « science solide ». Après tout, qui pourrait s'opposer à pareil projet ?

Pas grand monde assurément. Reste à savoir ce que serait, par exemple, une épidémiologie « solide »… Les communautés scientifiques savent s'organiser pour trouver des forums de discussion, au sein des sociétés savantes ou dans les revues scientifiques, pour répondre aux problèmes méthodologiques ou expérimentaux qu'elles rencontrent. L'épidémiologie ne fait pas exception à la règle. Par exemple, les épidémiologistes francophones ont collégialement élaboré des « Recommandations de déontologie et de bonnes pratiques en épidémiologie », adoptées en décembre 1998 par l'Association des épidémiologistes de langue française (ADELF). Son président, l'épidémiologiste Marcel Goldberg — que nous avons déjà rencontré : il était le coordinateur du rapport de l'Inserm rendu en 1996 sur les effets sanitaires de l'amiante —, raconte deux étonnantes aventures, intervenues au cours de la période de finalisation des « Recommandations » de l'ADELF. « J'ai été invité dans deux manifestations internationales à participer à une session consacrée aux *Good Epidemiologic Practices* [Bonnes pratiques épidémiologiques], raconte-t-il dans un article publié en 2003 par la *Revue médicale de l'assurance-maladie*. […] Lors de ces deux manifestations, j'avais remarqué des exposés qui m'avaient semblé bizarres, sans cependant y prêter plus d'attention que cela. »

La première mésaventure se déroule à Graz, en Autriche, en avril 1998, à l'occasion d'un colloque. « Ce colloque, dont le public était essentiellement formé de responsables d'organismes publics de santé de nombreux pays, avait pour objectif essentiel de promouvoir l'épidémiologie auprès de ce milieu, et avait une forte connotation pédagogique, explique Marcel Goldberg. Plusieurs distingués collègues de divers pays y participaient et y ont présenté des exposés d'excellente qualité destinés à faire comprendre les bases de notre discipline et ses objectifs dans le domaine de l'étude des risques professionnels. » L'intervention de Marcel Goldberg se situait dans une session consacrée aux fameuses « bonnes pratiques épidémiologiques » (GEP, selon l'acronyme anglais). « Un orateur britannique me précédait à la tribune, où il a présenté une proposition de GEP élaborée par un groupe qui m'était inconnu, poursuit l'épidémiologiste français. Ces GEP m'avaient semblé extravagantes : des dizaines et des dizaines de règles extrêmement rigides, alignées les unes après les autres, dont il semblait évident que l'ensemble n'était pas réaliste et ne pouvait raisonnablement être réuni dans une étude, si rigoureuse soit-elle. Renseignements pris auprès de collègues britanniques, cet intervenant n'était nullement un épidémiologiste, il travaillait dans une firme de consultants. »

Le second épisode a lieu moins d'un an plus tard, en mai 1999, à Bruxelles. « L'organisateur de la manifestation, intitulée European Toxicology Forum, m'était inconnu, mais j'avais remarqué que je devais intervenir dans une table ronde avec Alvan

Feinstein, épidémiologiste américain fort réputé, raconte Marcel Goldberg. J'avais été, évidemment, flatté d'une telle proximité, nos deux exposés étant les seuls de la session. » L'épidémiologiste français remarque cependant que tous les participants de la table ronde, à l'exception des orateurs, étaient des membres de l'industrie ou des services de la Commission européenne, « notamment des directions s'occupant des consommateurs et des entreprises ». Au cours du repas, l'épidémiologiste français discute avec son voisin de table et, après quelques mots échangés, se rend compte que l'intéressé travaille au centre de recherche que Philip Morris avait installé en Allemagne, afin de mener des recherches très poussées sur les effets biologiques et psychoactifs de la cigarette. L'objectif étant de se soustraire à la législation américaine, bien plus encline à exiger des industriels qu'ils lèvent le voile sur leurs recherches, même secrètes, en cas de litige. « Lors de la table ronde à laquelle je participais, quelle n'a pas été ma surprise en entendant les propos d'Alvan Feinstein : il s'agissait d'une charge en règle contre l'épidémiologie et les épidémiologistes, raconte Marcel Goldberg. L'épidémiologie était présentée comme une discipline très faible scientifiquement, bourrée de biais de toutes sortes empêchant de tirer la moindre conclusion sérieuse ; quant aux épidémiologistes, il s'agissait d'une bande d'irresponsables, sans aucune conscience professionnelle, analysant sans aucun discernement des données de qualité douteuse, et intéressés uniquement par les retombées médiatiques de leurs travaux. »

LES CIGARETTIERS
À LA MANŒUVRE

Au début des années 2000, Elisa Ong et Stanton Glantz ont entrepris de fouiller les premiers
tobacco documents disponibles et ont permis de
donner une grille de lecture et une interprétation
à ces deux anecdotes racontées par Marcel Goldberg. Dans les mémos secrets de *Big Tobacco*, les
deux chercheurs américains de l'université de
Californie à San Francisco ont découvert qu'à la
fin des années 1990 les cadres de Philip Morris
étaient littéralement paniqués à l'idée de la publication imminente, par le Centre international de
recherche sur le cancer (CIRC) — qui dépend des
Nations unies —, des résultats d'une vaste étude
épidémiologique menée sur l'ensemble de l'Europe
et destinée à évaluer les effets du tabagisme passif. Que faire ? Exporter le mouvement pour une
« science solide » en Europe mais aussi ailleurs
dans le monde, en faisant adopter des « bonnes
pratiques épidémiologiques » explicitement destinées à frapper de cécité les études qui en sui-
vraient les lignes directrices. De manière à faire
apparaître fragiles les résultats de l'étude du CIRC,
puisque menée hors du cadre de ces « bonnes pratiques ». Les documents mis au jour par Elisa Ong
et Stanton Glantz et publiés en 2001 dans *American Journal of Public Health* sont frappants. Entre
1994 et 2000, Philip Morris a sponsorisé ou secrètement organisé, grâce à son réseau de « blouses
blanches », des séminaires scientifiques aux États-

Unis, mais surtout en Asie et en Europe, destinés à populariser les concepts d'une « épidémiologie solide » auprès d'institutions clés (Commission européenne, Organisation pour la coopération et le développement économique, Conseil de l'Europe, Institut de Guangzhou des produits carcinogènes, Association des épidémiologistes chinois, etc.).

En Europe, deux cabinets d'avocats aident le cigarettier américain dans son travail de sape. Le premier, déjà rencontré dans les pages qui précèdent, est l'antenne londonienne du cabinet américain Covington & Burling. Le second est le cabinet Shook, Hardy & Bacon. Le premier a déjà sous la main une proposition de « bonnes pratiques épidémiologiques » rédigées par la Chemical Manufacturers Association, l'une des associations professionnelles de la chimie américaine. En février 1994, Covington & Burling adresse aux cadres de Philip Morris une copie de ces propositions de l'industrie chimique, en précisant : « Leurs buts sont essentiellement les vôtres », ajoutant que ces bonnes pratiques épidémiologiques « sont poussées en Europe par bon nombre de compagnies, en particulier Monsanto et ICI [Imperial Chemical Industries, une filiale du géant néerlandais AkzoNobel][35] ». Les mémos internes de Philip Morris montrent que certains sont peu enthousiasmés par les bonnes pratiques édictées par l'industrie chimique, les trouvant trop vagues et pas assez « ambitieuses ». « Cependant, mettre sur pied nos propres standards est un bon projet […], écrit en 1994 Thomas Borelli, patron de la science et de la politique environnementale de Philip Morris, dans un mémo interne.

Ce serait une bonne stratégie offensive pour nos consultants d'essayer d'arranger l'épidémiologie [*to fix epidemiology*, dans le texte] plutôt que de la critiquer en permanence[36]. » Philip Morris veut donc aller plus loin que l'industrie chimique. Finalement, Shook, Hardy & Bacon rédige les lignes directrices de bonnes pratiques épidémiologiques, en quinze principes simples, adoubées par le « Comité exécutif de la coalition pour une science solide ».

L'ensemble est proprement intenable. Pour comprendre ce que *sound science* signifie, il suffit de lire le point n° 8 des lignes directrices des bonnes pratiques vantées par Philip Morris : « Les risques relatifs de deux ou moins doivent être traités avec prudence [...], c'est probablement que ces risques relatifs sont artéfactuels, résultats de biais, ou de problèmes de sélection des cas et des témoins. » Traduction en langue commune : lorsqu'une population soumise à un polluant a un risque moins de deux fois supérieur de contracter une maladie qu'une population non exposée à ce polluant, le résultat est jugé trop faible pour en tirer des conclusions solides. En deçà d'une augmentation du risque de 100 %, l'étude est jugée trop fragile et les résultats probablement artéfactuels... ! Voilà en effet de quoi exonérer le tabagisme passif. C'est à cette lumière que doivent être comprises les deux anecdotes de Marcel Goldberg. La firme de consultants qui présentait, à Graz en Autriche, aux responsables de l'Association internationale des organismes de sécurité sociale, des « GEP extravagantes », selon l'expression de Marcel Goldberg, n'était autre que Shook, Hardy & Bacon.

Quant à Alvan Feinstein, le grand épidémiologiste américain de la prestigieuse Yale University,
que faisait-il à Bruxelles, en mai 1999, à l'European Toxicology Forum ? Pourquoi faisait-il passer,
devant son auditoire, sa propre discipline pour une
mauvaise science qui aurait eu besoin de rigidifier
considérablement ses protocoles et ses pratiques ?
Grand ami de *Big Tobacco,* le professeur Feinstein
a travaillé avec les fonds du Council for Tobacco
Research (CTR) depuis 1976[37]. Mieux : il a mené
l'un des fameux Special Projects, ces projets de
recherche directement choisis par les avocats du
CTR, afin de produire de la controverse sur des
résultats admis par l'ensemble de la communauté
scientifique. La mission d'Alvan Feinstein était
d'autopsier un grand nombre de cadavres (de préférence de non-fumeurs) pour tenter de détecter
des tumeurs pulmonaires qui n'auraient pas été
diagnostiquées, et faire ainsi baisser la corrélation entre tabagisme et cancer du poumon[38]. Les
tobacco documents montrent que ses travaux sont
parmi les plus cités, dans les prétoires américains,
par les avocats de Philip Morris, Brown & Williamson et consorts, pour contester les demandes d'in-
demnisation des malades. Quant à ses demandes
de financement aux géants du tabac, elles transi-
taient la majeure partie du temps par le fameux
cabinet Shook, Hardy & Bacon[39].

Les tentatives de Philip Morris ont cependant
échoué. Le caractère inapplicable des bonnes
pratiques épidémiologiques mises en avant dans
tous les forums scientifiques possibles ne put
convaincre la communauté scientifique d'adopter

de telles œillères, qui auraient condamné l'épidémiologie à ne plus rien détecter ou presque, sauf à ce que des populations aient été exposées à des poisons extrêmement violents. Standardiser la preuve scientifique en la plaçant à des niveaux extravagants sous couvert de promotion de la « bonne science » était une idée géniale — on verra plus loin que d'autres industriels la reprendront à leur compte quelques années plus tard, avec bien plus de réussite que Philip Morris —, mais elle n'eut aucune suite. Le CIRC publie son étude épidémiologique européenne à la fin des années 1990 ; celle-ci montre une augmentation moyenne de 16 % des cancers chez les non-fumeurs exposés régulièrement à la fumée passive. Bien au-dessous des 100 % d'augmentation du risque (c'est-à-dire d'un risque relatif doublé) qu'une épidémiologie « solide » aurait considérés comme la limite inférieure en deçà de laquelle rien n'est prouvé.

Dernier baroud d'honneur de l'industrie : alors que l'étude du CIRC était en cours d'expertise et qu'elle attendait d'être publiée, le *Sunday Telegraph* titre « Officiel : le tabagisme passif ne provoque pas le cancer », précisant dans le corps de l'article que la fumée ambiante aurait même un léger effet protecteur. Selon les mémos internes exhumés par Elisa Ong, British American Tobacco avait mené quelques jours avant la publication de l'article trompeur une série de briefings discrets, destinés à quelques journalistes triés sur le volet. Entre la publication de l'article du journal dominical britannique et la réaction du CIRC ou de l'Organisation mondiale de la santé, l'information avait fait le

tour du monde, marquant sans doute durablement
les esprits.

Quant à la *sound science* au sens large, la
« science solide » — expression à laquelle George
Orwell aurait sans doute consacré une place de
choix dans les *Principes du novlangue,* annexés à
1984 —, a-t-elle marqué les esprits ? Pour le savoir,
on peut recourir à la base de données de Google
Books et chercher l'évolution de l'expression
« *sound science* » dans un corpus représentatif de
la langue anglaise depuis 1940. Entre 1940 et le
milieu des années 1980, la fréquence d'utilisation
de l'expression est stable. Puis, à partir de 1985,
elle croît continûment jusqu'aujourd'hui. La fréquence avec laquelle elle apparaît dans la langue
a été multipliée par dix entre 1985 et nos jours. La
croissance est encore plus spectaculaire pour l'expression « *junk science* », dont l'usage, après avoir
été quasi nul tout au long de la seconde moitié
du XXᵉ siècle, a été plus que centuplé entre 1985
et aujourd'hui[40]. On voit là encore comment des
mots inventés de toutes pièces par *Big Tobacco*
parviennent à s'insinuer dans la pensée, où ils
façonnent de nouveaux concepts et brouillent la
perception de la science.

Dans leur ouvrage, les historiens des sciences
Naomi Oreskes et Erik Conway ont remarquablement analysé ce mouvement de la *sound science*
créé de toutes pièces par Philip Morris. Ils ont en
particulier déterminé les ressorts de l'adhésion de
scientifiques prestigieux à ce mouvement, enrôlés *de facto* contre la science. C'est une question
cardinale : comment un scientifique peut-il se

prêter à une croisade contre sa propre pratique ? L'analyse de la littérature générée par les tenants et les promoteurs de la *sound science* a conduit Naomi Oeskes et Erik Conway à mettre en évidence qu'au début des années 1990 d'autres déterminants sont à l'œuvre dans la société et dans la communauté scientifique américaines. La chute de l'Union soviétique a laissé toute une génération de savants orphelins d'un adversaire puissant, dont la présence menaçante a structuré la recherche et la science américaines pendant près de quatre décennies. L'opposition à Moscou a alimenté la course à la bombe H, les programmes spatiaux américains... Autant de grands projets de recherche qui marquent non seulement les institutions mais aussi les individus qui y participent, grands projets dont la taille semble aujourd'hui démesurée : dans les années 1960, le programme lunaire américain (Apollo) mobilise près d'un demi-million de scientifiques, de techniciens, d'employés divers, qui *vivent* de l'affrontement avec l'URSS. Et qui œuvrent, par la science et la technologie, à défendre les États-Unis et leurs valeurs.

Au cours de ces années, nombre de scientifiques américains ont acquis la conviction intime, et sans doute partiellement inconsciente, que la fonction sociale de la science était la préservation des valeurs américaines face au socialisme. Valeurs dont la liberté d'entreprendre sans entraves et de s'enrichir n'est pas la moins importante. À travers les portraits de quatre des pères fondateurs de ce courant de pensée — les physiciens Frederick Seitz, William Nierenberg, Robert Jastrow et Fred

Singer, le seul actuellement encore en vie et en activité —, les deux historiens américains montrent
que leur engagement, de même que l'engagement
de nombreux scientifiques aux côtés du TASSC,
était politique et non scientifique : le risque était
selon eux de voir le communisme moribond se
réincarner dans l'environnementalisme émergent.
L'expression consacrée étant que les défenseurs de
l'environnement sont «comme les pastèques». «Ils
sont verts à l'extérieur, mais rouges à l'intérieur.»
En somme, le mouvement de la *sound science*
est né deux fois. Une première fois pour des raisons idéologiques et politiques, une seconde fois
motivé par des questions purement économiques.
Car si le TASSC incarne, en 1993, la première
coalition industrielle contre les sciences de l'environnement, il succède à la création, presque une
décennie plus tôt, du George Marshall Institute,
un *think tank* fondé à l'origine en 1984 par Frederick Seitz, Robert Jastrow et William Nierenberg
pour soutenir le projet de «guerre des étoiles» de
Ronald Reagan, mais qui sera réorienté dès la fin
des années 1980 pour s'affronter aux sciences de
l'environnement au sens large.

Le parallélisme entre le mouvement de la *sound
science* aux États-Unis et celui de l'appel d'Heidelberg en France est extraordinairement frappant :
ils partagent les mêmes mots, les mêmes idées, les
mêmes sous-entendus, les mêmes cibles. Nulle surprise à ce que la formidable réussite de la société
française de relations publiques CES — parvenir
à réunir sous la bannière de la *sound science* le
quart des prix Nobel vivants et des milliers de

chercheurs et d'intellectuels prestigieux ! — ait
fait grande impression outre-Atlantique, parmi
les états-majors de *Big Tobacco* et leurs communicants. Un an après la création du TASSC aux
États-Unis, et dix-huit mois après la publication en
fanfare de l'appel d'Heidelberg, APCO Associates
recommande aux dirigeants de Philip Morris de
créer une extension du TASSC en Europe. Pour ce
faire, « nous pensons qu'il est important de com-
mencer, comme nous l'avons fait aux États-Unis,
par l'identification d'objectifs clés[41] », explique
APCO Associates à son client. « Spécifiquement,
nous recommandons qu'un TASSC européen soit
conçu de manière à agir préemptivement contre
une action unilatérale visant l'industrie, à associer les études scientifiques anti-industries avec
des sujets plus vastes sur la recherche gouverne-
mentale et la réglementation, lier le tabac avec
d'autres produits plus "politiquement corrects",
avoir des porte-parole non affiliés à l'industrie pour
faire entendre raison aux législateurs, aux chefs
d'entreprise et aux médias, et présenter avec une
extrême prudence les décisions fondées sur des
études scientifiques douteuses ».

Comme aux États-Unis, il faut trouver des alliés
industriels intéressés par les sujets suivants : « Le
changement climatique, le stockage des déchets
nucléaires, les maladies et les ravageurs des
cultures agricoles, les biotechnologies, les labels
écologiques, l'agroalimentaire et les emballages
alimentaires. » La société de relations publiques
considère que l'appel d'Heidelberg et ses soutiens
fournissent une bonne base de départ pour ce

fameux TASSC-Europe. « L'effort pour étendre le
soutien à l'appel [d'Heidelberg] est pris en charge
à travers l'International Center for a Scientific Ecology [ICSE] du docteur Saloman [*sic*], ajoute le
mémo. Nous pensons que ce soutien initial peut
être organisé au niveau international en un mouvement plus formel. » Dans un exercice de novlangue
qui pourrait être drôle si les enjeux n'étaient aussi
sérieux, les communicants ajoutent être au courant de plusieurs syndicats industriels intéressés
par l'utilisation d'une « science solide » dans les
domaines de « l'agrochimie, les tests sur les animaux, le chlore, les dioxines, les déchets toxiques,
l'énergie, l'ozone et les CFC, les pollutions côtières,
les carburants au plomb, les polyuréthanes, les
lubrifiants » et donne même le nom d'un scientifique américain qui pourrait aider à mettre en
route ce projet : Henry I. Miller, chercheur associé
à la Hoover Institution de l'université Stanford. On
verra plus loin que, près de deux décennies plus
tard, le biologiste américain n'a pas raccroché.

Chapitre III

CHERCHEZ L'ARGENT

LES *THINK TANKS* ET
LE DÉRÈGLEMENT CLIMATIQUE

Vous ne « croyez » pas qu'un changement climatique soit à l'œuvre. Ou, si vous estimez que c'est éventuellement le cas, vous n'« imaginez » pas une seule seconde que les hommes soient responsables de bouleversements de cette ampleur — au mieux vous « pensez » qu'il ne s'agit que d'une thèse parmi d'autres, une théorie très controversée qui fait débat dans la communauté scientifique. Et de toute façon, vous demeurez fermement convaincu que les risques présentés par cette situation — les hommes altérant le climat de la Terre — ne sont pas très graves : il n'est donc pas utile de s'en préoccuper. Vous pourriez être à peu près n'importe qui. Et en particulier, un Américain sur deux, à en croire les différentes enquêtes d'opinion régulièrement réalisées sur le sujet outre-Atlantique. Un nombre étonnamment élevé de scientifiques ne travaillant pas sur les sciences climatiques doutent de la même manière. Sans parler des dirigeants d'entreprise et des élus. Aux États-Unis, la césure est devenue politique : elle marque une nette séparation entre républicains et démocrates — les premiers étant radicalement hostiles aux conclusions de la science climatique, les seconds semblant y accorder plus de crédit.

Les manifestations du changement climatique — que souvent nous associons à un futur plus ou moins lointain — sont pourtant déjà bel et bien perceptibles. Nous n'en sommes certes qu'au début de ce que nous réserve le « réchauffement global », mais ce qui se manifeste déjà sous nos yeux devrait nous porter à la plus grande inquiétude pour les décennies à venir. Rien qu'en 2012, par exemple, qu'a-t-on vu ? Ce ne fut pas une année extrême du point de vue de la température moyenne mesurée au niveau global. Elle ne pointe que dans les dix premières années les plus chaudes. Mais elle a vu s'accumuler des phénomènes directement liés à des tendances lourdes dont les climatologues savent qu'elles sont le fait de l'accumulation des gaz à effet de serre dans l'atmosphère terrestre. Durant l'été, une sécheresse officiellement reconnue comme la pire depuis les années 1930 a écrasé la plus grande part du territoire nord-américain. Près des deux tiers des États-Unis ont été déclarés en situation de catastrophe naturelle du seul fait des températures et de l'absence de pluie. Au mois de juin, des incendies jamais vus ont ravagé la région des Rocheuses. Dans le même temps, d'autres sécheresses inédites frappaient l'Europe du Sud, elle aussi confrontée à des incendies d'ampleur gigantesque.

Bien sûr, nous pouvons penser que des sécheresses, des canicules, des incendies, il y en a toujours eu et qu'il n'est nul besoin d'un réchauffement supposé pour les expliquer. Seulement, les tendances sont claires. Dans une analyse publiée en 2012 par la revue *Proceedings of the National Academy of the Sciences* (*PNAS*), le climatologue James Hansen (Goddard Institute for Space Studies, NASA) a montré que les températures estivales extrêmes, qui ne touchaient que 1 % des terres émergées entre 1951 et 1980, en concernent désormais 10 %. L'aire de répartition géographique des canicules les plus intenses a donc décuplé en l'espace de trois décennies. De même pour les feux de forêt, qui sont directement liés à l'élévation des températures et à l'assèchement des sols : dans une analyse publiée en avril 2012 par la revue *Forest Ecology and Management*, Sandra Litschert (Earth Systems Institute, Mount Shasta) et ses coauteurs ont montré que les superficies forestières qui partent chaque été en fumée dans le centre-ouest des États-Unis ont été multipliées par cent entre les années 1930 et les années 2000. Les événements de l'année 2012, si exceptionnels qu'ils nous paraissent, n'en sont donc pas moins des événements normaux, au sens où ils se produisent du fait des lois de la nature, sous l'effet de l'accumulation des gaz à effet de serre dans l'atmosphère.

Toujours sur le territoire des États-Unis, l'ouragan Sandy s'est abattu sur New York fin octobre 2012, au terme d'une course atypique qui l'a vu dévier des eaux tropicales pour remonter vers les latitudes moyennes et hautes, si bien qu'après avoir lessivé nombre d'États de la côte est américaine, le puissant ouragan s'est affronté à une dépression polaire. L'onde de tempête qui l'a accompagné a haussé le niveau de l'océan, qui est entré loin à l'intérieur des terres. Plus de 3 mètres d'eau dans Manhattan, une centaine de morts, des coupures d'électricité interminables, et près de 80 milliards de dollars de dégâts… Bien sûr, Sandy n'est pas le premier cyclone tropical à frapper la mégalopole de la côte est américaine. Mais, en l'état des connaissances, nous savons que le réchauffement devrait favoriser les cyclones tropicaux les plus dévastateurs, de même que les écarter de leurs trajectoires habituelles, généralement restreintes aux régions les plus chaudes de l'océan. Des épisodes comparables à celui qui a frappé New York en 2012 risquent donc de se répéter et de devenir de plus en plus fréquents dans l'avenir.

L'entreprise climato-sceptique est avant tout une entreprise de démobilisation de l'opinion. Elle consiste à faire accroire l'idée que le changement climatique est très *incertain*, qu'il est étranger aux activités humaines, qu'il est sans importance. Pour comprendre l'ampleur du succès de cette entreprise, il faut partir du consensus scientifique. C'est-à-dire du niveau de confiance affiché par la communauté scientifique compétente dans ces deux assertions : le climat change et il change du fait des activités humaines. On épargnera au lecteur les arguments techniques — notamment développés dans un précédent ouvrage[1] — pour se concentrer sur des arguments logiques. Qui considère que le changement climatique anthropique est une réalité ? Toutes les grandes sociétés savantes compétentes — European Geosciences Union, American Geophysical Union, American Physical Society,

Geological Society of America — et la plupart des
académies des sciences ont adopté des déclarations
l'attestant au-delà du « doute raisonnable ». Deux
études ont même tenté de quantifier ce consensus
directement dans la communauté scientifique, la
première sous forme d'étude bibliographique[2], la
seconde sous forme d'enquête d'opinion poussée[3].
Conclusion : l'accord des scientifiques compétents
est écrasant.

Ce consensus de la communauté des spécialistes
se cristallise dans les rapports du GIEC, dont il a
été brièvement question dans les chapitres précédents. Ces rapports — dont le dernier à avoir été
rendu public à l'heure où ces lignes sont écrites
remonte à 2007 — n'apportent pas de connaissances nouvelles, mais rassemblent et synthé-
tisent les milliers d'études publiées sur le sujet.
Ils apportent une opinion d'experts sur la foi des
connaissances disponibles à un instant donné. Ils
sont rédigés par plusieurs centaines d'auteurs —
professeurs d'université, scientifiques d'institutions publiques de recherche —, tous spécialistes
reconnus de leur discipline. Gage de transparence,
la version préliminaire de chaque chapitre est
offerte en libre accès à l'ensemble de la communauté scientifique, aux experts des entreprises, des
ONG, des gouvernements, qui peuvent proposer
des amendements, des corrections, des commentaires. Une fois achevé, le rapport donne enfin
lieu à un « Résumé à l'intention des décideurs »,
document politique d'une vingtaine de pages qui le
résume en langue commune : chacun de ces textes
synthétiques est adopté en séance plénière, négocié

ligne à ligne et souvent mot à mot, par les délégués
des gouvernements. Bien que politique, l'exercice
de rédaction de ce « Résumé » est très étroitement
cadré. Chacune de ses assertions doit nécessairement se référer à un fait scientifique consigné dans
le rapport.

Le consensus sur le changement climatique
anthropique est donc d'une ampleur inouïe. Au
consensus scientifique le plus large possible les
« Résumés à l'intention des décideurs » du GIEC
ajoutent le plus large consensus politique possible
sur le choix des mots pour le décrire. En dépit de
cela, le discours climato-sceptique fait florès.

Comment une telle « dissonance cognitive »
— cet hiatus entre ce que nous *croyons* et ce que
nous *savons* — s'est-elle construite ? Pas vraiment
par la manipulation, comme l'ont fait les cigarettiers précédemment, en altérant la marche même
de la science. Les pétroliers et les extracteurs de
combustibles fossiles n'ont pas réussi le même tour
de force. Il n'existe que peu d'études réellement
fautives, directement suscitées par les industries
extractrices qui les ont opposées à la science climatique. Les entreprises incommodées par la question climatique ont donc eu massivement recours,
depuis les années 1990, à une galaxie de *think
tanks* qui ont propagé dans la sphère publique
un discours pseudo-scientifique faisant pièce aux
sciences du climat. Pour insinuer le doute. Ce
qui est très exactement ce que les gros pollueurs
cherchent à promouvoir. Ce sont leurs propres
mots. Un mémo confidentiel préparé au milieu des
années 1990 pour le Parti républicain — dont les

liens forts avec les grandes compagnies pétrolières
sont de notoriété publique — par un consultant du
nom de Frank Luntz, chargé de refonder le langage
politique du parti de George Bush, l'a formulé en
termes très clairs : «Les citoyens croient qu'il n'y a
pas de consensus sur le réchauffement global dans
la communauté scientifique. Si l'opinion venait à
penser que les questions scientifiques sont arrêtées,
leur opinion à propos du changement climatique
changerait en conséquence. Donc, vous devez
continuer à faire du manque de certitude scientifique une question centrale du débat[4]. »

À la clé, un formidable succès. Aux États-Unis,
bien sûr, mais aussi ailleurs. En France, par
exemple.

LES ÉTRANGES AMITIÉS DE
VINCENT COURTILLOT

Vincent Courtillot est un prestigieux géologue
français, très apprécié de ses pairs et des médias.
Paléomagnéticien de renommée mondiale, proche
de Claude Allègre dont il a été le directeur de la
Recherche lorsque le célèbre géochimiste était
ministre de l'Éducation nationale, de la Recherche
et de la Technologie, il est désormais connu du
grand public pour ses prises de position sur la
question climatique. Vincent Courtillot est un
scientifique qui présente bien, qui s'exprime clairement et simplement et qui n'affirme rien de
très péremptoire. Son discours tient en quelques
phrases bien senties : il y a des doutes quant à l'in-

fluence des activités humaines sur le climat, il ne faut pas croire les rapports du GIEC qui relèvent d'une science avant tout politisée, limiter les émissions de gaz à effet de serre dans l'atmosphère serait exagérément coûteux pour les économies... Ce discours climato-sceptique « bien tempéré », Vincent Courtillot le prodigue dans les médias, dans des conférences destinées à la communauté scientifique, auprès des décideurs, etc. Mais une large part des informations relayées par le paléomagnéticien français sur la question climatique est inexacte ou tronquée. Se pose alors la question de ses sources, de ceux qui l'alimentent.

Le 2 novembre 2010, Vincent Courtillot adresse à plusieurs membres de l'Académie des sciences française un courrier électronique. Il y a parmi ses destinataires le chimiste Marc Fontecave, les géologues René Blanchet et Jean-Louis Le Mouël. Il aurait aussi probablement dû y avoir dans la liste des récipiendaires un certain Claude Allègre, mais une petite coquille dans le libellé de l'adresse électronique de ce dernier a conduit Vincent Courtillot à adresser son message à « all@ipgp.fr », c'est-à-dire à l'ensemble des personnels de l'Institut de physique du globe de Paris (IPGP), le grand institut de recherche dont il était à l'époque le directeur. Cette maladresse a *de facto* mis le message dans le domaine public, ou presque. Vincent Courtillot y explique à ses correspondants que certaines sociétés savantes (la Geological Society of Australia, la Royal Society of London, la Geological Society of London) seraient engagées dans un processus de révision de leur position officielle sur le change-

ment climatique, vers « une attitude prudente »,
c'est-à-dire une position plutôt climato-sceptique.
« L'Académie [des sciences françaises] aurait pu
être l'une des premières à avoir cette attitude de
doute scientifique ouvert […], ajoute le géophysicien français. Le jugement de l'histoire sera sans
doute plus sévère. Dommage […]. »

Ce message était envoyé dans un contexte particulier : quelques jours auparavant, l'Académie des
sciences s'était réunie pour produire un texte de
consensus sur la question climatique. La vénérable
institution avait été saisie par Valérie Pécresse,
alors ministre de l'Enseignement supérieur et de
la Recherche, pour organiser un débat interne sur
la question et produire une opinion éclairée sur
le sujet. La majorité des spécialistes du climat a
certes jugé le texte adopté par les académiciens
de très piètre qualité, mais il n'en affirmait pas
moins la réalité du changement climatique et de
ses causes humaines, adressant du même coup à
deux membres de l'auguste assemblée — Claude
Allègre et Vincent Courtillot — un cuisant camouflet. D'où l'amertume de Vincent Courtillot, qui
ajoute, dans un *post-scriptum* à son courrier électronique : « Je n'envoie pas pour l'instant les messages de ce genre à Puget, Salençon et Carpentier,
toujours dans le but de calmer le jeu. Dites-moi si
vous pensez que je devrais leur transmettre une
partie des messages que je vous ai transmis ce
matin […]. » L'astronome Jean-Loup Puget, le physicien Jean Salençon et le biologiste Alain Carpentier, également académiciens, ont joué un rôle clé

dans l'organisation du débat sur le réchauffement climatique à l'Académie.

Mais le plus important n'est pas ce que dit Vincent Courtillot à ses interlocuteurs. Au bas du courriel malencontreusement mis dans le domaine public s'en trouve un autre, dans lequel le géophysicien français a puisé ses informations, et qu'il fait suivre à ses correspondants. Il est signé d'un certain Fred Singer, que l'on a déjà croisé : il était déjà membre du conseil scientifique de l'International Center for a Scientific Ecology (ICSE), imaginé et mis sur pied par les professionnels français de l'amiante et cofinancé par d'autres industriels, dont les cigarettiers américains. Fred Singer compte donc au nombre de ceux qui inspirent à Vincent Courtillot les informations qu'il tente de disséminer, en France, auprès de l'opinion et de ses confrères académiciens. Comme dans un emboîtement de poupées russes, le message de Fred Singer est lui-même composé d'un courriel qu'il faisait suivre à ses destinataires, signé d'un certain Robert Carter, géologue et professeur associé à l'université James Cook du Queensland, en Australie. Ce dernier personnage écrit : « En raison de très fortes pressions des géologues de l'industrie, la Geological Society of Australia a suspendu son ancienne position officielle sur le changement climatique [...] et s'est engagée à conduire une enquête d'opinion auprès de ses membres sur cette question. »

Que Fred Singer et Vincent Courtillot se connaissent et s'apprécient est un fait connu de longue date. Mais une telle connivence est étonnante. Physicien, retraité de l'université de Virgi-

nie et pourvu d'un curriculum vitae bien rempli,
Fred Singer est décrit par Naomi Oreskes et Erik
Conway comme l'une des figures de proue d'un
« groupe de scientifiques [américains] qui ont
combattu l'évidence scientifique et ont répandu la
confusion sur plusieurs des plus importantes questions de notre temps[5] ». Il est aujourd'hui patron
d'un petit *think tank* créé en 1990 et spécialisé
dans les questions environnementales : le Science
and Environmental Policy Project (SEPP). Grâce
au SEPP, Fred Singer a successivement dénoncé
comme fantaisistes les risques des CFC pour la
couche d'ozone, les liens entre l'acidification des
eaux de pluie et les émissions de dioxyde de soufre,
les dangers de l'amiante — en septembre 1993, le
SEPP s'est même fendu d'un communiqué contestant avec ardeur la campagne de désamiantage des
écoles primaires initiée par la municipalité de New
York — et, bien sûr, le changement climatique.

Les *tobacco documents* montrent par exemple
que Fred Singer a été l'un des conseillers scientifiques du TASSC — cette organisation-écran fondée par Philip Morris pour attaquer dans un même
élan toutes les sciences de l'environnement. Ou
encore qu'il a reçu en 1994 quelque 20 000 dollars
d'un *think tank* conservateur, l'Alexis de Tocqueville Institute (AdTI), pour rédiger un rapport
contestant les risques du tabagisme passif. Tout le
sel de la transaction, dont les détails et les modalités sont conservés dans les *tobacco documents,* est
que l'AdTI prenait ses ordres directement auprès
du Tobacco Institute, l'une des organisations fédé-
rant les grands cigarettiers américains. Les respon-

sables de l'AdTI (qui n'affiche pourtant aucun lien avec les cigarettiers) faxent ainsi le curriculum vitae de Fred Singer aux responsables du Tobacco Institute afin de demander l'autorisation d'embaucher le physicien pour concocter le fameux « rapport scientifique » sur l'innocuité du tabagisme passif. La biographie de l'intéressé n'est pas celle qu'il rend publique sur son site Web : cette version-là mentionne des travaux de consultance pour General Electric, General Motors, Exxon, Shell, Unocal, Sun Oil, Arco, Lockheed Martin... Fred Singer est ou a été associé d'une manière ou d'une autre à de nombreux *think tanks* conservateurs, tous engagés dans la croisade contre les sciences de l'environnement en général et contre les sciences du climat en particulier : le Cato Institute, le Frontiers of Freedom Institute, la Heritage Foundation, ou encore le Heartland Institute...

On voit se dessiner une galaxie d'organisations-écrans qui ne se présentent pas comme liées aux intérêts de l'industrie, mais qui en sont les porte-parole serviles, grâce à des pseudo-experts recrutés pour être les porte-voix et les organisateurs d'un discours sceptique sur la réalité du changement climatique, mais également sur la réalité de tout autre problème environnemental dont le traitement passerait par des régulations contraignantes. Il ne s'agit même plus d'attaquer la science dans son intégrité, de financer des études dont on espère le résultat en adéquation avec ses attentes : il s'agit simplement de brouiller, auprès du public, des médias et des décideurs, l'image et les résultats de la science. En les niant tout simplement.

Pour ce faire, il est commode d'en passer par des séminaires et des conférences, des tribunes publiées dans la presse, des listes de diffusion électroniques, des blogs, des « rapports scientifiques » non publiés dans les revues à comité de lecture, des livres grand public, etc. Les *think tanks* conservateurs et libertariens américains jouent un rôle prépondérant et majeur dans ce *modus operandi*. Dans une étude publiée en 2008 dans la revue *Environmental Politics*, Peter Jacques et ses collègues de l'université de Floride à Orlando ont analysé cent quarante et un livres publiés entre 1972 et 2005, tous manifestant un certain « scepticisme » vis-à-vis de la réalité du changement climatique causé par l'homme ou d'autres problèmes environnementaux : « Nous trouvons que 92 % de ces livres, la plupart publiés aux États-Unis depuis 1992, sont liés à des *think tanks* conservateurs », écrivent les chercheurs. C'est-à-dire que les auteurs de ces ouvrages sont presque tous membres ou experts de ces « cercles de réflexion ». Tous ces *think tanks* sont financés par des grandes entreprises incommodées par les sciences de l'environnement ou par des fondations philanthropiques tenues par de grandes familles qui possèdent des intérêts financiers dans ces sociétés.

On pourrait alors s'étonner que Vincent Courtillot, qui a fait une partie de sa carrière au ministère de la Recherche, sous l'ombrelle du Parti socialiste français, accorde ainsi une si aveugle confiance à une personnalité dont il ne peut ignorer qu'elle est étroitement liée aux organisations-écrans des plus grandes entreprises américaines. Mais ce

serait oublier que Vincent Courtillot lui-même
fait désormais partie d'une telle *organisation*, la
Global Warming Policy Foundation (GWPF),
basée à Londres, et qui refuse obstinément de
dévoiler ses sources de financement, en dépit des
questions répétées des journalistes britanniques.
Mais les liens avec les plus gros émetteurs de
dioxyde de carbone européens semblent relativement clairs. En mars 2012, le quotidien britannique *The Guardian* a révélé que le président de
la GWPF, Lord Nigel Lawson, était également
l'un des présidents de Centre Europe Trust, une
importante société de conseil, qui compte parmi
ses clients BP, Shell, Texaco, Total, ainsi que la
société exploitant la centrale à charbon de Belcha-
tow, en Pologne, plus gros émetteur de CO_2 en
Europe. À bord du « conseil académique » de la
GWPF on trouve également Robert Carter, l'infor-
mateur de Fred Singer sur les manœuvres opé-
rées au sein de la Geological Society of Australia
pour la faire renoncer à sa position officielle sur le
réchauffement.

LE VRAI VISAGE
DES CLIMATO-SCEPTIQUES

Sur la question du changement climatique, l'un
des documents climato-sceptiques les plus popu-
laires a été, ces dernières années, le rapport du
NIPCC : le Nongovernmental International Panel
on Climate Change, qui pourrait se traduire en
français par le « Groupe non intergouvernemen-

tal d'experts sur l'évolution du climat ». Ce groupe
d'une trentaine de scientifiques (dont aucun spécialiste du climat), réunis par et autour de Fred
Singer, travaille selon lui « de manière bénévole ».
Le « rapport » qu'il produit est une manière de
bible climato-sceptique qui circule sur Internet
et dont les conclusions sont — bien évidemment
— à l'opposé de celles du GIEC, dont il parodie
le nom (IPCC en anglais). En 2009, Fred Singer
déclarait n'avoir rien touché à titre personnel pour
la rédaction de ce rapport. Affirmer avec force le
caractère bénévole de l'entreprise est important.
Cela permet de ne pas réduire celle-ci à un emploi
lucratif comme un autre, dans lequel on ne fait que
produire ce qu'un employeur attend de soi. Cela
permet de donner de la sincérité à l'action.

Ainsi, interrogé en 2009 sur l'identité de ceux
qui ont financé le rapport du NIPCC, Fred Singer
répondait : « Bonne question. La plupart de notre
financement vient directement de sources privées,
dont des personnes privées qui nous envoient des
chèques. Des chèques qui vont d'aussi peu que
20 dollars jusqu'à autant que 25 000 dollars. Et
ensuite nous avons aussi du soutien venant de fondations, en réalité une fondation qui nous donne
un financement prenant en charge les dépenses de
voyage. C'est une fondation privée[6]. » Laquelle ?
Fred Singer ne le dira pas. Comme il soutiendra
mordicus ne pas gagner sa vie grâce aux activités
du SEPP, qui ne serait qu'une sorte d'association
bénévole, motivée par la seule recherche de la
vérité.

Début 2012, un piratage de fichiers informatiques a finalement permis d'en savoir un peu plus. Le 15 février, un ensemble de documents confidentiels d'un *think tank* central dans la diffusion du climato-scepticisme aux États-Unis, le Heartland Institute, étaient publiés sur différents blogs, révélant des éléments clés de sa stratégie et de ses financements. L'auteur du piratage s'est dénoncé quelques jours après la mise en ligne des fameux documents : il s'agit de Peter Gleick, un éminent hydrologue, membre de l'Académie des sciences américaine et directeur d'un centre de recherche, le Pacific Institute. Dans un billet posté le 20 février sur l'un de ses blogs, il a reconnu avoir utilisé des méthodes frauduleuses pour obtenir les mémos secrets du Heartland Institute. Il a expliqué avoir reçu peu auparavant, par courrier électronique anonyme, des documents confidentiels présentés comme provenant du fameux *think tank*. « J'ai tenté de confirmer la validité des informations de ces documents, écrit l'hydrologue sur son blog. Pour ce faire, et en violation de mes règles éthiques, aussi bien personnelles que professionnelles, j'ai sollicité et obtenu du Heartland Institute, sous l'identité de quelqu'un d'autre, des documents supplémentaires[7]. » Ces nouveaux éléments ont confirmé, selon Peter Gleick, ceux reçus de son correspondant anonyme. Il dit avoir ensuite fait suivre anonymement les documents en question « à plusieurs experts et journalistes travaillant sur la question climatique ». Outre-Atlantique, l'affaire a reçu une intense couverture médiatique.

Les documents rendus publics ont plongé le *think tank* dans un profond embarras : ils révèlent ses sources de financement (grandes entreprises, fondations, etc.), les noms des « experts » et des blogueurs qu'il rémunère pour propager la parole climato-sceptique, ainsi que ses projets d'action prioritaires pour 2012, en particulier pour promouvoir auprès des enseignants américains du primaire l'idée que le changement climatique est « incertain » et scientifiquement « controversé ». Le *think tank* prévoyait ainsi de rémunérer à hauteur de 100 000 dollars un consultant privé (travaillant par ailleurs pour le département américain de l'Énergie...) qui aurait développé des modules d'enseignement pour les enfants de niveau CM2, dont l'organisation aurait assuré la promotion et la diffusion auprès des instituteurs. Le Heartland Institute a d'abord clamé que certains des documents mis en ligne étaient des faux, mais sans convaincre. D'ailleurs, les dépôts de plainte promis par l'organisation se faisaient toujours attendre près d'un an après la fuite. Les noms de ses donateurs ont par ailleurs été révélés. Le budget prévisionnel pour 2012 se montait à plus de 7,7 millions de dollars (5,95 millions d'euros), en augmentation de 67 % par rapport à 2011. Celui dont les responsables du *think tank* attendaient le plus (sans que l'on sache s'il a réellement versé les sommes attendues) est Charles Koch, l'un des dirigeants et actionnaires de Koch Industries, le plus gros conglomérat pétrochimique américain non coté en Bourse. General Motors ou encore Philip Morris et RJ Reynolds (on ne se refait pas) comptaient également au nombre des bienfaiteurs attendus de l'organisation. Le mémo le plus compromettant est intitulé « 2012 Heartland Climate Strategy ». Il montre que les responsables du *think tank* étaient très désireux d'entretenir sur le Web « des voix qui s'opposent » au consensus sur le climat et « des groupes capables de riposter rapidement aux découvertes scientifiques, aux articles de presse ou aux billets de blogs défavorables ».

Les documents indiquent ainsi qu'un célèbre blogueur climato-sceptique américain, fréquemment cité dans la blogosphère francophone, Anthony Watts, ancien présentateur météo de son état, s'est vu promettre près de 90 000 dollars pour l'année 2012. Sur son blog (http://wattsupwiththat. com), l'intéressé n'a pas démenti ce chiffre, précisant que la somme en question était censée soutenir « un projet spécial ». On voit cependant mal quel « projet spécial » hébergé sur un blog pourrait à soi seul valoir la bagatelle de 90 000 dollars. Il faut avoir à l'esprit que s'il est un illustre inconnu en France, Anthony Watts est aux États-Unis, du fait du succès énorme de son blog, un personnage public. Il est ainsi régulièrement invité à s'exprimer sur la question climatique dans les grands médias audiovisuels, où il répète *ad nauseam* que la responsabilité des hommes dans le changement climatique est très douteuse ou au moins scientifiquement controversée et incertaine, etc. Jusqu'à la publication des documents du Heartland Institute, Anthony Watts était perçu comme un blogueur bénévole et désintéressé, connu pour son passé de « Monsieur Météo » d'une grande chaîne de télévision.

Un autre personnage mentionné dans les documents du *think tank* rendus publics est le fameux Robert Carter : il touchait du Heartland Institute un petit salaire de quelque 1 700 dollars mensuels, puisqu'il fait partie « des personnalités très en vue, qui contrent publiquement et régulièrement les messages alarmistes du changement climatique anthropique », selon les documents internes du *think tank*. Fred Singer, une autre des sources de Vincent Courtillot, est lui aussi mentionné dans ces documents. Le physicien américain, qui jurait quelques mois plus tôt ne pas toucher le moindre centime de ses activités, s'avère avoir été rémunéré pendant de longues périodes, à hauteur d'environ 5 000 dollars par mois par le Heartland Institute. Une rétribution qui, selon les mémos confidentiels rendus publics, correspond à son travail de coordination et de promotion des rapports du fameux NIPCC. Quant aux scientifiques auteurs de ces textes pseudo-scientifiques, ils n'apparaissent pas plus bénévoles que Fred Singer.

Les documents du Heartland Institute montrent ainsi que le budget prévu sur la période 2010-2013 pour la production, l'édition et la promotion des rapports du NIPCC s'élève à plus de 1,5 million de dollars, dont un demi-million de dollars environ pour ses auteurs. Ce n'est pas tout. Les frais de déplacement de Fred Singer sont également partiellement pris en charge par le Heartland Institute. Une contribution importante puisque le physicien donne de nombreuses conférences à l'étranger, pour porter la parole climato-sceptique. En France, par exemple, il a été invité à plusieurs reprises — et notamment en 2008 — à donner des séminaires sur le climat au sein de l'IPGP, à l'époque où ce dernier était dirigé par... Vincent Courtillot. Ce dernier n'ignorait d'ailleurs pas les antécédents sulfureux de son hôte puisque l'une de ses conférences a été annulée *in extremis* par l'IPGP dès lors que des journalistes ont eu vent de l'information, et s'apprêtaient à venir assister à la fameuse conférence, pour la couvrir.

Cet exemple montre que des complicités dans le système académique peuvent offrir des tribunes prestigieuses à des mercenaires de l'industrie — faisant passer leur discours pour de la science légitime, quand elle n'est qu'une pseudo-science à la solde d'intérêts économiques et idéologiques. Mais là n'est pas le cœur de la stratégie des *think tanks* conservateurs comme le Heartland Institute. Ces derniers ont bien compris que la mise en circulation de fausse science sur le Net était un vecteur bien plus efficace pour susciter le doute et imprégner nos conversations. L'une des opérations-phares d'un autre *think tank* à l'action comparable, le George Marshall Institute, a d'ailleurs été d'éditer un petit guide de conversation sur le changement climatique (*Cocktail Conversation Guide to Climate Change*), c'est-à-dire un petit livret farci d'arguments qui se revendiquent de la science, mais dont le seul but est de faire naître le doute sur la réalité des causes humaines du changement climatique. Cet argumentaire, composé d'une série de mantras mis en circulation sur Internet, a un succès hors du commun.

En voici un exemple, qui a fait florès : « Autour de l'an mil, le Groenland était une terre verte, d'où

son nom : *"green land"*. C'est donc qu'il faisait bien
plus chaud qu'aujourd'hui : la situation actuelle n'a
par conséquent rien d'inquiétant. » Explication ?
Il est indéniable que certaines régions de l'hémis-
phère Nord ont connu une période chaude autour
de l'an mil. Trois petites colonies vikings se sont
installées au Groenland à cette époque, la première ayant été fondée en 986 par Erik le Rouge.
Ces colonies demeuraient cependant très ténues
et ont été abandonnées au début du XVe siècle.
Le Groenland était-il réellement « vert » à cette
époque ? Non : l'énorme calotte de glace posée sur
la grande île est là depuis plusieurs centaines de
milliers d'années. Seule certaines marges du territoire, près de la mer, étaient et sont aujourd'hui
également libres de glaces : c'est un paysage de
toundra formé de basse végétation et de petits
arbustes arctiques, le tout parsemé de nombreux
lacs… Pourtant, l'étymologie « Terre verte » pour
Groenland n'est pas erronée. L'explication ne se
trouve pas dans l'argumentaire climato-sceptique,
mais dans la *Saga d'Erik le Rouge*, un texte viking
probablement rédigé autour du XIIIe siècle relatant
les aventures et la vie du fondateur de la première
colonie groenlandaise : « Erik partit pour coloniser le pays qu'il avait découvert et qu'il appelait
le "Pays vert", parce que, disait-il, les hommes
auraient grande envie de venir dans un pays avec
un si beau nom. »

Des arguments de cette sorte, inventés de toutes
pièces par les pseudo-experts grâce aux financements des *think tanks* conservateurs, il en existe
des dizaines. « C'est le Soleil qui change le climat,

pas le dioxyde de carbone », peut-on lire, courbes et graphiques truqués à l'appui, sur des myriades de sites Internet et de blogs qui se recopient *ad nauseam*, alors que l'activité solaire a légèrement *baissé* au cours des trois dernières décennies. « C'est la vapeur d'eau ! » ; « Ce sont les rayons cosmiques ! » ; « Les modèles numériques sont alarmistes ! » ; « Le climat a toujours changé ! » ; « C'est l'augmentation des températures qui fait augmenter le dioxyde de carbone et non l'inverse ! » ; « C'est l'effet d'îlot de chaleur urbain qui fait monter artificiellement les températures ! », etc. De même, sont régulièrement mises en avant quelques études dûment publiées dans des revues à comité de lecture, sorties de leur contexte ou encore réfutées de longue date, dans les règles de l'art. Tous ces arguments se démontent aussi simplement que celui du « Groenland vert ». Pourtant, on les retrouve partout, sous des formes diverses et nombreuses. *Tous les ouvrages francophones grand public* montrant des sympathies avec le climato-scepticisme en reprennent les grandes lignes. Des auteurs naïfs ou peu scrupuleux, voire simplement désireux de coller à une ligne idéologique, les citent et les mettent en exergue dans leurs ouvrages comme s'ils relevaient d'un débat en cours dans la communauté scientifique compétente. Pire : des scientifiques non spécialistes de la question leur accordent également du crédit et les répercutent auprès des médias, utilisant ainsi leurs titres académiques pour jeter le trouble et la confusion dans l'opinion. Le fameux blog climato-sceptique d'Anthony Watts, secrètement financé par le Heartland Institute, se trouve par exemple

cité comme une source scientifique légitime et crédible par des ouvrages publiés en français, dans
des collections prestigieuses et sous la signature
de personnalités se réclamant de la communauté
scientifique.

Il est ainsi très probable que, lors de vos conversations sur le climat — avec vos proches, vos
amis —, les arguments qui vous ont fait douter
de la réalité des causes humaines du réchauffement ont été simplement inventés et marketés par
les pseudo-experts des *think tanks* conservateurs
américains, et qu'ils ont suivi des chemins tortueux
jusqu'à vous.

Mais revenons au message envoyé par Fred Singer à Vincent Courtillot, message que ce dernier
a fait circuler en novembre 2010 parmi ses pairs
académiciens des sciences. À en croire ce message,
la Geological Society of London, la Geological
Society of Australia et la Royal Society of London
étaient toutes trois sur le point de prendre officiellement des positions plutôt sceptiques quant à la
réalité des causes humaines du changement climatique. Qu'en est-il ? En 2012, on ne trouve toujours
rien de tel sur les sites Web des sociétés savantes.
Au reste, une déclaration officielle en rupture avec
la science est, s'agissant d'une société savante,
toujours une éventualité : l'attitude de l'Académie
de médecine française vis-à-vis de l'amiante l'a
démontré avec brio. Il n'est pas impossible que « la
forte pression des géologues de l'industrie » finisse
par produire le même genre d'accidents à la Geological Society of Australia. Une grande enquête
d'opinion menée par Peter Doran (université de

l'Illinois à Chicago) auprès d'un large échantillon de chercheurs en sciences de la Terre a montré que presque 100 % des spécialistes de sciences climatiques (c'est-à-dire ceux qui publient des travaux de recherche originaux sur le sujet) sont d'accord avec le consensus actuel sur la réalité et les causes humaines du réchauffement[8]. Une seule catégorie de chercheurs est très partagée dans cette communauté scientifique étendue : ce sont les géologues employés par des sociétés privées. Ils sont seulement 47 % à être du même avis. Leur position n'est pas fondée en science puisqu'ils sont étrangers à celles du climat. C'est une nouvelle manifestation du *funding effect* qui démontre, une fois de plus, qu'il faut laisser l'industrie à la porte des enceintes scientifiques si l'on veut que celles-ci rendent des avis ou des opinions fondés sur la science et elle seule.

Quant à la Royal Society of London — qui n'est autre que l'Académie des sciences britannique —, sa déclaration officielle sur le sujet estime que « des changements du climat ont des implications significatives pour nos vies, pour les générations futures, pour les écosystèmes dont l'humanité dépend ». « Il y a des preuves fortes que le réchauffement de la Terre qui s'est produit au cours du dernier demi-siècle a été largement causé par l'activité humaine, comme la combustion des ressources fossiles, les changements dans l'utilisation des sols, dont l'agriculture et la déforestation », ajoute la vénérable académie londonienne. En somme, dans ce que prodiguent les agents du climato-scepticisme, les mensonges se cachent même dans les plus simples et les plus anodines informations.

LE GAZ DE SCHISTE
POUR LUTTER CONTRE
LE RÉCHAUFFEMENT

Le soutien financier apporté par de grandes entreprises à cette armada de *think tanks* climato-sceptiques est souvent très critiqué par les ONG voire, dans certains cas, par des sociétés savantes. Ce fut notamment le cas de la Royal Society de Londres, qui adressa au milieu des années 2000 des remontrances publiques au pétrolier américain Exxon — qui fut longtemps l'un des grands argentiers du climato-scepticisme. L'une des lignes de défense choisies par les industriels est simplement de dire qu'un soutien financier identique ou comparable est apporté à telle ou telle ONG écologiste. Dans la droite ligne des principes imaginés par les cigarettiers, l'important n'est pas tant de nier en bloc la science que de la mettre suffisamment en question pour susciter du doute. Le fait que des approches contraires puissent s'opposer n'est pas un problème : c'est précisément l'« équilibre » entre les positions des uns et des autres qui est, *in fine*, recherché. Un équilibre avec d'un côté la sincérité et de l'autre le mensonge. Car, pour la plupart des entreprises engagées dans le financement de cette galaxie de *think tanks*, la position officielle est que le changement climatique causé par l'homme est une réalité. Ce double langage — cette « double

pensée », aurait dit George Orwell — est nécessaire. Car il arrive que « la nécessaire lutte contre le
changement climatique » puisse être un argument
commercial et industriel, y compris pour les plus
grosses sociétés énergétiques américaines.

En témoigne la campagne de promotion menée
depuis le milieu des années 2000 par les promoteurs de l'exploitation du gaz de schiste — ce gaz
naturel piégé dans les roches situées à plusieurs
kilomètres sous la surface de la Terre, et récupé-
rable grâce à la désormais fameuse méthode de
fracturation hydraulique (les pétroliers préfére-
raient d'ailleurs que l'on parle de « massage de la
roche »). De fait, pour le secteur gazier américain,
massivement engagé dans l'exploitation du gaz
de schiste, l'un des arguments clés utilisés pour
« vendre » l'idée d'exploiter ces ressources non
conventionnelles à des populations réticentes est
qu'elles altèrent moins le climat que la principale
source primaire d'énergie utilisée outre-Atlantique pour produire de l'électricité : le charbon. À
quantité d'énergie produite équivalente, le charbon émet jusqu'à trois fois plus de dioxyde de
carbone que le gaz. C'est un argument de poids
pour les exploitants, qui doivent faire accepter à
tout prix les risques environnementaux importants
liés à l'exploitation de ce gaz piégé profondément
dans la roche. Il n'est donc plus question de nier
les effets du réchauffement anthropique mais, au
contraire, d'en souligner les risques terribles, pour
faire accepter une nouvelle technique d'extraction.

Mais là encore, l'opération se fera aux dépens de
la science et des scientifiques — d'un scientifique

en particulier. Robert Howarth, biogéochimiste et professeur à l'université Cornell, a voulu y voir de plus près. Avec les quelques données industrielles disponibles — largement incomplètes au demeurant — il a tenté d'estimer la quantité de méthane qui fuit dans l'atmosphère à partir d'un gisement de gaz de schiste en exploitation. Il en a tiré un article publié en avril 2011 dans la revue *Climatic Change*, donnant comme estimation une fourchette comprise entre 3,6 et 7,9 % de gaz fuyard. Même en ne prenant que la partie basse de l'estimation, le taux de fuite est énorme et ruine l'argument selon lequel le gaz de schiste serait moins néfaste au climat que le charbon. Car le méthane a certes une durée de vie assez courte dans l'atmosphère (de l'ordre de la décennie), mais il est un gaz à effet de serre beaucoup plus puissant que le dioxyde de carbone. Ce que le recours au gaz de schiste fait gagner en dioxyde de carbone, il pourrait le faire perdre en méthane... Jusqu'alors, les autorités fédérales américaines tablaient sur environ 2,4 % de fuites.

Il faut cependant le dire clairement et sans ambiguïté : la publication de Robert Howarth, isolée, sans mesures originales de terrain, n'était pas susceptible de remettre en cause à elle seule l'état des connaissances. Il lui fallait des confirmations, des mesures. Mais avant que tout cela puisse être fait, un collègue de Robert Howarth, un géologue appartenant à un autre département de l'université Cornell, Lawrence Cathles, a publié dans la même revue une cinglante réfutation des travaux du biogéochimiste. Un professeur contestant les travaux d'un autre professeur : cela semble être une dispute académique comme une autre. Mais peut-être pas tout à fait. D'abord, Lawrence Cathles est certes membre de la communauté académique, mais il a aussi longtemps travaillé comme géologue pour le pétrolier Chevron. En outre, ni lui ni aucun de ses coauteurs n'ont jamais travaillé le moins du monde sur la question du changement climatique et des fuites des installations gazières, jusqu'à ce qu'ils estiment nécessaire de réfuter les travaux de Robert Howarth. Surtout, il y a un biais fondamental à la démarche de Lawrence Cathles : ce dernier s'affiche comme climato-sceptique et a signé l'une des nombreuses « pétitions de scientifiques » qui circulent sur Internet depuis le début des années 2000. Comment peut-on à la fois douter des causes humaines du changement climatique et, dans le même temps, argumenter sur l'intérêt du gaz de schiste pour préserver la stabilité du climat ? La question, posée par courrier électronique à l'intéressé, n'a pas obtenu de réponse.

Mais, pour Robert Howarth, les choses n'en sont pas restées à une simple réfutation publiée dans une revue à comité de lecture. Les pressions et les attaques se sont multipliées. Son collègue géologue le qualifie publiquement de « fourbe et malhonnête » (*disingenuous* en anglais). « J'ai été nommé membre d'un panel d'experts à l'Environmental Protection Agency (EPA) pour travailler sur les effets environnementaux de la fracturation hydraulique, raconte-t-il. L'industrie a envoyé une lettre à l'EPA, assurant que mon travail avait été discrédité et que j'avais été contraint de rétracter mon étude [procédure revenant à reconnaître que l'on a commis des erreurs irréparables dans son travail, *N.d.A.*]. Bien que ce fût faux, je n'ai pas pu siéger dans ce panel de l'EPA[9]. » L'industrie, par le biais de l'American Natural Gas Alliance (ANGA), ne s'est pas arrêtée là. « Depuis avril 2011, l'ANGA a payé des publicités sur Google attaquant mon travail et ma crédibilité, poursuit le chercheur. Lorsque quiconque cherche sur Google "Robert Howarth", "Howarth Cornell" ou "Howarth gaz de schiste", etc., une publicité diffamatoire de l'ANGA apparaît en tête de liste. N'importe quel étudiant qui penserait faire son doctorat avec moi, un journaliste qui s'intéresse à mes travaux ou même une agence de financement qui voudrait vérifier certains aspects de notre programme de recherches est ainsi exposé à des informations erronées et diffamatoires à mon égard [...]. On m'a même dit que l'ANGA avait placé des publicités similaires sur le moteur de recherche du *New York Times* [...]. Des tribunes, des articles de presse, partout dans le monde, ont attaqué ma réputation et ma crédibilité et, ici aux États-Unis, on me dit que je n'ai aucun recours légal car je serais un "personnage public". »

L'attaque à la crédibilité scientifique est un classique de l'industrie. Mais l'inélégance et la violence des attaques ne garantissent pas que Robert Howarth ait eu raison. D'ailleurs, des scientifiques au-dessus de tout soupçon ont contesté également la pertinence de son analyse. Mais, depuis, des mesures ont été menées. En février 2012, presque un an après que Robert Howarth et son travail eurent été traînés dans la boue, une dizaine de chercheurs américains conduits par Gabrielle Pétron (National Oceanic and Atmospheric Administration) ont mesuré la concentration de méthane autour des sites d'exploitation de gaz de schiste dans le nord-est du Colorado : l'estimation du taux de fuite de méthane qu'ils en déduisent est comprise entre 2 et 8 %[10], la meilleure estimation étant de l'ordre de 4 %. Nous ne sommes pas très loin des conclusions précédentes de Robert Howarth, pourtant issues de calculs et non de mesures. Devant les hauts cris des industriels, assurant que les mesures faites dans ce bassin n'étaient pas représentatives de l'ensemble des sites de production, les chercheurs ont poursuivi leurs travaux, allant échantillonner l'air dans d'autres États producteurs de gaz de schiste. Les résultats de leurs dernières campagnes de mesures, menées au Colorado mais également en Utah, ont été annoncés au cours du congrès de l'American Geophysical Union à l'automne 2012 — la grand-messe annuelle de la géophysique. Ils chiffrent désormais autour de 9 % le taux de fuite des installations d'extraction et de transport du gaz de schiste. Il est donc de plus en plus probable que Robert Howarth a eu, en un sens, tort. Mais c'est sans doute pour avoir été trop prudent et trop « conservateur » dans son approche, et certainement pas pour avoir fait d'une *junk science* une arme politique.

Chapitre IV

LE « MYSTÈRE » DE LA RUCHE VIDE

LES ABEILLES ET LES INSECTICIDES

Il y a fort à parier que, dans quelques décennies, les historiens des sciences se régaleront de cette histoire d'abeilles qui disparaissent mystérieusement. Rappelons pourquoi la question est d'importance. Les abeilles domestiques (*Apis mellifera*) ne produisent pas seulement du miel : elles participent à la pollinisation d'un grand nombre de végétaux, dont la plupart sont très utiles à l'homme, puisqu'ils le nourrissent. Les milliers d'espèces d'apidés (abeilles domestiques, abeilles solitaires, bourdons, etc.) forment le groupe de pollinisateurs le plus important. Plus du tiers des cultures mondiales (en volume) dépendent directement des services de pollinisation assurés par ces insectes, ce que des chercheurs français se sont essayés à chiffrer : cela représente un service rendu à l'économie mondiale estimé à quelque 153 milliards d'euros annuels[1]. En Europe, les estimations courantes sont que 80 % environ des cultures et de la végétation sauvage dépendent de l'activité de ces insectes.

Le déclin des insectes pollinisateurs sauvages

est très difficile à mesurer, aussi celui de l'espèce domestique qui leur est proche — bien mieux connue — est-il un indice précieux. Puisque les apiculteurs voient leurs colonies s'effondrer depuis deux décennies environ, nous savons que les cousins sauvages de *mellifera* ne se portent pas bien non plus. Voire qu'ils se portent plus mal encore, car certains travaux indiquent que leur susceptibilité aux activités humaines pourrait être plus grande que ce que l'on imaginait. Il suffit d'ailleurs d'observer l'étage supérieur de la chaîne alimentaire — dont l'état peut être plus facilement évalué — pour prendre conscience de l'étendue du désastre. Selon un programme de suivi des oiseaux communs (le Pan-European Common Birds Monitoring Scheme), financé par la Commission européenne, environ trois cents millions d'oiseaux des champs ont disparu entre 1980 et 2010. Sur le territoire de l'Union, les populations des trente-sept espèces de ces oiseaux (moineau friquet, alouette des champs, linotte mélodieuse, pipit farlouse, bruant jaune, etc.) ont décliné en moyenne de 52 % en trois décennies. Cela, en raison notamment de la réduction des populations d'insectes dont ils se nourrissent et dont l'effondrement des abeilles est la part la plus visible et la plus médiatique.

Pourquoi cette disparition progressive et angoissante ? Nous avons collectivement construit l'idée que derrière ce déclin se cache un mystère. L'abeille et sa destinée semblent être irrémédiablement liées à cette énigme et rien ne paraît pouvoir donner une explication globale à ce phénomène. Une recherche sur Google montre que le

terme « abeilles » renvoie à sept millions et demi
de pages Web ; la même requête adressée au même
moteur de recherche lorsque le terme « mystère »
y est ajouté donne un résultat de près d'un million et demi de pages. La force de l'association
est considérable : grâce à Google, ce thermomètre
qui plonge au cœur de notre « cerveau collectif »
en sondant les conversations et les débats qui
agitent Internet, on sait que 20 % des pages qui
parlent d'abeilles mentionnent ce prétendu mystère tenace. Mais y a-t-il réellement un mystère ? Il
y a de très bonnes raisons de penser qu'il n'y en ait
aucun. Ou qu'il soit nettement moins mystérieux
que ce que l'on croit...

L'accélération du déclin des abeilles domestiques remonte aux années 1990 et coïncide dans
le temps avec l'introduction d'une nouvelle classe
d'insecticides, dits « néonicotinoïdes ». Les principaux représentants de cette famille sont le thiaméthoxame, l'imidaclopride, le thiaclopride, la
clothianidine, etc., mais ils sont mieux connus
sous leurs noms commerciaux (Cruiser, Gaucho,
Poncho, etc.), fréquemment cités dans la presse
lorsque les tensions qu'ils ne manquent pas de
provoquer entre les apiculteurs et les agrochimistes finissent par éclater. L'arrivée des néonicotinoïdes — qui s'attaquent en particulier au
système nerveux central des insectes — est la
principale innovation des producteurs de produits
phytosanitaires de la seconde moitié du xxᵉ siècle.
Ils ont de nombreux avantages : à la différence des
anciens insecticides, ils ne s'accumulent pas *durablement* dans l'environnement et la chaîne alimen-

taire. Cette qualité est véritablement appréciable. La bio-accumulation des molécules toxiques est en effet un problème qui ne peut se régler simplement et avec lequel les générations à venir devront vivre quelques siècles : c'est la durée de vie de ces molécules dans l'environnement. Car elles s'accumulent sans se dégrader dans la chaîne alimentaire et on les retrouve en bonnes proportions dans la graisse des prédateurs (poissons gras, phoques, ours polaires, hommes, etc.), principalement dans les zones arctiques. Une autre part de ce que nous avons épandu jusque dans les années 1990 a été stockée, par le simple fait du cycle de l'eau, dans la banquise arctique et, celle-ci se réduisant comme peau de chagrin sous l'effet du réchauffement climatique, elle relargue dans l'environnement des doses de plus en plus importantes de ce qui avait jusqu'à présent été immobilisé dans la glace[2]. Cet effet retour de pollutions anciennes, dont on se croyait débarrassé pour de bon, a d'ailleurs un peu valeur de parabole en ce qu'il suggère que nous finissons toujours par régler l'addition.

Moins persistants dans l'environnement mais aussi réputés moins toxiques pour les mammifères en général et l'homme en particulier, les néonicotinoïdes ont donc des avantages considérables sur les produits qui les ont précédés. Autre atout très séduisant, ils sont très efficaces à faible dose et il n'est pas nécessaire d'en répandre de grandes quantités dans l'environnement pour obtenir l'effet recherché, c'est-à-dire l'éradication des ravageurs des cultures. Au reste, nombre d'entre eux ne sont pas pulvérisés sur les cultures mais utilisés en enrobage des semences. Les graines sont gainées du produit actif avant d'être semées et, lorsque la plante se développe, son système vasculaire s'imprègne « naturellement » de la substance. On parle alors d'insecticide *systémique*, car la plante en est légèrement imprégnée tout au long de sa croissance, tuant les insectes qui viendraient tenter de s'en repaître. D'autres préparations à base de ces molécules existent pour les arbres fruitiers et pour une variété d'autres cultures : en pulvérisation, en traitement des sols, etc. Là encore, cela peut sembler être un avantage puisque le fait de ne pas les pulvériser réduit *a priori* leur dissémination dans l'environnement...

Les néonicotinoïdes ont cependant, comme on dit, les défauts de leurs qualités. Pour comprendre, il faut avoir à l'esprit que la « dose létale 50 » des représentants de cette famille — c'est-à-dire la dose qui, lorsqu'elle est administrée à une population d'abeilles, en tue la moitié — est plusieurs milliers de fois inférieure à celle du redoutable DDT. En administrant 4 nanogrammes (c'est-à-dire 4 milliardièmes de gramme) d'imidaclopride à une abeille, on a une chance sur deux de la tuer dans les 48 heures suivantes ; il faut sept mille trois cents fois plus de DDT pour obtenir le même effet. Les autres membres de la famille des néonicotinoïdes ne sont pas moins redoutables. La clothianidine (Poncho) ? Il n'en faut que 4 nanogrammes pour avoir une chance sur deux de tuer une abeille. Avec le thiaméthoxame (Cruiser), le même résultat est atteint pour quelque 5 nanogrammes par insecte*. En outre, les effets des insecticides utilisés en enrobage sont fondamentalement différents de ceux traditionnellement utilisés en pulvérisation. La plante est en effet continuellement imprégné de la toxine qui la protège, tout au long de sa vie — jusqu'à sa récolte. Nectar, pollen, feuilles, tous les éléments de la plante traitée sont imprégnés de faibles doses du produit actif.

La perspective de fermer définitivement la question et d'attribuer à une cause unique le déclin global des abeilles est bien illusoire — le nombre de paramètres entrant en ligne de compte dans le destin d'un insecte ou d'une colonie d'insectes est immense et incontrôlable. Une preuve définitive étant impossible à apporter, il faut avancer des éléments de preuve. Nous avons vu comment Philip Morris a intrigué pour tenter d'imposer ses propres « bonnes pratiques épidémiologiques », avec ses lignes directrices *ad hoc*, qui auraient permis de mettre structurellement en doute les risques liés au tabagisme passif (et de tout ce qui ne double pas les risques, à l'échelle d'une population, de contracter telle ou telle maladie). Ce rêve est devenu, dans une certaine mesure, une réalité pour les firmes qui produisent, brevètent et commercialisent ces fameux insecticides systémiques. Car les données du problème sont assez simples. Depuis que se

* Il existe plusieurs estimations de cette dose létale : en fonction du mode d'administration (ingestion ou contact), du temps de mesure des effets (mort immédiate, mort plusieurs heures ou jours après l'administration du produit), mais aussi des abeilles enrôlées dans le test.

déploie à grande échelle cette nouvelle technologie de contrôle des ravageurs des cultures, c'est-
à-dire le milieu des années 1990, les apiculteurs
constatent un déclin accéléré et inquiétant de leurs
ruches. Un enfant normalement intelligent com-
prendrait qu'il y a déjà dans cette corrélation un
indice fort du caractère peut-être déterminant de
ces nouveaux pesticides dans la perte des abeilles
et des insectes pollinisateurs. Pourtant, tout ce que
la science produit sur le sujet est invariablement
interprété par les autorités chargées de réglementer les produits phytosanitaires comme incomplet,
imprécis, insuffisamment concluant, etc. Voici
pourquoi.

LE TERREAU DE L'IGNORANCE

Les abeilles, donc, déclinent. C'est un déclin à
la fois impossible à décrire de manière univoque
et à quantifier de manière précise. Les troubles
qui touchent *Apis mellifera* ne sont pas systématiquement identiques selon les régions, selon les
périodes de l'année, etc. Cependant, selon Janine
Kievits, représentante de la coordination apicole
européenne, le tableau général est souvent celui
formellement décrit au milieu des années 2000
par Dennis Van Engelsdorp (université de Penn-
sylvanie) sous le nom de syndrome d'effondrement
des colonies (Colony Collapse Disorder, ou CCD).
« Le tableau majeur des pertes est connu : un beau
jour, généralement à la fin de l'hiver, l'apiculteur
découvre ses ruches dépeuplées, explique Janine

Kievits. Il ne reste plus que quelques centaines d'abeilles là où il devrait y en avoir des milliers. Parfois même, la ruche est entièrement vide [...]. Le couvain [l'ensemble des larves de la colonie, *N.d.A.*], s'il y en a, a été abandonné, de même que les réserves de miel et de pollen. Aucune abeille morte n'est visible dans les environs[3]. » Les spécialistes distinguent toutefois des gradations, selon la rapidité et l'ampleur du processus : ils parlent d'affaiblissement des colonies, de dépérissement, de dépeuplement ou d'effondrement. Le consensus qui se dégage dans l'ensemble de la communauté scientifique, apicole ou chez les évaluateurs du risque est que ce type de mortalité s'est déclaré vers 1994 dans l'ouest de la France. Et que des situations semblables ou comparables ont été par la suite déclarées à peu près partout dans le monde.

Comment trouver une explication globale à ce phénomène ? Tout dépend de ce que l'on cherche. En 2009, une quinzaine d'années après l'émergence de ce nouveau trouble des abeilles — concomitante de l'introduction du Gaucho (imidaclopride) sur le tournesol en 1993, puis du Régent TS (fipronil) en 1995, deux insecticides utilisés en enrobage de semences —, l'Agence française de sécurité sanitaire des aliments (AFSSA) expliquait dans un rapport sur les abeilles que « la surveillance conduite par les pouvoirs publics s'exerce exclusivement sur les maladies animales réputées contagieuses dont relèvent, pour la filière apicole française, la nosémose et la loque américaine ». En 2002, un réseau de surveillance a bien été mis en place sur

le territoire national, chargé de produire des données à même d'apporter des éléments d'explication
aux mortalités d'abeilles. L'AFSSA prend acte en
2009 de l'échec du projet. « Le fonctionnement du
réseau de surveillance des troubles sanitaires des
abeilles, également dépendant des services admi-
nistratifs de l'État, souffre d'un manque de déclarations de la part des apiculteurs et de difficultés
dans son fonctionnement, qui ne permettent pas,
aujourd'hui, l'émission de données exploitables
dans ce rapport », poursuivent les rapporteurs de
l'AFSSA. Faute de volonté politique, les services
de l'État français — pourtant réputé jacobin et
pourvu de services vétérinaires performants —
s'accommodent donc volontiers d'un haut niveau
d'ignorance sur le sujet. Cette apathie, qui s'apparente plutôt à une volonté de ne pas savoir, n'est
pas propre à la France. Et nulle part ailleurs il
ne semble y avoir de suivi sérieux des mortalités d'abeilles en fonction de leur environnement
chimique — c'est-à-dire des pesticides utilisés
aux alentours des ruchers. L'évidence semble parler d'elle-même, y compris pour les rapporteurs
de l'AFSSA : « Ces affaiblissements et pertes de
colonies sont signalés, en France, principalement
mais non exclusivement, dans les zones de grandes
cultures agricoles. La dépopulation constatée dans
les ruchers est parfois sévère, limitant la production de miel avec une intensité proportionnelle au
manque d'abeilles[4]. » Mais de données, point. Les
rapporteurs de l'agence française en sont réduits
à citer des articles de la presse grand public pour

faire état des mortalités relevées dans les années 1990 dans l'ouest de la France.

Cette absence de savoir, entretenue par les services de l'État et favorisée par la désorganisation de la filière apicole française, offre un boulevard aux agrochimistes. Comme les cigarettiers tentaient dans les années 1960 de diluer le lien entre le tabagisme et le cancer du poumon ou les maladies cardio-vasculaires, les « phyto-pharmaciens », par le biais de leurs porte-parole officiels ou officieux, ou par le truchement de « scientifiques amis », vont systématiquement pousser l'idée qu'il faut chercher les causes du déclin des abeilles dans leurs pathogènes naturels. La tâche s'avère bien plus aisée que celle entreprise par les cigarettiers avec le tabac.

De fait, les ruchers sont victimes d'une somme considérable d'adversaires naturels. Des prédateurs ? Le frelon asiatique (*Vespa velutina*), le petit coléoptère de la ruche (*Aethina tumida*), les lépidoptères *Galleria mellonella* et *Achroea grisella*… Des parasites ? Citons le redoutable *Varroa destructor*, un acarien qui assomme les ouvrières et atrophie leurs ailes, ou encore le pou de l'abeille (*Braula caeca*), sans parler du terrible *Malpighamoeba mellificae*, connu de longue date pour affaiblir les colonies. Sur le front des champignons, certains représentants du genre *Nosema* sont particulièrement nocifs et contagieux, de même que de nombreuses bactéries qui détruisent le couvain de manière souvent très caractéristique, ou encore abattent les ouvrières adultes. Les virus, eux aussi, sont prometteurs. Plus d'une dizaine sont connus pour les torts qu'ils infligent aux abeilles : virus de la paralysie aiguë, virus de la paralysie chronique, virus des ailes déformées, etc. Ajoutons à cette liste une complexité supplémentaire, qui fait que certains pathogènes peuvent en véhiculer d'autres : un acarien comme *Varroa destructor* peut amener dans la ruche certains virus pathogènes, ajoutant à sa dangerosité et à la complexité générale du problème.

Cependant, la plupart de ces pathogènes sont connus de longue date et, lorsqu'ils semblent être émergents — comme le frelon asiatique, introduit en France vers 2004 —, ils ne sont pas implantés partout et ne peuvent expliquer le caractère mondial du déclin observé. Chaque fois qu'un pathogène naturel a été mis en avant comme l'explication du déclin des abeilles, le rétropédalage n'a pas tardé quelques mois plus tard : soit le pathogène n'était en réalité pas nouveau, soit sa nocivité n'était pas démontrée. La présence de néonicotinoïdes utilisés en enrobage de semences est, elle, parfaitement établie un peu partout dans le monde. Le seul imidaclopride (l'agent actif du Gaucho) est par exemple homologué dans plus de cent dix pays et représente près du quart du marché mondial des insecticides utilisés en agriculture.

QUE DIT LA SCIENCE ?

Dans une magistrale analyse du cas français, la chercheuse Laura Maxim (Institut des sciences de la communication du CNRS) et Jeroen van der Sluijs, maître de conférences à l'Institut Copernic du développement durable de l'université d'Utrecht, ont montré comment Bayer Cropscience avait exercé une influence profonde sur les mécanismes de construction et de validation des connaissances sur les liens entre imidaclopride et déclin des abeilles. La première question à laquelle il a fallu répondre est : sous quel seuil peut-on considérer qu'il n'y a pas d'imidaclopride ? « Un des principaux problèmes dans l'évaluation de l'exposition [des abeilles] au Gaucho a été la précision des mesures des très faibles concentrations d'imidaclopride dans le pollen et le nectar, écrivent Laura Maxim et Jeroen van der Sluijs. En 1993, la limite de détection établie par les scientifiques financés par Bayer pour mesurer la présence d'imidaclopride dans les plantes était de 10 ppb [parties par milliard, soit une concentration d'un microgramme par kilogramme, *N.d.A.*][5]. » Pour Bayer, toute concentration d'imidaclopride inférieure à cette limite de 10 ppb équivalait donc à l'absence d'imidaclopride. Or, puisque du point de vue de Bayer il n'y avait pas d'imidaclopride dans le nectar et le pollen des plantes traitées au Gaucho, le simple fait d'accuser le produit d'être impliqué dans le déclin des abeilles relevait de l'irrationalité. Ainsi, comme pour l'amiante, le tabagisme passif, comme dans d'autres de ces « débats » montés de toutes pièces par l'industrie — la question des effets des insecticides systémiques se résume-t-elle, à nouveau, à une question d'évaluation d'une exposition chronique à de très faibles concentrations d'un produit connu pour être dangereux. Car la haute nocivité de ces nouvelles molécules pour les abeilles n'est, à aucun moment, niée ou remise en cause par les fabricants. Seuls sont discutés les effets délétères d'expositions prolongées ou répétées à de faibles doses.

En 1997, face à la colère grandissante des milieux apicoles, le ministère de l'Agriculture commande un rapport à deux chercheurs de l'INRA, le toxicologue Luc Belzunces et l'apidologue Jean-Noël Tasei. Rendu en décembre 1997, le rapport n'exclut pas la responsabilité du Gaucho dans le déclin observé des abeilles, mais il est interprété par le ministère comme insuffisamment concluant. Et en tout cas pas assez ferme pour justifier l'interdiction de l'insecticide. Le ministère demande donc que le Gaucho soit suspendu temporairement dans certains départements parmi les plus touchés (Vendée, Indre, Deux-Sèvres) et un programme de recherche national est lancé en janvier 1998. Le comité de pilotage du programme est composé de chercheurs d'organismes publics (CNRS et INRA), d'experts de l'AFSSA, mais aussi de représentants du secteur agricole, du monde apicole, de représentants du ministère de l'Agriculture et de Bayer, le fabricant du Gaucho. Un « comité » dont la composition est en tout point semblable à celle du Comité permanent amiante, dont il a déjà été question. L'aréopage mêle des scientifiques compétents et non compétents sur le sujet abordé, des « parties prenantes » qui sont toutes clairement en conflit d'intérêts et des responsables d'administrations publiques. Mais alors que le CPA était la créature d'une entreprise de relations publiques, rémunérée pour servir les intérêts d'un secteur industriel, le « comité de pilotage » est mis sur pied par le ministère de l'Agriculture lui-même. Le procédé d'instrumentalisation de la science inventé par les transformateurs d'amiante s'est institutionnalisé.

Cependant, la pugnacité et l'intégrité des chercheurs siégeant dans le comité changent la donne. Début 1999, le chimiste Jean-Marc Bonmatin (CNRS) et l'apidologue Marc-Édouard Colin, alors chercheur à l'INRA, déclarent publiquement que les trois représentants de Bayer siégeant au comité de pilotage du programme exigent, en quelque sorte, de ne pas chercher avec trop d'ardeur. Ils demandent, en somme, un minimum d'ignorance. « Le protocole d'expérimentation aurait dû être fait de façon indépendante, s'insurge Jean-Marc Bonmatin dans *Libération*. Or Bayer a été associé à son élaboration. Du coup, la firme a dicté ses conditions. [...] Au CNRS, notre proposition était de descendre très bas dans les seuils de détection du Gaucho : au niveau des sols, des tiges, des capitules, des pollens et des miels. Mais on nous a dit que ce n'était pas la peine de descendre si bas[6]. » En 1993, le seuil de détection fixé par Bayer pour ses propres études était de 10 ppb. Six années plus tard, ce même seuil est imposé aux chercheurs du secteur public par le truchement du « comité de pilotage » institué par le ministère : sous cette limite, il ne peut — il ne doit — rien se produire. De son côté, Marc-Édouard Colin conteste la présence de Bayer sur le terrain, pendant les relevés de données. « Que Bayer ait été représenté au comité de pilotage, passe, après tout, les apiculteurs étaient là aussi, explique-t-il alors dans *Libération*. Par contre, que Bayer ait eu une participation permanente et active sur le terrain, ce n'était pas prévu. »

La coordinatrice scientifique du programme, Min-Hà Pham-Delègue, directrice de recherche au CNRS, a résumé la situation de l'époque dans un long témoignage publié en novembre 2001 par *La Recherche* : « En conditions contrôlées, sous tunnel ou au laboratoire, les essais montrent des effets sur différents aspects de la biologie et du comportement des abeilles, y compris à des doses très faibles : les premiers effets sur les performances d'apprentissage sont observés à partir de 4 ppb. Sur le terrain, les dosages de résidus dans diverses matrices [des ruches] indiquent la présence de faibles quantités d'imidaclopride, y compris dans certains échantillons prélevés dans des parcelles non traitées. Elles sont inférieures à 10 ppb. Ce point crucial mérite explication. En commençant les recherches, on ne pensait pas trouver des effets à de si faibles doses. Le premier cahier des charges pour l'analyse des résidus avait donc fixé la limite de quantification à 10 ppb. Cela signifie qu'au-dessus de cette limite les mesures précises étaient possibles mais en dessous on pouvait seulement détecter leur présence. La présence en champ de doses inférieures à 10 ppb indiquait donc une exposition potentielle des abeilles à des doses affectant leur comportement. Et pourtant, les expérimentations en champ, sur sites traités et non traités, n'indiquaient aucune différence notable concernant l'activité de butinage, les mortalités, l'évolution des colonies et la récolte de miel. »

Au début des années 2000, des travaux menés en laboratoire soulignent en effet que l'imidaclopride et les molécules qu'il produit lors de sa dégradation dans l'environnement sont nocifs à très faibles doses pour les abeilles, si celles-ci y sont exposées de manière répétée. La question est de bon sens, mais elle est tout simplement absente des tests toxicologiques réglementaires. Ces derniers n'imposent aux agrochimistes que l'évaluation de la toxicité aiguë de leur produit, c'est-à-dire qu'il leur faut déterminer sa dose létale pour les abeilles : quelle dose d'imidaclopride est nécessaire pour tuer, en une seule administration, 50 % d'une population ? Avec leur protocole et leurs abeilles, trois chercheurs de l'INRA, Séverine Suchail, David Guez et Luc Belzunces, sont parvenus à la valeur de 60 ng par abeille en comptant les décès au bout de quarante-huit heures. En les comptant soixante-douze heures après l'administration d'imidaclopride, il n'en faut plus que 40 ng par abeille pour tuer la moitié d'entre elles[7]. Mais ils ont ensuite cherché à répondre à une question qui ne figure pas dans les tests toxicologiques réglementaires : quelle dose quotidienne de la molécule (ou de ses principaux produits de dégradation) suffit-il d'administrer aux abeilles pendant dix jours pour tuer la moitié d'une population ? La réponse, qui n'a pas été contredite par des expériences ultérieures, est éloquente : selon les molécules (imidaclopride ou ses dérivés), il suffit de doses jusqu'à cent mille fois inférieures à la dose létale pour obtenir la même mortalité en cas d'administration répétée sur dix jours — c'est-à-dire la durée de floraison du tour-

nesol, au cours de laquelle sa fleur est très fréquen-
tée par les insectes pollinisateurs.

D'autres travaux sur le sujet, en grand nombre,
sont menés par des chercheurs des organismes
publics — en France mais également à l'étranger — entre la fin des années 1990 et le début des
années 2000. Si bien que l'état des connaissances
sur le sujet peut à cette époque se résumer en sept
points :

(i) en France, des dépeuplements massifs de
ruchers ont coïncidé avec l'introduction du Gaucho
sur tournesol, en 1993 ;

(ii) le nectar et le pollen des plantes traitées, dont
se nourrissent les abeilles, contiennent des concentrations du produit inférieures à 10 ppb ;

(iii) de très faibles quantités de produit, jusqu'à
cent mille fois inférieures à la dose de toxicité
aiguë, suffisent à tuer des abeilles exposées de
manière quotidienne pendant une dizaine de jours ;

(iv) l'imidacloride migre facilement et il en est
retrouvé dans des parcelles qui n'ont pas été traitées ;

(v) l'imidacloride persiste au moins un an dans
les sols ;

(vi) des expériences en laboratoire montrent
non seulement des mortalités à très faibles doses
mais aussi des effets sublétaux — qui ne tuent pas
l'abeille mais perturbent son comportement, ses
capacités d'apprentissage et de mémorisation ;

(vii) les expériences en plein champ, principalement menées ou financées par Bayer, ne montrent
pas de différences significatives entre les abeilles
placées devant des champs traités et celles placées
devant des champs-témoins.

Que faire ? En 1999, Jean Glavany, alors ministre de l'Agriculture, invoque le principe de précaution et suspend le Gaucho sur tournesol. En 2001, le ministère charge un comité d'une quinzaine de scientifiques — tous issus d'organismes publics et sans conflits d'intérêts connus — de faire le tri dans les études publiques et privées, d'en examiner les faiblesses et les forces, et de tirer du savoir disponible une conclusion aussi claire que possible. Les rapporteurs plancheront pendant plus de deux ans. Ils passeront en revue près de trois cent quarante études et rapports techniques différents.

Leur texte, rendu en septembre 2003, aurait dû éteindre la polémique. Ses conclusions sont en effet très tranchées (en tout cas pour ce genre de littérature, toujours extrêmement précautionneuse et où chaque mot est pesé au trébuchet) : « Dans l'état actuel de nos connaissances, selon les scénarios développés pour évaluer l'exposition et selon les facteurs d'incertitude choisis pour évaluer les dangers, les rapports PEC/PNEC* obtenus sont préoccupants. Ils sont en accord avec les observations de terrain rapportées par de nombreux apiculteurs en zones de grande culture (maïs, tournesol), concernant la mortalité des butineuses, leur disparition, leurs troubles comportementaux et certaines mortalités d'hiver. » Les auteurs n'attri-

---

* La PEC (*Predicted Environmental Concentration*) est la concentration environnementale prévue et la PNEC (*Predicted No Effect Concentration*) est la concentration environnementale à laquelle il n'est pas prévu d'effets sur l'organisme étudié, ici les abeilles. Plus le rapport PEC/PNEC est élevé, plus le risque est important.

buent pas tous les déclins observés à l'insecticide :
ils prennent acte de ce que des éléments naturels
peuvent y prendre une part non négligeable, mais
concluent simplement que les risques présentés
sont élevés et qu'il convient de ne pas ajouter la
peste au choléra. Certes, le Gaucho ne sera jamais
réautorisé pour traiter le tournesol en France. Et
il sera interdit pour le maïs dès 2004.

Mais, dans le même temps, d'autres insecticides
aux modes d'action comparables sont autorisés,
notamment le Régent TS dès 1995, ou encore le
Cruiser, dont la molécule active est pourtant un
véritable clone de l'imidaclopride : il a une toxicité semblable, il s'attaque aux mêmes sites du
système nerveux central des insectes, il est plus
encore persistant dans les sols. Pourtant, l'une des
conclusions fortes du rapport du comité scientifique était certes que le Gaucho présentait un
risque important pour les abeilles, mais que les
tests réglementaires auxquels il avait été soumis
pour être autorisé étaient inadaptés à cette nouvelle génération de pesticides. Cette conclusion-
là resta lettre morte. D'autres insecticides systémiques continuent ainsi d'être utilisés sur les cinq
continents.

QUAND L'INDUSTRIE FINANCE LA SCIENCE

Avec les connaissances disponibles au début des
années 2000, il était donc possible de *savoir* que
les insecticides systémiques avaient été autorisés
sur la foi de tests lacunaires. Il était possible de

prendre les mesures *ad hoc* — ou de ne pas les prendre, mais alors de le faire en connaissance de cause. Nul ne sait comment les agrochimistes ont réagi à ce que la science avait établi. À la différence de Philip Morris, RJ Reynolds ou Brown & Williamson, nous ne disposons pas des rapports internes, des courriels et des mémos confidentiels de Syngenta, de Bayer ou de BASF, les principaux acteurs du secteur. Mais nous avons comme outil le corpus de l'ensemble des études publiées sur les troubles des abeilles et les causes possibles de leur déclin.

À quoi s'intéressait la communauté scientifique lorsque les apiculteurs dénonçaient les ravages du Gaucho ? Une très brève analyse quantitative de la littérature scientifique (l'ensemble des études issues de la recherche publique, mais également des travaux commandés par les industriels et publiés *in fine* dans des revues savantes) permet de s'en faire une idée. Entre 1971 et 1990, il s'est publié en moyenne 2,7 articles par an contenant les termes « abeilles » et « *Varroa* » (l'acarien destructeur) dans leur résumé. Sur la même période, il s'est publié une quantité assez supérieure (3,8 articles par an) d'études contenant les termes « pesticides » et « abeilles ». Avant 1990, l'attention globale de la communauté scientifique se portait donc plus sur les pesticides que sur les acariens du genre *Varroa*. Ensuite, bizarrement, les rapports s'inversent. Entre 1991 et 2000 — décennie de l'introduction des néonicotinoïdes et des produits systémiques —, il se publie en moyenne 29 articles par an mentionnant « *Varroa* » et « abeille » dans le résumé, c'est-à-dire *plus de quatre fois plus* que ceux (6,8 articles par an) mentionnant « pesticides » (ou « néonicotinoïdes ») et « abeilles ». D'un point de vue strictement quantitatif, l'attention de la communauté scientifique au sens large semble donc s'être focalisée sur un parasite naturel de l'abeille (certes important et destructeur) alors que de nouvelles technologies de contrôle des ravageurs des cultures, connues pour être potentiellement dangereuses pour les abeilles, étaient introduites[8].

Il est bien sûr impossible de démontrer formellement l'implication des industriels dans ce qui semble être un biais grossier introduit dans la recherche. Il faudrait pour cela éplucher toutes les collaborations entre les universités et les agrochimistes, les cofinancements de projets de recherche, les cosignataires d'études entre chercheurs du public et du privé, les partenariats divers, les contrats de consultance dont ont pu bénéficier certains chercheurs qui ne déclarent pas nécessairement ce type de conflit d'intérêts dans leurs publications. En somme, il faudrait disposer des documents internes de l'industrie. Ce n'est pas le cas. Au mieux peut-on considérer comme hautement suspect ce brusque revirement des scientifiques au tournant des années 1990. D'autant que le biais persiste dans la décennie suivante, entre 2001 et 2010 : cinquante-cinq articles par an pour « *Varroa* » et environ deux fois moins pour « pesticide » ou « néonicotinoïde ». Certes, une espèce asiatique de *Varroa* a bien été, semble-t-il, introduite en Europe dans les années 1980 et un regain d'intérêt pour ce pathogène de l'abeille est sans doute justifié, mais cette introduction précède d'une décennie les déclins brutaux observés dans l'année suivant l'introduction du Gaucho sur tournesol en France.

On peut donc suspecter que la stratégie mise précédemment à profit par les cigarettiers dans l'affaire du tabagisme passif — diluer un problème par une importance accrue accordée aux autres — a été remise au goût du jour. Comme les cigarettiers cherchaient à financer des travaux montrant que le cancer du poumon pouvait survenir chez des non-fumeurs, en raison de prédispositions génétiques, de la pollution des centres-villes, après avoir été exposé à tel ou tel élément, etc., l'industrie phytosanitaire cherche à mettre en avant les travaux menés par des chercheurs sans affiliation directe avec elle, ayant l'onction d'un titre universitaire ou d'un poste de chercheur dans un organisme public de recherche.

Mais en l'absence de leurs documents internes, il faut, pour déceler les intentions des industriels, compter sur leurs faux pas. Le 1er octobre 2009, l'université de Warwick publie sur son site Web un communiqué de presse annonçant que plusieurs de ses chercheurs viennent de décrocher une bourse pour « investiguer sur le déclin des abeilles ». « Ce financement de 1 million de livres sterling est octroyé par le Biotechnology and Biological Sciences Research Council, en partenariat avec Syngenta [qui commercialise le Cruiser, *N.d.A.*], poursuit le texte, dont le rédacteur ne prend pas à la légère le déclin des pollinisateurs. Les chiffres du gouvernement britannique suggèrent que les populations d'abeilles ont chuté de 10 à 15 % au cours des deux dernières années, l'association des apiculteurs britanniques cite des chiffres plus proches d'une perte de près de 30 % depuis 2008. Depuis que les effondrements ont été rapportés, plusieurs facteurs ont été suggérés. La plupart des scientifiques pensent désormais qu'une complexe interaction de facteurs est le plus probablement en cause. »

Suivent des déclarations des heureux chercheurs ainsi financés. « Les abeilles sont bien connues pour leur rôle vital comme pollinisateurs des cultures, des fleurs sauvages et des plantes de jardin, mais malheureusement elles sont en déclin, déclare ainsi David Chandler, l'un d'eux. Nous savons que des maladies parasitaires causées par le *Varroa* sont partiellement en cause, mais nous pensons qu'il y a aussi un lien entre ces maladies et la qualité du pollen et du nectar dont elles se nourrissent. » Les mots sont soigneusement choisis. Voici ceux de Juliet Osborne, qui mène le projet : « Les abeilles vivant dans des paysages agricoles, elles sont confrontées à beaucoup de choses ! Elles doivent faire face à des changements soudains de disponibilité de nourriture — pollen et nectar — en même temps qu'elles doivent affronter une variété de maladies, de parasites et d'autres stress. Ce projet nous fournira une vue unique sur la manière dont les maladies et la disponibilité en nourriture affectent la survie des abeilles dans des paysages agricoles. » Toujours aucune mention du terme « pesticide ». Mesurons enfin la précision des termes employés par leur collègue Janet Allen, également impliquée dans le projet : « Nous sommes tous concernés par le déclin des populations d'abeilles et l'effet que cela peut avoir sur la production de notre propre nourriture. Il est hautement improbable qu'il y ait une seule cause de leur effondrement, ce qui rend ce projet [de recherche] absolument crucial. »

Grâce à des contorsions linguistiques soutenues par une volonté, si grossière qu'elle en est pathétique, d'occulter l'évidence, les termes « pesticides », « insecticides », « produits phytosanitaires », « produits de protection des plantes » sont parfaitement absents du communiqué. Et ce pour une raison. Le chroniqueur environnement du *Guardian*, George Monbiot, a interrogé David Chandler sur les raisons de cette occultation : le programme de recherche en question « n'a aucune composante sur les pesticides[9] », a répondu le chercheur. Et lorsque le journaliste britannique lui demande s'il ne se sent pas en situation de conflit d'intérêts, il rétorque : « Je ne crois honnêtement pas que ce soit le cas. » Le communiqué de l'université de Warwick précise toutefois que « Syngenta est une compagnie qui aide à augmenter les rendements des cultures, à protéger l'environnement, à améliorer la santé et la qualité de vie » et annonce le lancement, par la firme agrochimique, de l'« Opération Pollinisateur ». Menée dans sept pays européens et aux États-Unis, celle-ci sera dotée de 1 million d'euros sur cinq ans et sera destinée à « favoriser les insectes pollinisateurs en fournissant des bandes de fleurs sauvages ». L'usage d'une novlangue pour inverser le réel, la science utilisée comme instrument de distraction, l'enrôlement de chercheurs académiques : tout fleure ici les vieilles manœuvres de *Big Tobacco*.

Avec une différence de taille. Dans les années 1950, lorsque les cigarettiers américains ont décidé d'investir la recherche académique et de financer des travaux qui servaient leurs intérêts, ils ont dû en passer par la création d'une structure *ad hoc*, le CTR. Les fabricants de pesticides n'ont plus à se donner ce mal. Ils ont recours désormais, au Royaume-Uni comme dans bon nombre de pays, aux organismes publics de financement de la recherche. Ils mêlent leur argent à des fonds publics et sont ainsi en mesure de peser sur les orientations de la recherche des universités et des institutions académiques. Car le fameux Biotechnology and Biological Sciences Research Council (BBSRC) qui octroie la subvention aux chercheurs de Warwick, «en partenariat avec Syngenta», n'est autre que l'agence publique de financement de la recherche britannique en biologie ! Et Syngenta n'a eu besoin de participer qu'à hauteur de 10 % au financement de l'étude en question. Auparavant, *Big Tobacco* manipulait la science avec ses propres fonds ; désormais, les agrochimistes parviennent à instrumentaliser la science en ajoutant un pourboire à des travaux financés à 90 % avec de l'argent public.

Le cas de l'université de Warwick n'est pas isolé. D'autres cofinancements publics-privés ont été accordés. Pas moins de trois autres projets sur le déclin des abeilles ont été mis en route en

2009 outre-Manche, selon les mêmes modalités. L'un porte sur le virus israélien de paralysie aiguë associé au syndrome d'effondrement des colonies ; l'autre étudie les liens entre la diversité génétique des abeilles et leur sensibilité à un champignon parasitaire ; le troisième s'intéresse, lui, à l'évolution de la virulence des maladies virales qui infectent les abeilles par le truchement de *Varroa*. Il ne s'agit nullement de sous-entendre que ces sujets d'étude sont fantaisistes ou inutiles. Mais de prendre conscience que tous évitent soigneusement la question clé des insecticides systémiques, dont l'introduction coïncide avec l'accélération du déclin des insectes pollinisateurs — qui ont par ailleurs été confrontés de tout temps à des prédateurs et des pathogènes naturels.

Qui siège dans les comités d'attribution des financements, au sein du BBSRC ? George Monbiot s'est posé la question, mais note que l'agence britannique ne publie plus les curriculum vitae de ses membres. « Toutefois, en 2003, lorsque cette information était accessible, j'ai constaté que ces comités étaient farcis de cadres de Syngenta, de GlaxoSmithKline, d'AstraZeneca Pharmaceuticals, de Merck Sharp & Dohme, de Pfizer, de Genetix plc, de Millennium Pharmaceuticals, de Celltech et d'Unilever, écrit le chroniqueur. Les décisions de financement du BBSRC reflètent plus leurs priorités que l'intérêt général du public. » Au Royaume-Uni, des responsables d'entreprises privées participent directement aux décisions qui orientent la recherche publique. La situation est désormais d'autant plus marquée en ce sens qu'en avril 2009 les agences britanniques de financement de la recherche publique ont ajouté un prérequis pour les scientifiques cherchant à lever des financements pour leurs travaux : le personnel académique doit désormais décrire l'impact économique potentiel des recherches qu'ils entendent conduire. C'est la victoire de l'esprit d'Heidelberg : il ne peut y avoir de science que pour l'industrie. La probabilité d'obtenir des financements pour mener une recherche risquant de remettre en cause une activité industrielle — par exemple étudier l'impact des pesticides systémiques sur les pollinisateurs — devient donc de plus en plus faible.

Or les orientations de la politique de recherche au Royaume-Uni ne sont pas fondamentalement différentes de ce qui se produit ailleurs dans le monde. Les agences de financement, les universités, les organismes publics de recherche sont vus, de manière croissante, comme des alliés et des supplétifs de l'industrie. En France, de nombreuses unités mixtes de recherche se sont formées depuis quelques années entre le CNRS, l'INRA et Bayer, BASF ou encore Syngenta. À n'en pas douter, ces partenariats sont utiles pour produire certaines connaissances, mais il est à craindre qu'ils créent des conditions propices à retarder la production d'autres savoirs.

LE GRAND RETOURNEMENT

Cette attention excessive portée aux pathogènes naturels, au détriment des risques chimiques, a d'importantes conséquences. Notamment lorsqu'il s'agit de faire la synthèse des connaissances accumulées sur la question du déclin des pollinisateurs. C'est ce que font, à intervalles réguliers, les agences de sécurité sanitaire — comme la défunte AFSSA en France, ou l'EPA aux États-Unis. Leur rôle est crucial. Elles sont censées intervenir dans ces débats comme une interface entre le savoir produit par l'activité scientifique et la société au sens large — citoyens, régulateurs, médias, associations professionnelles, entrepreneurs, etc. Elles constituent des panels d'experts (dont la composition influe grandement sur les conclusions) qui rendent des opinions scientifiques sur des questions posées par le pouvoir politique, ou simplement à la suite d'une autosaisine.

Qu'est-ce qui tue les abeilles ? Dans son rapport de 2009 sur la question, l'AFSSA se contente de dresser l'inventaire des causes potentielles du déclin — ce qui revient à enfoncer une enfilade de portes ouvertes — et en trouve sans surprise une quarantaine. Dans la hiérarchisation de ces causes, l'agence française place bien sûr en tête le *Varroa*. Quant aux nouveaux produits phytosanitaires récemment introduits, ils ne sont que rapidement abordés. Ce qui relève d'une claire volonté d'ignorer la réalité, réalité qui est pourtant décrite en toutes lettres dans le même rapport de l'AFSSA : « Les affaiblissements et pertes de colonies sont signalés, en France, principalement mais non exclusivement, dans les zones de grandes cultures agricoles. » Bien entendu, tous les problèmes potentiels associés à la monoculture intensive sont soigneusement soulignés : quantité moindre de plantes mellifères, fragmentation des habitats, appauvrissement des paysages, etc. Tous, sauf l'utilisation des nouveaux insecticides systémiques.

Lorsque l'AFSSA publie son rapport, celui du comité mis sur pied par le ministère de l'Agriculture est déjà public depuis plus de cinq ans. Et entre-temps, non seulement une abondante nouvelle littérature est venue appuyer les vues du panel d'experts constitué en 2001 par Jean Glavany, mais le comité a rendu un second rapport sur le Régent TS qui conclut à la possibilité de « risques inacceptables ». Pourtant, les rapporteurs de l'AFSSA ne mentionnent qu'en annexe ces deux imposants rapports et en ignorent largement les résultats, au motif qu'ils ne reposent pas sur « l'observation d'impacts survenus dans des colonies exposées aux résidus de produit via le pollen et le nectar sur le terrain » — on voit que cet argument, celui du « terrain », revient invariablement pour plaider la cause des néonicotinoïdes.

Reste à comprendre l'étendue du décalage d'appréciation de la situation, entre le comité du ministère et l'AFSSA. Le choix des experts importe. Le groupe de travail mis en place par l'AFSSA est ainsi dirigé par Bernard Toma (École nationale vétérinaire de Maisons-Alfort). Sans remettre en cause

la probité, l'honnêteté et la compétence du vétérinaire, force est de constater qu'il est spécialiste
des maladies contagieuses du bétail et de la faune
sauvage : ses dernières publications portent sur la
rage, la fièvre aphteuse, la tuberculose animale… Il
y est question de poules, de vaches, de cochons, de
moutons voire de renards, mais jamais du moindre
insecte. Pourquoi placer à la tête d'un groupe de
travail sur l'abeille un spécialiste du bétail ? La
question n'a jamais été posée à l'ancienne direction
de l'AFSSA. Mais la réponse est de toute évidence
qu'il a été décidé de ne pas tirer tout le parti de la
connaissance disponible dans la littérature scientifique. Et qu'à l'inverse de ce qui est théoriquement
leur mission, les agences de sécurité sanitaire sont
devenues, sur certains sujets où les enjeux économiques sont importants, des machines à produire
de la confusion et de l'ignorance. Au lieu d'éclairer, elles utilisent parfois la science — ou se revendiquent d'elle — pour créer des situations de doute
artificiellement entretenues. Des situations où le
pouvoir politique peut, s'il le trouve commode,
décider de ne rien décider. Pour cela, rien de tel
qu'ignorer une part des études ou des résultats
publiés — ce qui n'est possible que si le groupe
d'experts est dirigé par un non-spécialiste, peu
familier de la littérature du domaine en question.

Laura Maxim et Jeroen van der Sluijs ont mesuré
l'« écart scientifique » entre le texte de l'AFSSA et le
premier rapport du comité : la majorité des trois
cent trente-huit études et documents techniques
cités par ce dernier concernent l'imidaclopride,
contre seuls 3 % des travaux et documents cités

par l'AFSSA dans son rapport. À l'inverse, 43 % des références citées par l'agence française concernent uniquement les virus et autres pathogènes naturels de l'abeille. La volonté manifeste de l'AFSSA semble donc de dédouaner les pesticides, non en opposant des arguments scientifiques, mais en les *sélectionnant*. En répercutant jusqu'à la caricature le biais de publication relevé plus haut, c'est-à-dire la surreprésentation des pathogènes naturels dans la littérature savante. Le fait est d'autant plus choquant que le comité n'ambitionnait de répondre qu'à la question de savoir si le Gaucho présentait un risque sérieux pour les abeilles. Un point assez étroit. Le rapport de l'AFSSA, lui, se présentait au contraire comme une analyse quasi exhaustive du problème. Il aurait ainsi logiquement dû passer en revue tous les éléments mentionnés par le rapport du comité. Au lieu de cela, seules cinq des trois cent trente-huit références mentionnées par le comité sont utilisées par les experts de l'AFSSA pour établir leur opinion.

Pourquoi un tel hiatus ? Il faut se tourner vers les sciences humaines pour espérer des éléments d'explication. Dans une étude publiée l'année suivante dans *Environmental Research Letters*, Laura Maxim et Jeroen van der Sluijs ont eu l'idée d'un protocole expérimental très simple, mais surtout original et éclairant : ils ont posé une série de questions identiques sur les affaiblissements d'abeilles à différents acteurs du dossier — apiculteurs, chercheurs d'organismes publics ayant publié des travaux sur la question, experts de l'AFSSA et scientifiques salariés de Bayer. Toutes les questions avaient à voir avec les abeilles et leur déclin, seules quelques-unes étant spécifiquement liées aux effets supposés du Gaucho sur les insectes pollinisateurs. Les chercheurs ont par exemple demandé aux différentes parties prenantes d'associer certains signes cliniques des mortalités d'abeilles (saison du déclin, rapidité du déclin, baisse de production de miel, etc.) aux explications les plus ou les moins convaincantes (Gaucho, variation climatique, susceptibilité génétique des insectes, maladies, pesticides illégaux, etc.). Résultat : les mortalités anormales de la période 1994-2004 sont attribuées à 80 % au Gaucho par les apiculteurs interrogés, les scientifiques des organismes publics interrogés pensent qu'il a contribué pour environ 75 % tandis que les experts de Bayer et de l'AFSSA expriment une opinion très proche, estimant qu'il n'y a contribué qu'à hauteur d'environ 5 %.

L'analyse de l'ensemble des résultats (toutes questions confondues) montre que deux ensembles se dessinent par la proximité des réponses apportées : le premier est formé par les apiculteurs et les scientifiques du secteur public, le second est formé par les experts de l'AFSSA et ceux de Bayer. Un résultat très perturbant. Car, parmi les individus considérés, le groupe social qui construit et fabrique le savoir est celui des chercheurs des organismes publics qui publient des résultats originaux dans la littérature scientifique. Le paradoxe est ainsi que les experts qui devraient servir de relais à ce savoir vers le public et les décideurs ont globalement une opinion radicalement divergente, très proches au contraire des experts de Bayer, dont l'opinion est clairement biaisée par le conflit d'intérêts dans lequel ils se trouvent. Ces résultats soutiennent largement l'idée que, dans certaines circonstances, les agences de sécurité sanitaire agissent à l'inverse de leur mission : elles brouillent la connaissance scientifique, injectent un doute illégitime dans le débat public et paralysent ou retardent l'action politique.

La compétence des experts de l'AFSSA interrogés (sur le sujet précis des déclins d'abeilles) est directement mise en cause. Dans leur étude, Laura Maxim et Jeroen van der Sluijs mentionnent qu'à deux reprises, des explications absurdes — c'est-à-dire en contradiction avec l'état des connaissances en apidologie — sont données pour expliquer tel ou tel symptôme*. Sans qu'il soit question de compétence, d'autres facteurs peuvent intervenir dans la manière dont la science est rassemblée et synthétisée. Une simple proximité d'esprit avec le monde industriel, par exemple, joue un rôle certain. Une culture commune.

Dans le groupe d'experts formés par l'AFSSA pour la rédaction de son rapport 2009 se trouve une écotoxicologue de l'AFSSA du nom d'Anne Alix. Selon sa courte biographie publiée par une société savante de toxicologie environnementale, la Society of Environmental Toxicology and Chemistry, elle a commencé sa carrière comme éva-

---

* L'un attribue à une trop faible valeur nutritive du pollen l'émergence d'une maladie chez les butineuses, alors que celles-ci ne se nourrissent pas de pollen. Un autre confond l'essaimage avec la disparition des butineuses.

luateur du risque environnemental chez Novartis (dont la branche agrochimique est devenue Syngenta en novembre 2000, après fusion avec AstraZeneca), où elle était chargée de préparer les dossiers d'homologation de pesticides. En décembre 2000, elle passe de l'autre côté de la barrière en rejoignant le ministère de l'Agriculture, où elle est chargée d'évaluer les dossiers d'homologation des produits phytosanitaires. Six années plus tard, elle est embauchée par l'AFSSA dont elle rejoint la direction du végétal et de l'environnement. Dans ses déclarations publiques, l'experte soutient systématiquement l'idée que les études en laboratoire sont insignifiantes et que seules valent les études en plein champ, qui ne montrent pas d'effets. « Le problème des résultats acquis en laboratoire en exposant les abeilles à de faibles doses, c'est que les effets observés sont induits avec des protocoles de nourrissage forcé des abeilles, qui s'éloignent des conditions d'exposition sur le terrain. Ils portent de plus sur des observations fines du comportement ou de la physiologie de l'abeille au niveau individuel, déclarait-elle en juin 2009 au magazine de l'INRA. Sur le terrain, les études disponibles mettant en œuvre des traitements de semences n'ont pas mis en évidence de pertes de colonies, et ce, même en plaçant des ruches à l'intérieur des champs en fleur. En conditions réelles, il est probable que les abeilles ont suffisamment de choix parmi les sources de pollen et n'ingèrent pas les doses conduisant à une mortalité massive et à des pertes de colonies[10]. »

L'argumentaire développé est semblable à celui qui était mis en avant, dans les années 1980 et 1990, par les promoteurs de l'amiante et il est remarquablement congruent à l'esprit d'Heidelberg : lorsque les «conditions d'emploi sont respectées[11]», les substances dangereuses, même omniprésentes, ne posent pas de problème. Les *faibles doses* sont inoffensives. Deux ans après la publication du rapport de l'AFSSA, Anne Alix sera recrutée par Dow Agrosciences (la branche agrochimique de Dow Chemical) — tout en continuant à jouer un rôle déterminant dans le destin des insectes pollinisateurs au sein de diverses organisations.

Le constat qu'il faut tirer des divergences d'appréciation énormes entre l'AFSSA et le comité du ministère de l'Agriculture est que les agrochimistes ont remporté une victoire inouïe. Une victoire dont les cigarettiers n'auraient même pas rêvé en leur temps. On a vu qu'une bonne part des activités «scientifiques» de *Big Tobacco* visaient à attaquer — ou plutôt à faire attaquer — l'EPA et, plus généralement, à tenter de jeter le doute sur les opinions scientifiques émises par les agences de sécurité sanitaire. Dénoncer la prétendue *junk science* de l'EPA était, au début des années 1990, une priorité absolue de Philip Morris et consorts. Le retournement de la situation est flagrant : dans le cas d'école analysé par Laura Maxim et Jeroen van der Sluijs, l'agence française est parfaitement à l'unisson des phytopharmaciens, en rupture avec la littérature scientifique.

Jadis cibles des attaques des industriels, les

agences sont devenus leurs principaux bastions.
Ce constat vaut, dans une certaine mesure, pour
l'AFSSA en 2009 mais il vaut également pour l'EPA,
dans les dernières années. Et de manière plus cho-
quante encore. Dans un mémo interne de l'agence
américaine, obtenu en novembre 2010 par un responsable du secteur apicole américain et publié
par l'ONG Pesticide Action Network, des experts
de l'agence examinent une demande d'autorisation
d'homologation par Bayer de la clothianidine, un
très proche cousin de l'imidaclopride, sur le coton
et la moutarde. En 2003 l'agence américaine avait
donné son feu vert à l'utilisation de cette molécule
sur d'autres cultures, en particulier le maïs, mais
l'évaluation du nouveau dossier d'homologation,
rédigée sept ans plus tard, montre que les écotoxicologues de l'EPA précisent que «l'inquiétude
majeure sur les risques de clothianidine concerne
les insectes non cibles, notamment les abeilles»
et que l'autorisation donnée à Bayer était accompagnée d'une demande d'étude complémentaire.
Le protocole expérimental de celle-ci devait être
soumis à l'agence avant que l'étude ne soit menée
mais le protocole proposé par Bayer a été jugé
trop faible et «une étude en plein champ est toujours nécessaire pour une évaluation plus fine des
risques». En 2010, selon les chiffres de l'EPA, 90 %
du maïs planté aux États-Unis est traité par des
néonicotinoïdes. L'étude demandée, elle, n'était
toujours pas menée.

CONFLIT D'INTÉRÊTS

Malgré les freins, malgré les diversions, le savoir avance, quantité de travaux publiés suggèrent l'implication déterminante des insecticides systémiques, principalement néonicotinoïdes — aux côtés d'autres causes, naturelles ou non —, dans le déclin des insectes pollinisateurs. Pour les agrochimistes, comme jadis pour les cigarettiers, l'objectif n'est pas seulement de financer de la science de distraction : il est aussi de ralentir l'acquisition des connaissances « problématiques » en créant de la controverse, en montant des contentieux en épingle. Les études qu'il est important de discréditer, ou de mettre en doute, sont celles qui se rapprochent le plus des conditions de plein champ. Car c'est précisément l'absence d'effets dans les expériences menées en plein champ qui est l'argument clé des industriels.

En avril 2012, une étude française défraie la chronique. Elle est publiée à la une de *Science*, l'une des plus prestigieuses revues scientifiques au monde, lue dans tous les laboratoires, dans toutes les agences réglementaires, par tous les journalistes scientifiques. Les auteurs, conduits par Mickaël Henry (INRA), ont procédé avec soin et originalité pour mettre en évidence les effets des faibles doses sur les butineuses. Leurs conclusions ? Même exposées à des doses très faibles du principe actif du Cruiser — de l'ordre de celles qu'elles rencontrent dans la nature, lorsque les cultures ont été traitées —, les butineuses subissent des dommages suffisants pour que l'ensemble de leur colonie soit affecté. Les chercheurs français ont marqué chaque abeille enrôlée dans l'expérience avec une puce à radiofréquence, de manière à identifier avec précision chaque individu. Sans ce genre de dispositif, il est impossible de procéder à des expériences en milieu naturel puisque les chercheurs ne peuvent pas identifier avec certitude les insectes ayant reçu telle dose du produit à tester plutôt que telle autre. Pour différents groupes de butineuses (dites « expérimentées » ou « débutantes »), les auteurs ont cherché à savoir si l'exposition à une dose largement inférieure à la dose létale du principe actif — 1 nanogramme, c'est-à-dire très inférieure à la dose de toxicité aiguë — pouvait entraver leur capacité à retrouver le chemin de leur ruche. Le résultat est que le « taux de retour » à la colonie des abeilles exposées au produit est jusqu'à 30 % inférieur à celui des abeilles non traitées. Les auteurs intègrent ensuite leurs résultats dans un modèle — c'est-à-dire une représentation mathématique de la manière dont évolue la population de la ruche avec le temps, en fonction des variations de chacune de ses composantes. Leur conclusion est que l'exposition des butineuses à des doses très faibles réduit notablement la population globale de la ruche.

La publication reçoit une grande attention médiatique, en France mais pas uniquement : différentes agences réglementaires se penchent sur la question et demandent à leurs experts d'évaluer la solidité des résultats obtenus par les chercheurs de l'INRA. Face à un tel succès, il fallait une réaction. Celle-ci est venue très rapidement. Le 21 septembre 2012, la revue *Science* publie un commentaire technique, c'est-à-dire une réfutation des résultats présentés en avril par les chercheurs français. L'industrie des pesticides n'y est — semble-t-il au premier abord — pour rien. Les deux auteurs sont universitaire pour le premier (James Cresswell, de l'université d'Exeter, Royaume-Uni) et expert au sein de l'agence de sécurité sanitaire britannique pour la seconde (Helen Thompson). Pour quiconque s'intéresse à la question sans en être spécialiste, la dispute apparaît comme l'effet d'une controverse scientifique classique. Des travaux fragiles sont contestés par des chercheurs du monde académique, quoi de plus normal si les résultats attaqués sont en effet sujets à caution ?

Est-ce le cas ? Les travaux des chercheurs français sont-ils faibles ou « controversés » ? Pour comprendre, il faut mettre un pied dans la complexité du sujet abordé. James Cresswell et Helen Thompson ne contestent pas les résultats de l'expérience elle-même. Comment, d'ailleurs, le pourraient-ils ? Il leur faudrait mobiliser des moyens financiers et des ressources importants pour tenter de reproduire l'expérience des chercheurs français, ce qu'ils n'ont pas fait et n'ont pas l'intention de faire. Reproduire l'expérience dans des conditions comparables et aboutir à des résultats expérimentaux différents serait la meilleure manière de prouver la fragilité de l'expérience. Ce n'est pas le cas ici. « Ce qui est contesté, c'est le modèle mathématique que nous avons utilisé pour évaluer l'effet de cette désorientation des butineuses sur la ruche entière[12] », explique Mickaël Henry. Selon ce modèle, une colonie non exposée à l'insecticide croît de 11 % par mois en période de floraison du colza. Trop peu pour compenser les effets du Cruiser. Mais pour leurs contradicteurs, ce taux serait d'environ 40 % : suffisamment pour que les abeilles perdues en raison de leur exposition au pesticide soient remplacées par la croissance naturelle du groupe. Conclusion de Cresswell et Thompson : oui, le principe actif du Cruiser à très faibles doses désoriente suffisamment les abeilles pour affecter les colonies, mais non, la population de celles-ci est malgré tout stable puisque l'effet de l'insecticide est compensé par l'augmentation démographique naturelle.

Le taux de croissance « normal » des colonies d'abeilles au cours des mois de floraison du colza est-il de 11 %, comme l'évaluent Mickaël Henry et ses coauteurs ? Ou est-il près de quatre fois supérieur, comme l'affirment leurs contradicteurs ? À bien lire le commentaire technique des deux scientifiques britanniques, on se rend compte que ce taux de 40 % provient d'une étude publiée dans les années 1980, sur trois ruches seulement, au cours d'une seule saison et hors du contexte de culture du colza ! Ce qui, en clair, signifie que la critique est très faiblement étayée. Voire franchement trompeuse. Comme le veut l'usage, l'équipe dont les travaux sont attaqués peut répondre à la suite du commentaire technique qui les met en cause. L'équipe française répond donc en expliquant qu'elle a repris ses données de terrain pour évaluer la valeur du « taux de croissance naturel »

contesté. Pour obtenir cette fois non plus une évaluation, mais des mesures, effectuées sur un suivi
de plus de deux cents colonies, pendant quatre ans.
Le résultat est que le chiffre attaqué est du même
ordre que les fameux 11 % — avec une valeur
maximale pouvant monter à 18 %. Bien loin, en
tout cas, des 40 % proposés par les deux contradicteurs... Dont la critique apparaît donc très largement infondée. Tout lecteur qui aura pris le temps
(il en faut, tant la lecture de ce genre de littérature
est ardue pour les non-spécialistes) de lire dans
son intégralité l'échange publié le 21 septembre
2012 par *Science* en sortira avec le sentiment d'une
passe d'armes pour rien.

Pour rien ? Un des éléments troublants de l'affaire est que l'université d'Exeter, à laquelle appartient le laboratoire de James Cresswell, diffuse un
communiqué de presse pour annoncer la publication dans *Science* du « commentaire technique » de
son chercheur. Une telle pratique est hautement
inhabituelle : généralement, les institutions ne
publient de tels communiqués que lorsque leurs
chercheurs publient des résultats de recherche
originaux, issus de leurs expériences. Ici, nulle
expérience et nul résultat de recherche : le communiqué adressé aux journalistes rend seulement
compte du fait que des chercheurs de l'université
britannique contestent des résultats publiés par
d'autres chercheurs. En outre, pour qui a pris
connaissance de la réalité de la controverse et du
fait que les chercheurs français éteignent tout à
fait la critique qui leur est faite, la lecture de ce
communiqué pose réellement question. Son titre

est d'abord très ambitieux : « Il n'est pas encore démontré que les pesticides soient coupables des déclins d'abeilles. » Sa lecture, ensuite, laisse lourdement supposer que les chercheurs britanniques n'agissent pas uniquement pour la beauté et l'exactitude de la science.

Qu'on en juge : « L'impact des pesticides sur les abeilles n'est probablement pas la cause des effondrements de colonies, selon un article publié dans la revue *Science*, assure le communiqué de l'université. Des scientifiques de l'université d'Exeter et de l'agence de sécurité sanitaire britannique (Food and Environment Research Agency) mettent en lumière des failles dans une précédente recherche, qui estimait que des néonicotinoïdes pouvaient causer des effondrements de colonies, ajoute le texte. [...] Ces précédents travaux ont été cités par des scientifiques, des écologistes et des responsables politiques comme la preuve de l'impact de ces pesticides sur les abeilles. Il est probable que cette recherche a été instrumentalisée par le gouvernement français, dans sa décision récente de bannir l'utilisation du thiaméthoxame, la molécule active du Cruiser OSR, un pesticide produit par la société suisse Syngenta. Cependant, le nouvel article avance que les calculs précédents étaient biaisés parce qu'ils échouaient à refléter le taux auquel les populations des colonies d'abeilles augmentent pour compenser la perte d'individus. » Le communiqué cite ensuite le premier auteur, James Cresswell. « Nous n'avons pas de preuve définitive de l'impact de ces pesticides sur les abeilles et nous ne devrions pas prendre de décisions de changements de politique sur leur utilisation, explique le chercheur de l'université d'Exeter. Il est vital que plus de recherches soient conduites pour que nous puissions comprendre l'impact réel des néonicotinoïdes sur les abeilles, de manière à ce que les gouvernements décident ensemble d'un plan pour les protéger des dangers posés par les produits chimiques. »

Mêmes tournures de langage (il faut « plus de recherches », etc.), mêmes techniques de propagation du doute sur des travaux solides dont les résultats sont dans la lignée de nombreuses recherches précédentes, mêmes conseils généreusement prodigués aux décideurs politiques. Tout, dans le communiqué de l'université britannique, exhale le vieux parfum des fausses controverses sur la nocivité du tabac. Comment expliquer cette formidable torsion de la réalité dans la communication de l'institution et de son chercheur ? La réponse n'est pas dans la brève déclaration d'intérêts publiée par James Cresswell et Helen Thompson au pied de leur article : les deux assurent ne pas être en situation de conflit d'intérêts.

Vraiment ? On peut pourtant trouver trace d'un tel conflit sur le serveur de l'université d'Exeter, dans la section « offres d'emplois ». En y fouillant quelque peu, on constate en effet que la faculté des sciences de la vie de l'institution « cherche à recruter un chercheur associé, pour assister le docteur James Cresswell dans son travail » et que « ce poste est financé par Syngenta et est à pourvoir dès le 1er septembre » 2012. « C'est un emploi à durée déterminée de dix-huit mois à partir de la date d'embauche, ajoute l'annonce. Le candidat qui obtiendra le poste aidera à déterminer si ce sont les maladies ou les pesticides qui sont la cause des déclins de population d'abeilles. » De la même manière que le TIRC/CTR, créature de *Big Tobacco*, était censé déterminer si, oui ou non, le tabac était lié à l'épidémie de cancers du poumon, les géants de l'agrochimie financent, au sein d'institutions académiques, des postes de chercheurs chargés de mesurer la part des pesticides dans le déclin des abeilles. *Bis repetita*.

Les fabricants de pesticides comme Syngenta ne se sont pas contentés de remettre au goût du jour les techniques de Philip Morris et consorts : ils les ont perfectionnées. Car un petit artifice permet, en toute légalité, à James Cresswell de ne pas déclarer de conflits d'intérêts. La date de publication de l'annonce de l'université d'Exeter est en effet le 8 août 2012. Or, dans chaque article publié par une revue scientifique, le lecteur peut accéder à son « historique » : la date à laquelle il a été soumis à la revue, la date à laquelle il a éventuellement été resoumis après que des commentaires critiques ont été faits par les *reviewers* et enfin la date à laquelle il a été formellement accepté pour publication. Or le commentaire technique de James Cresswell et Helen Thompson a été précisément accepté par *Science* le… 8 août 2012. Le jour précis où la « controverse » est acceptée par la revue, l'université d'Exeter publie donc l'annonce du poste financé par Syngenta. La chronologie est impeccable et l'auteur n'a donc pas à déclarer le moindre conflit d'intérêts : sa critique des travaux français a été rédigée alors qu'il n'était formellement pas *encore* en situation de conflit d'intérêts. Mais qui croira qu'un tel partenariat se décide du jour au lendemain ? Qui croira que le financement accordé par Syngenta, rendu public le 8 août, n'était pas prévu et planifié de longue date ? Le communiqué de presse — pièce essentielle du puzzle, puisque la plupart des journalistes ne liront que lui — a bien été rédigé alors que le lien d'intérêts entre le chercheur et la société était déjà formellement noué.

Sans mention du lien d'intérêts de James Cresswell au pied de son article, celui-ci apparaît donc comme le fruit d'une pure controverse académique et non comme une tentative d'un industriel de semer le doute sur la solidité de travaux qui l'indisposent. Quant au poste financé par Syngenta au sein de l'université, l'offre d'emploi trouve utile de préciser que le scientifique qui l'obtiendra bénéficiera d'un « excellent entraînement pour de la future recherche et un emploi dans les secteurs de l'environnement, de la régulation et le secteur pharmaceutique ». Un « bon » chercheur à ce poste peut donc espérer poursuivre une belle carrière une fois ce projet achevé. Interrogé, James Cresswell assure que Syngenta n'a pas relu le communiqué de presse diffusé par l'université et que son commentaire technique n'a pas non plus été consulté par les responsables de la société suisse avant d'être soumis aux éditeurs de *Science*. Il dit aussi « [s]e voi[r] comme un scientifique impartial[13] ». Mais à la question de savoir si le communiqué adressé aux journalistes reflète de façon fidèle et précise la réalité de l'échange scientifique publié dans la revue — c'est-à-dire en tenant compte de la réponse de Mickaël Henry et de ses collègues —, James Cresswell ne répond simplement pas.

L'article du chercheur britannique et de sa consœur a-t-il eu une influence sur la perception par le public de l'état des connaissances sur les abeilles et les néonicotinoïdes ? À n'en pas douter. La presse a, comme très souvent, servi de fidèle courroie de transmission entre l'enfumage télé-guidé par l'industrie d'une part et l'opinion d'autre part, comme les responsables politiques — souvent friands de « résultats scientifiques » leur donnant les prétextes pour ne pas agir. La dépêche de l'agence Reuters, publiée le 21 septembre, relatant la publication du commentaire technique des deux scientifiques britanniques est une reprise mot pour mot du communiqué de presse de l'université. Seul apport « journalistique », l'agencier de Reuters tend le micro au porte-parole de Syngenta France, Laurent Péron, qui déclare : « Cette étude est intéressante et confirme ce que nous disons depuis un moment. C'est un point important pour nous, que ce qu'on avait affirmé soit confirmé par une étude scientifique. » Bien qu'il ne soit nulle part fait mention, dans la dépêche, des liens entre James Cresswell et Syngenta, le porte-parole de l'agrochimiste « avoue », dans un amusant lapsus, la nature du contrat tacite passé entre la société et le chercheur, dont la science est là pour « confirmer » ce que l'entreprise avait « affirmé ». La dépêche s'achève avec le recours au sempiternel argument du mystère : « Les populations d'abeilles ont fortement et mystérieusement décliné ces dernières années dans le monde. »

Comment tout cela influe-t-il sur les politiques publiques ? À la mi-septembre 2012, alors que le « commentaire technique » de James Cresswell et Helen Thompson n'était pas encore rendu public mais déjà accessible sous embargo aux membres de la communauté scientifique et aux journalistes, le gouvernement britannique annonçait qu'il refusait, en dépit des dernières études publiées sur le sujet, de revenir sur les autorisations données aux insecticides concernés. Le gouvernement s'appuyait sur un avis du DEFRA (Department for Environment, Food and Rural Affairs, l'équivalent d'un ministère de l'Agriculture et de l'Environnement) pour minimiser l'importance et relativiser la portée des dernières expériences publiées — et en particulier celle de Mickaël Henry et ses coauteurs. Or qui est alors la responsable de ce dossier au DEFRA ? Helen Thompson. Et quel est son principal argument ? « La régulation doit se fonder sur toute la science. Des études en plein champ sur les néonicotinoïdes ont trouvé qu'il n'y avait pas de différences significatives entre les ruches exposées à des cultures traitées et des ruches exposées à des cultures non traitées. » Puisque la science donne encore des résultats contradictoires, il faut attendre la certitude. Comme l'AFSSA française, comme l'EPA américain, le DEFRA britannique s'aligne remarquablement sur l'argumentaire des agrochimistes. Et lorsque, en novembre 2012, une commission parlementaire britannique mène une série d'auditions de scientifiques pour se forger

une opinion sur le bien-fondé du maintien des néonicotinoïdes sur le marché, James Cresswell est
bien sûr entendu. Et déclare aux parlementaires
qu'« il n'y a actuellement pas assez de preuves pour
changer les règles sur les néonicotinoïdes[14] ». Il
faut donc plus de recherche. Plus de preuves. Le
vieux mot d'ordre des marchands de cigarettes est
toujours bien vivace.

Parfois, la manière de nuancer des résultats
incommodants pour l'industrie est plus subtile
qu'un commentaire technique. Une autre étude,
conduite par Richard Gill (université de Londres)
et publiée en octobre 2012 dans la revue *Nature*, a
elle aussi utilisé la technique des puces RFID pour
tester en milieu naturel les effets d'une exposition
aux doses « environnementales » (c'est-à-dire très
faibles) d'un néonicotinoïde (l'imidaclopride) et
d'un pyréthroïde (la λ-cyhalotrin) — séparés ou
associés —, sur des colonies de bourdons (*Bombus
terrestris*). Le résultat est, sans réelle surprise, que
les effets sublétaux provoqués sur les individus ont
un impact important sur le super-organisme qu'est
la colonie. Les colonies exposées à l'imidaclopride
voient moins d'insectes sortir de leur stade larvaire
et les individus montrent des comportements anormaux, un plus fort taux de butineurs ne parvenant
pas à retrouver le chemin de la colonie. La probabilité que la colonie s'effondre est augmentée par
le néonicotinoïde.

L'article est jugé suffisamment important pour
que les éditeurs de *Nature* demandent à un autre
membre de la communauté scientifique de rédiger
un *News & Views* publié dans la même édition de

la revue, c'est-à-dire un article présentant les résultats pour un public non spécialiste, en pointant les qualités, les limites et en le replaçant en perspective. Les éditeurs de *Nature* choisissent pour ce faire d'ouvrir leurs colonnes à Juliet Osborne, déjà rencontrée dans le communiqué de presse de l'université de Warwick qui annonçait le soutien financier de Syngenta à ses travaux. Juliet Osborne ne peut que saluer la qualité du travail de ses pairs et en liste les forces et les nouveautés. Mais elle intègre à son texte le mantra habituel de l'industrie : « Nous n'avons pas encore de démonstration convaincante des effets relatifs des pesticides sur les colonies d'abeilles et de bourdons, par rapport aux effets des parasites, des maladies et des ressources alimentaires. » Surtout, bien que travaillant sur les insectes pollinisateurs, elle conclut son article par des considérations d'ordre agronomique et économique qui dépassent de très loin sa compétence, en s'interrogeant fort à propos : « Quelles stratégies de gestion des ravageurs pourraient adopter les agriculteurs si, par exemple, une classe particulière de pesticides était retirée de leur boîte à outils ? » Il n'est pas question, bien sûr, de remettre en cause l'honnêteté ou la compétence de la chercheuse, mais simplement de remarquer que, peut-être, le *funding effect* n'a pas qu'un rôle sur les résultats de recherche et leur interprétation. Sa parole publique semble bien être, elle aussi, affectée.

Pourtant, il faut reconnaître humblement un fait. Les agrochimistes et leurs partisans ont raison de dire que les tests en plein champ ne voient pas d'effets significatifs en situation naturelle, lorsque des ruches sont placées au milieu d'un champ traité aux néonicotinoïdes.

Ce que l'on entend par « étude » recouvre des réalités très différentes. Ce peut être une étude menée (sur financements publics ou privés) par des chercheurs des organismes publics, des universités, dans le but théorique de faire avancer la connaissance, de répondre à certaines questions et en général d'en susciter de nouvelles. Dans la majorité des cas, ces études sont soumises à des revues scientifiques pour y être publiées. Une étude dûment publiée détaille le protocole expérimental choisi par les auteurs, les conditions de sa réalisation, expose les données obtenues, en analyse la qualité et la pertinence et présente les conclusions tirées de leur interprétation. Toute étude menée et publiée de la sorte — bonne ou mauvaise, biaisée ou solide, honnête ou malhonnête — s'expose donc aux regards et aux critiques.

Mais à côté de cette science académique, il y a la science réglementaire — si tant est que « science » soit réellement le terme approprié, ce qui n'est d'ailleurs pas totalement certain. Ce sont d'autres « études ». Elles aussi visent à répondre à des questions, mais ces questions sont posées non par les exigences du savoir, mais par les autorités sanitaires et réglementaires. Cependant, elles ne sont pas menées par des chercheurs académiques. Les industriels qui proposent la mise sur le marché d'une nouvelle molécule doivent fournir un dossier répondant à un cahier des charges précis. Dans ce dossier doivent figurer les résultats d'un certain nombre de tests toxicologiques et écotoxicologiques. Ces tests — des études menées de manière routinière selon des protocoles standardisés — sont menés par les industriels eux-mêmes ou des laboratoires privés qu'ils sollicitent. Lorsque les agrochimistes mettent en avant l'absence d'effets en plein champ des insecticides systémiques, ils évoquent la majeure partie du temps les résultats de ces études.

Celles-ci souffrent de tous les maux possibles. Or on a vu qu'en sciences de la vie notamment, les financements d'une étude influent sur les données générées et/ou l'interprétation qui en est faite. Dans le cas de la science réglementaire, ce biais est institutionnalisé. Il est inscrit dans la loi. C'est vrai pour l'agrochimie comme pour les autres secteurs : afin d'évaluer les produits qu'il entend mettre sur le marché, l'industriel choisit et rémunère le laboratoire privé qui réalise ses tests toxicologiques. Sachant ce que l'histoire du tabac nous a appris de l'importance des conflits d'intérêts et du *funding effect*, cette situation s'apparente à ce qu'Alexandre Koyré nommait « une conspiration au grand jour[15] ». Inscrire dans la loi le conflit d'intérêts, le rendre non seulement tolérable mais incontournable et obligatoire, c'est le désamorcer, le normaliser, le rendre insoupçonnable. C'est le blanchir. Les promoteurs de ce système avancent que ce n'est pas à la collectivité de payer pour l'évaluation des produits que des industriels désirent commercialiser. Bien qu'il semble être au premier abord le fruit d'une très élémentaire justice, l'argument est d'une pauvreté insigne. Car, bien sûr, il est normal et naturel que l'industriel prenne en charge les frais d'évaluation de ses molécules. Mais il serait si simple que ces fonds soient versés à une agence publique, qui attribuerait à sa convenance — à des laboratoires publics ou privés — la responsabilité de mener tel ou tel test toxicologique. Le financier serait bien l'industriel, le donneur d'ordre serait une agence au service de l'intérêt commun. Une part du problème serait réglée. Mais pour l'heure et du simple fait qu'elle est fondée sur le conflit d'intérêts, la science réglementaire est fondamentalement viciée et indigne de confiance.

Ainsi les études en plein champ mises en avant par les agrochimistes pour dédouaner les néonicotinoïdes de tout effet sur les insectes pollinisateurs sont-elles profondément sujettes à caution. Mais ce n'est pas tout : elles sont invisibles. La plupart ne sont simplement pas publiées. Classées comme secrets industriels, elles ne s'exposent pas à la critique publique, ni aux regards de la communauté scientifique. La confidentialité de ces études les place *de facto* hors du champ de la science. Il n'est pas question de parler de fraude organisée ou de résultats volontairement biaisés : l'interprétation statistique des données obtenues, la grille de lecture adoptée, la précision des essais… tout cela peut jouer considérablement sur les conclusions de ce genre de tests. D'autant qu'il est tout à fait possible et légal que les mêmes expériences soient réitérées — certaines retenues, d'autres écartées —, et ce, sans aucune transparence. Seuls les résultats qui, *in fine*, conviennent à l'industriel peuvent être

choisis pour être soumis aux agences publiques
d'évaluation des risques. Il n'existe aucune preuve
de ce genre de pratiques, pas plus qu'il n'existe le
moindre argument sérieux pour penser qu'elles
n'existent pas. En la matière, c'est l'opacité la plus
totale qui règne en maître. Il existe pourtant des
informations sur les tests réglementaires. Elles
permettent de comprendre l'étendue de la victoire
des agrochimistes sur la science.

ORGANISER LA CÉCITÉ

Il a été question, plus haut, des agences
publiques qui, parfois, agissent comme des
machines à fabriquer de l'ignorance, à occulter des
connaissances acquises par la science. En fait tout
dépend du panel d'experts auquel elles ont recours.
Sur la question des abeilles et des pesticides systémiques, le panel « Pesticides » de l'Autorité européenne de sécurité des aliments (EFSA) a rendu,
fin mai 2012, une opinion scientifique sur les tests
réglementaires réalisés par les industriels pour
évaluer la dangerosité de leurs produits. S'agissant d'une question particulièrement complexe,
le panel « Pesticides » de l'agence avait formé un
sous-groupe — le groupe de travail sur l'évaluation
des risques pour l'abeille — en recourant partiellement à des scientifiques extérieurs à l'agence.

L'EFSA avait été saisie par la Commission européenne pour rendre un tel avis : le bruit commen-
çait à se répandre que les fameuses études réglementaires — dont celles réalisées en plein champ

— étaient trop rudimentaires et trop grossières pour détecter le moindre effet. L'opinion rendue, publiée en mai 2012, a été bien heureusement rédigée en termes policés. C'est un texte technique de plus de deux cent cinquante pages à peu près illisible par un non-initié. Mais ce qui en ressort est bel et bien que les tests réglementaires sur la foi desquels les insecticides systémiques ont été autorisés sont d'une totale cécité. « Plusieurs modes d'exposition ne sont pas évalués en laboratoire, comme les expositions intermittentes et prolongées de l'abeille adulte, l'exposition par inhalation et l'exposition des larves, précise le résumé du rapport. De même, les effets des doses sublétales de pesticides ne sont pas couvertes par les tests conventionnels standards. Les effets sublétaux devraient être pris en compte et observés en laboratoire. Des méthodes possibles d'investigation de ces effets sublétaux pourraient être menées par le biais de tests sur des micro-colonies de bourdons (du genre *Bombus*) pour évaluer les effets sur la reproduction, les effets neurotoxiques et le comportement de retour à la ruche, de butinage et d'orientation[16]. » Le seul et unique paramètre évalué en laboratoire par les industriels et les laboratoires privés qu'ils missionnent pour obtenir l'homologation de leur produit est sa toxicité aiguë, la désormais fameuse dose létale — mesurée pour des durées de temps variables (24 à 96 heures) après l'exposition.

Quant aux fameux tests en plein champ, ils sont plus encore éreintés par les rapporteurs. Ces derniers pointent des « faiblesses majeures[17] », comme la taille des champs traités aux insecticides testés. Les ruches enrôlées dans les tests sont en effet placées devant une surface de 2 500 mètres carrés à 1 hectare en fonction de la plante traitée. Or, explique le rapport, ces superficies ne représentent que 0,01 à 0,05 % de la surface visitée par une butineuse autour de sa ruche. Dès lors, l'exposition au produit est potentiellement *plusieurs milliers de fois* inférieure à la réalité, notamment dans le cas où les abeilles seraient situées dans des zones de monocultures intensives recourant à ce même produit.

Ce n'est pas tout : les colonies utilisées pour ces tests en plein champ sont trop petites — dix mille individus — pour produire des résultats statistiquement significatifs. C'est-à-dire qu'une perte importante en nombre absolu pourra plus facilement être interprétée comme une perte « normale », sans lien avec le traitement insecticide. Non seulement les expositions sont sous-estimées et les colonies enrôlées dans les tests réglementaires sont de trop petite taille, mais les durées de ces tests ne suffisent pas à prendre en compte les effets retard que les néonicotinoïdes utilisés en enrobage peuvent produire sur les colonies. En effet, les butineuses ramènent à la ruche le produit de leur récolte — qui contient, on l'a vu, de faibles concentrations d'insecticide — et celui-ci peut être consommé ou utilisé longtemps après qu'il a été prélevé sur les fleurs.

L'opinion publiée par l'EFSA n'arrête pas là ses critiques. Aucun test réglementaire n'est prévu pour mesurer la nocivité de ces insecticides sur les insectes pollinisateurs sauvages — qui sont *a priori* plus sensibles, puisqu'ils sont solitaires ou forment de plus petites colonies. Aucun test réglementaire n'est prévu pour mesurer les effets sur des colonies déjà affaiblies par des pathogènes naturels, alors que des effets de synergie entre certains insecticides et des parasites ou des virus ont été documentés en laboratoire, et ce de longue date. Aucun test réglementaire n'évalue les possibles effets synergiques entre les différents pesticides utilisés simultanément sur les mêmes cultures. La conclusion majeure de l'épais document rendu public par l'EFSA en mai 2012 est que l'ensemble des tests réglementaires demandés aux industriels ont été développés pour évaluer la nocivité de produits utilisés en pulvérisation, et non celle des nouveaux insecticides systémiques. La différence fondamentale entre les deux modes de traitement étant que les premiers sont appliqués ponctuelle-ment à des doses importantes, tandis que les nou-velles substances — qui sont généralement nocives à des doses bien plus faibles — sont sécrétées en permanence, à faibles doses, par la plante traitée.

Le rapport mentionne un autre biais énorme dans l'évaluation des risques de ces produits : puisqu'il est très complexe de mesurer, dans la nature, la quantité totale d'insecticide absorbé par une abeille ou un bourdon, cette exposition est calculée. En évaluant la quantité de pollen ou de nectar consommée chaque jour par les membres d'une colonie, et en mesurant la concentration d'insecticide dans ces éléments de la plante, on peut avoir une idée de l'exposition des insectes. Les rapporteurs de l'EFSA notent cependant un petit problème. La nature est un endroit où l'imprévu est systématique et où pas grand-chose ne se passe comme les agrochimistes l'ont anticipé. Ainsi, à la fin des années 2000, deux nouveaux modes d'exposition sont documentés par des chercheurs italiens. Le premier est la « guttation » : certaines plantes — singulièrement le maïs mais toutes sont plus ou moins concernées — exsudent de petites gouttelettes d'eau auxquelles viennent parfois s'abreuver les abeilles. Or, lorsque la plante a été traitée par un insecticide systémique, ces petites gouttelettes sont gorgées de produit actif à des concentrations plusieurs centaines à plusieurs milliers de fois supérieures aux concentrations que l'on retrouve dans le pollen et le nectar. Le second mode d'exposition décrit à la fin des années 2000 est l'intoxication par voie aérienne. Lors de la période des semis, lorsqu'elles sont mises en terre grâce à un « semoir pneumatique » (une machine qui injecte la graine dans la terre), les semences enrobées d'insecticide diffusent d'infimes poussières qui voyagent au gré du vent et se déposent sur les végétaux voisins. Là encore, les abeilles peuvent être exposées par contact à des doses importantes de substances dont il ne faut que quelques milliardièmes de gramme pour les tuer. Les calculs d'exposition, qui évaluent la quantité probable à laquelle sera confronté un insecte au cours de sa courte vie, sont donc systématiquement faux. Or de ces calculs dépend précisément l'évaluation du risque potentiel posé par le produit.

La conclusion des rapporteurs de l'EFSA est

d'autant plus cruelle que l'agence européenne n'est pas réputée pour sa communauté de vues avec les militants écologistes : les tests réglementaires sont parfaitement incapables d'évaluer quoi que ce soit s'agissant de la toxicité pour les abeilles des néonicotinoïdes utilisés en enrobage de semences. Les résultats des études en plein champ, qui forment l'argument-phare des agrochimistes pour dédouaner leurs produits, sont donc fallacieux. On aurait d'ailleurs pu s'en douter : des tests qui concluent que les insecticides ne tuent pas les insectes avaient de grandes chances d'être simplement aveugles. Et il n'y a nulle fatalité à ce qu'ils le soient.

DES MÉTHODES BIEN CONNUES

Plus d'une décennie après l'introduction des néonicotinoïdes systémiques en Europe — c'est-à-dire avec un léger retard à l'allumage —, un groupe d'apiculteurs s'est interrogé sur les sources et les racines des infortunes de leur profession. En 2006, ces quelques membres de la Coordination apicole européenne, menés par Janine Kievits, une apicultrice belge, géologue de formation, sont allés requérir auprès des autorités du plat pays l'accès aux dossiers d'homologation de ces nouveaux produits. Les apiculteurs constatent alors en lisant les épais dossiers d'homologation qu'à l'évidence les tests menés ne peuvent pas fonctionner — nous sommes six ans avant que les autorités européennes accordent quelque crédit à ces précurseurs et commandent, enfin, à l'EFSA, une opi-

nion scientifique sur les tests en question. « Tout
dans la manière dont ces tests étaient menés était
aberrant, dit Janine Kievits. Par exemple, les expé-
rimentateurs trouvent un jour une boule d'abeilles
mortes dans un coin du tunnel [certains tests, dits
de semi-champ, sont menés sous une sorte de tunnel, *N.d.A.*] et concluent qu'il s'agit d'un essaimage.
Autre exemple, dans le dossier d'homologation du
fipronil, l'étude finale, qui est une étude en plein
champ, a consisté à mettre une colonie d'abeilles
devant un champ de tournesols traité et vous voyez
que les quantités de miel récoltées sont de 2 kilos
et demi en douze jours. Or une colonie normale,
sur le tournesol, ramène 50 à 60 kilos de miel
dans ces douze jours. On voit donc que l'abeille
n'a pas été réellement exposée au tournesol traité
puisqu'elle n'a quasiment rien ramené. Toutes ces
études passent et les produits n'en sont pas moins
admis[18]. »

Les apiculteurs sont fort marris de constater
par eux-mêmes l'incurie considérable des tests
réglementaires. Fort marris et, dans le même
temps, soulagés d'avoir identifié la raison de leurs
malheurs. Le problème est identifié ; tout ne peut
qu'aller mieux. En janvier 2007, convaincus de
leur bon droit et certains d'être protégés par une
administration raisonnable, ils prennent rendez-
vous avec la fonctionnaire européenne chargée de
ce dossier à la Direction générale de la santé des
consommateurs, à la Commission européenne.
La fonctionnaire entend leurs doléances, mais
ajoute que la petite délégation doit revenir avec
un expert qui confirmera et appuiera ses propos.

La requête a de quoi désarçonner les apiculteurs : il leur faut trouver un expert, capable d'avoir un jugement plus pertinent que le leur sur l'activité qu'ils pratiquent à longueur de journée. Où trouver cet expert ?

Les apiculteurs se posent donc la question, toute simple, de savoir qui sont les experts — ou prétendus tels — à l'origine des tests réglementaires, dont ils viennent de mesurer l'indigence. Car lorsqu'ils mènent ces fameux tests, les industriels et les laboratoires qu'ils commissionnent ne font que suivre, à la lettre, un cahier des charges qui précise tout le protocole à suivre dans ses moindres détails. Combien d'abeilles enrôler dans le test. Comment relever les différentes données d'expériences. Quelle surface de cultures traitées doit être à disposition des colonies lorsque les tests en plein champ sont menés. Comment exposer les abeilles en laboratoire aux produits testés pour évaluer la toxicité aiguë. Par quels calculs déduire de celle-ci la toxicité chronique. Etc. Ces cahiers des charges qui encadrent des expériences, au mieux gravement myopes au pire totalement aveugles, sont appelés « lignes directrices » et permettent de mener des tests conformes à ce que les experts des agences publiques appellent les « bonnes pratiques de laboratoire ». Cette manière de les nommer rappelle d'ailleurs les fameuses « bonnes pratiques épidémiologiques » que proposaient Philip Morris, BAT et consorts, par le truchement de leurs consultants et de quelques chercheurs agissant secrètement en leur nom, afin de rendre indémontrable la nocivité du tabagisme passif. D'où viennent ces « lignes directrices » ? Qui les a rédigées ? Comment ? Pour les apiculteurs, c'est un voyage en Absurdie qui commence.

Les recommandations de bonnes pratiques expérimentales sur les travaux sont produites par un groupe au nom ronflant : l'International Commission on Plant-Bee Relationships (ICPBR, ou Commission internationale sur les relations entre la plante et l'abeille*). C'est à lui qu'est délé-guée** la délicate tâche de construire les protocoles expérimentaux les plus adaptés à l'évaluation des risques des pesticides. On apprend sur le site Web de l'ICPBR qu'il s'agit d'une organisation infor-melle et sans structure juridique, fondée en 1950 après un congrès de botanique, et aujourd'hui vaguement hébergée à l'université de Guelph, au Canada. L'ICPBR se présente comme une orga-nisation vouée à « promouvoir et coordonner la recherche sur les relations entre les plantes et les abeilles de tout type », en particulier « les études sur les plantes pollinisées par les insectes, le com-portement de butinage des abeilles, les effets des pollinisateurs sur les plantes, la gestion et la pro-tection des insectes pollinisateurs », à « organiser des colloques et des symposiums », à « collabo-

* En 2012, l'ICPBR a été rebaptisée International Commis-sion on Plant-Pollinators Relationships (ICPPR).

** La responsabilité de ces recommandations de bonnes pratiques et les lignes directrices de ces tests réglementaires incombent à deux organisations intergouvernementales : l'Organisation pour la coopération et le développement écono-mique (OCDE) et l'European and Mediterranean Plant Protec-tion Organization (EPPO).

rer étroitement avec les institutions nationales et internationales intéressées par les relations entre les plantes et les abeilles », etc. Candides, les apiculteurs qui apprennent que leur recherche d'experts passe peut-être par l'ICPBR prennent quelques renseignements. Et se voient informer que des travaux visant à réformer — enfin ! — les recommandations de bonnes pratiques expérimentales sont en cours. « Lorsque nous avons appris que cette organisation se réunissait pour réformer les fameux tests standardisés, nous nous sommes rendus à la conférence, raconte Janine Kievits. C'était à Bucarest, en octobre 2008[19]. »

Une petite délégation de trois apiculteurs assiste donc à la réunion. Première surprise, témoigne l'apicultrice, « les discussions commencent par une allocution pour remercier les généreux sponsors : BASF, Bayer CropScience, Syngenta et DuPont ». Contacté, le groupe de travail de l'ICPBR sur la protection de l'abeille confirme le soutien financier des principaux fabricants de pesticides[20]. Les trois apiculteurs assistent tout de même au compte rendu de différents groupes de travail, formés au sein de l'ICPBR, sur la mise à jour des tests standardisés. « Nous étions dans une ambiance très cordiale, avec des gens très avenants qui proposaient des choses radicalement inacceptables, raconte l'apicultrice belge. Pour ne donner qu'un exemple, l'un des calculs de risque présentés revenait à définir un produit comme "à bas risque" dès lors que l'abeille n'est pas exposée à la "dose létale 50" chronique. Donc le produit est "à bas risque" s'il ne tue que 49 % des abeilles ! Pour nous, c'était simplement incroyable. C'était à tomber mort[21] ! »

Qui sont donc les scientifiques qui participent aux travaux de l'ICPBR ? La liste des participants — publique — au symposium de Bucarest montre que 45 % des présents sont des scientifiques salariés d'entreprises privées (Bayer, BASF, Syngenta, DuPont, Dow Agrosciences, etc.), 25 % sont membres d'agences de sécurité sanitaire et seulement un cinquième sont chercheurs d'organismes publics de recherche. La particularité de la réunion de Bucarest ayant été que, pour la première fois, des apiculteurs étaient également présents, formant donc moins de 10 % des effectifs. Quant au groupe de travail spécifiquement chargé de refonder les tests réglementaires pour les mettre en adéquation avec les néonicotinoïdes systémiques, il est composé de trois scientifiques de l'industrie (Bayer, Dow et Syngenta), de trois scientifiques de l'AFSSA dont une vient de l'industrie agrochimique et une autre y retournera quelques mois plus tard — il s'agit d'Anne Alix, que l'on a déjà croisée —, d'un consultant privé travaillant pour l'industrie, d'un chercheur universitaire, d'un chercheur travaillant pour un laboratoire public britannique. La participation aux travaux de l'ICPBR étant libre, l'industrie y est puissamment représentée. De même qu'y sont représentés des experts d'agences, comme Helen Thompson, coauteure de James Cresswell dans la tentative de discréditer les travaux de Mickaël Henry et de ses collègues de l'INRA. Celle-ci est non seulement membre du cénacle, mais elle préside la séance plénière de discussion des nouvelles recommandations de bonnes pratiques expérimentales.

Au cours de cette séance, les apiculteurs présents émettent des protestations et demandent la possibilité d'envoyer des commentaires, dans l'espoir de faire changer les recommandations finales du groupe de travail. « Nous avons adressé nos commentaires dans les quinze jours, mais pas un n'a été retenu », dit Janine Kievits. Ces mêmes critiques ont été adressées, en copie, aux agences nationales *ad hoc*. Aucune n'a répondu, à l'exception de l'Agence suédoise des produits chimiques. Dans un courrier adressé en retour à la Coordination apicole européenne, deux écotoxicologues de l'agence scandinave disent adhérer « pleinement » aux commentaires pourtant acerbes des apiculteurs. Pourquoi les demandes de ces derniers n'ont-elles pas été retenues ? « Les recommandations finales du groupe sont fondées sur un consensus atteint en séance plénière[22] », répond simplement Helen Thompson. On notera d'abord que la réponse de l'intéressée n'argumente pas sur la validité, la pertinence ou au contraire la vanité des demandes des apiculteurs : l'important ne semble pas être la qualité des commentaires adressés par les trois apiculteurs. Le point clé de leur rejet est qu'ils n'ont pas obtenu de consensus en séance plénière.

On reconnaît le fonctionnement d'une structure comme l'ICPBR : c'est très exactement celui du Comité permanent amiante. Sont mêlés au sein d'une même assemblée des scientifiques honnêtes, compétents ou non, mais structurellement mis en minorité par des scientifiques de l'industrie en claire situation de conflit d'intérêts, et par des experts d'agence dont les connaissances généralistes n'en font pas des spécialistes d'un sujet précis. Et puisque ce qui ressort de ce genre d'aréopage relève du consensus, ce dernier ne produit jamais que des avis scientifiques de piètre qualité, systématiquement biaisés par la négociation — assumée ou tacite. Les agrochimistes ont ainsi réalisé le rêve de *Big Tobacco*, en toute discrétion et en toute transparence. Ils conçoivent les protocoles expérimentaux des tests qu'ils réaliseront eux-mêmes, pour évaluer la sécurité de leurs propres produits. La boucle est bouclée. En imaginant que le même processus s'effectue de manière occulte, il provoquerait un scandale de grande ampleur s'il venait à être dévoilé. Le grand talent des agrochimistes est ainsi de n'avoir point conspiré dans l'ombre comme les cigarettiers. Il n'y a rien à dénoncer, à dévoiler, rien à jeter en pleine lumière : tout y est déjà.

Est-ce absolument fini ? Pas tout à fait. Il reste une dernière étape pour que, la boucle bouclée, le nœud soit noué. Après le symposium de Bucarest, deux articles publiés dans la littérature scientifique résument les recommandations de l'ICPBR. Les deux textes sont publiés en 2009[23]. Puis les recommandations sont officiellement faites à des experts délégués par les États pour en examiner la validité*. Qui sont ces experts mandatés par leur

---

* Cette expertise se fait dans le cadre de l'European and Mediterranean Plant Protection Organization (EPPO).

gouvernement ? Il est impossible de le savoir. Les délibérations sont tenues secrètes et la liste des scrutateurs n'est pas divulguée. « La liste de ces experts n'est pas secrète : elle est accessible aux gouvernements de nos États membres qui le souhaitent, mais elle n'est pas rendue publique[24] », résume Ringolds Arnitis, le directeur général de l'organisation intergouvernementale responsable, dans une formule aux accents orwelliens. Impossible de savoir si les experts en question sont compétents ou s'ils sont en situation de conflit d'intérêts.

Pour la France, au terme d'une très brève enquête, il est possible de découvrir l'identité de l'expert qui a accepté et considéré comme valides et pertinentes les recommandations fournies par l'ICPBR. Il s'agit d'Anne Alix, c'est-à-dire la première auteure desdites recommandations. « J'étais, en 2010, entre autres activités, chargée du dossier abeilles au sein de la direction générale de l'alimentation du ministère de l'Agriculture, confirme-t-elle. À ce titre j'ai en effet apporté un support technique à la personne représentant la France au conseil de l'EPPO, sur la question de savoir si [la recommandation] devant être adopté[e] était bien à jour quant aux méthodologies proposées, eu égard aux méthodologies en développement en France à la même époque[25]. » Ce qui signifie en d'autres termes que l'intéressée a expertisé, pour la France, son propre travail.

En 2010, au terme de ce long processus, toute une série de nouvelles recommandations prétendument mises à jour grâce aux travaux du symposium de Bucarest sont publiées. Recommandations au nombre desquelles figure celle qui décrit le protocole à suivre dans les tests en plein champ. Le texte en est stupéfiant : pas une seule référence scientifique. Les seules références citées pour en asseoir les assertions sont celles des précédents travaux de l'ICPBR. De fait, l'ICPBR reconnaît que les tests en plein champ sont inadaptés aux insecticides systémiques, mais se contente d'en prendre acte et de conseiller « plus de recherche » pour développer de nouveaux protocoles. En attendant, les anciens protocoles sont reconduits quasiment à l'identique. Ce processus de mise à jour factice des protocoles de tests est quasi permanent. À peine une mise à jour est-elle achevée que d'autres réunions s'enclenchent. Ce qui semble en apparence vertueux. Mais à bien y réfléchir, le système dans son ensemble — la structure paritaire elle-même et le sentiment qu'elle parvient à donner d'une vigilance permanente devant les avancées incessantes du savoir — n'est rien d'autre qu'une machine à occuper le terrain et à perdre (ou, plus exactement, à gagner) du temps. Car les ajustements sont, d'une version à l'autre, parfaitement cosmétiques et ne changent en rien le fond du problème — simplement parce qu'il ne peut rien sortir d'une structure comme l'ICPBR.

Fin 2011, à Wageningen (Pays-Bas), sept nouveaux groupes de travail ont été constitués sous l'égide de l'ICPBR, qui s'est à nouveau réuni en symposium. Voici par exemple le groupe de travail « Surveillance des effets des pesticides sur les pollinisateurs » : Anne Alix (qui n'intervient plus au nom de l'AFSSA mais au nom de son nouvel employeur, Dow Agrosciences), Christian Maus (Bayer), Mark Miles (Dow Agrosciences), Aurelian Cocoraju (Bayer), Jean-Michel Laporte (Syngenta) avec qui voisinent Helen Thompson (FERA) et Noa Simon, une membre de la Coordination apicole européenne. À l'image de celui-ci, les groupes de travail formés en 2011 à Wageningen sont tous dominés par des scientifiques employés par les firmes agrochimiques ou les laboratoires privés sous contrat avec elles. Le taux de scientifiques en conflit d'intérêts ouvert oscille entre 50 et 75 %. Les autres sont des experts d'agences de sécurité sanitaire nationales ou, marginalement, des scientifiques issus de la recherche académique.

Le cadre dans lequel l'expert travaille est crucial. Car dans le groupe réuni par l'EFSA pour évaluer les tests réglementaires utilisés pour homologuer les insecticides systémiques, on retrouve Helen Thompson, James Cresswell et d'autres membres de l'ICPBR. On constate aussi à la lecture des annexes du rapport qu'Anne Alix a également été auditionnée. Ce qui change, c'est que l'industrie n'est formellement plus autour de la table, et que les autres scientifiques avec qui ils travaillent cette fois connaissent la littérature scientifique et exigent qu'elle soit citée dans le rapport. Le résultat change donc du tout au tout. Les mêmes qui laissaient passer des protocoles expérimentaux aveugles n'ont d'autre choix que d'en faire la critique quelques mois plus tard. Et ce alors que de 2010 — date de la remise à jour des lignes directrices — à 2012, l'état des connaissances sur les effets des insecticides systémiques n'a pas subi de bouleversement.

Ces groupes informels, comme l'ICPBR, sont donc des pièces cruciales du contrôle exercé par les firmes agrochimiques sur la manière dont la science est perçue par les régulateurs. Ces groupes interviennent comme des forums comme il en existe de nombreux en science : ils permettent de poser les fondements de pratiques communes sur des points très précis, qui ne mobilisent pas des milliers de chercheurs. La science fonctionnant généralement de manière ouverte et transparente, ces forums ne sont pas fermés aux chercheurs de l'industrie. Celle-ci les a donc surinvestis.

Le cas de l'ICPBR n'est nullement isolé. Outre-Atlantique, un autre forum mène des travaux comparables : il s'agit de la Society of Environmental Toxicology and Chemistry (SETAC). En janvier 2011, cette société savante tenait un atelier sur « l'évaluation des risques des pesticides pour les pollinisateurs ». Le comité directeur de la réunion est dominé par les experts de l'industrie et ceux des agences de sécurité sanitaire. Ces derniers y sont au nombre de dix, sur les treize membres du comité. Parmi eux, on retrouve Anne Alix qui, en janvier 2011, représentait encore le ministère de l'Agriculture français. Rédigé par David Fischer (Bayer Cropscience), le résumé de la réunion du SETAC prend acte, comme l'ICPBR le faisait en 2008 à Bucarest, de l'indigence des tests en plein champ. Et appelle à plus de recherche pour régler ce problème en proposant différents schémas d'évaluation des risques, de nouveaux protocoles, etc. « *More research is needed* » est une musique connue. Elle permet à John Dalli, alors commissaire européen à la Santé des consommateurs, de déclarer le 14 novembre 2011, devant le Parlement européen, que « la santé des pollinisateurs est durement affectée par des facteurs divers et la science n'a à ce jour pas déterminé les causes exactes et l'étendue des pertes d'abeilles ».

LA VICTOIRE DES AGROCHIMISTES

Il faut saluer les firmes agrochimiques, leur reconnaître le talent d'avoir réussi, dans le fonctionnement même de la science et dans sa perception par l'opinion, à allumer et à faire allumer suffisamment de contre-feux pour que les responsables politiques puissent confortablement décider de ne pas décider. La saga des insecticides systémiques restera probablement comme le plus vaste détournement de la démarche scientifique entrepris depuis les années 1960, avec ses interminables débats sur la nocivité de la cigarette. Le brio avec lequel la science a été retournée contre elle-même dans cette histoire est proprement extraordinaire. Pendant de nombreuses années, une grande part de la population et de ses représentants politiques ont sérieusement douté du fait qu'introduire dans ses poumons du goudron, du polonium et quantité d'autres carcinogènes pouvait augmenter les risques de cancer. Désormais, une grande part de la population et de leurs représentants politiques

doutent sérieusement qu'imprégner de neurotoxiques des plantes cultivées sur des millions
d'hectares puisse avoir le moindre effet sur les
abeilles et les pollinisateurs.

Pour prendre la mesure de la victoire de l'industrie agrochimique, il suffit de lire le témoignage du biologiste David Goulson (université de
Stirling, Royaume-Uni), devant la commission
parlementaire britannique chargée d'examiner,
fin septembre 2012, la question des néonicotinoïdes. « La réponse [des autorités britanniques
aux études académiques] se focalise sur la détection de petites lacunes dans la connaissance et
les utilise comme justification à l'inaction, a-t-il
déclaré. Mais en pratique, il est impossible de
mener l'étude idéale : il n'y a plus de territoires
exempts de néonicotinoïdes en Europe. Si les
gouvernements attendent l'expérience parfaite,
ils attendront pendant très longtemps. » D'autant
plus longtemps que les réelles incertitudes ne
concernent pas la réaction des insectes aux molécules insecticides : le vrai sujet d'incertitude est
bien plus perturbant. Comme le note le professeur britannique devant les parlementaires, l'ur-
gence est désormais de savoir ce que deviennent
les néonicotinoïdes dans l'environnement. Selon
les données des fabricants eux-mêmes, de 1 à 5 %
seulement du principe actif utilisé en enrobage est
absorbé par la plante au cours de sa vie. C'est-à-
dire que plus de 95 % du produit actif est ailleurs
dans l'environnement, sans que l'on sache où. Or
la solubilité dans l'eau des molécules en question

leur permet toute une variété de destins dont les chercheurs n'ont aujourd'hui, réellement, aucune idée. Et sans cette connaissance, il est désormais parfaitement illusoire de vouloir étudier l'impact des néonicotinoïdes en milieu naturel. L'« expérience parfaite » aurait dû être faite il y a bien longtemps, lorsque l'environnement était libre de ces nouvelles substances. Elle est désormais devenue impossible à mener. Aucune « preuve » définitive de la nocivité des néonicotinoïdes ne pourra jamais plus être apportée. C'est une victoire totale des agrochimistes.

Dans la saga des néonicotinoïdes, la manipulation de la science n'est qu'une part de l'histoire. D'autres déterminants au désastre en cours ont été explorés pour le cas particulier de la France[26] : conflits d'intérêts au sein des administrations impliquées, liens historiques entre l'INRA et l'industrie phytosanitaire, pressions exercées sur les chercheurs des organismes publics engagés dans ces travaux*, etc. Mais la manipulation de la

---

* Un rapport d'information de l'Office parlementaire d'évaluation des choix scientifiques et technologiques (OPECST), publié en 2005, fait ce constat : « L'atmosphère particulièrement lourde dans laquelle [les affaires du Gaucho et du Régent] se sont développées mérite d'être relevée et notamment les comportements de l'administration en cause, le ministère de l'Agriculture et plus spécialement la direction générale de l'alimentation. Une proportion importante des chercheurs travaillant sur ces problèmes ont rencontré des difficultés ou ont été l'objet de pressions. Des rapports d'expérimentations, des dossiers d'instruction de demandes d'homologation n'ont pu être connus qu'après réquisition des deux juges en charge des enquêtes pénales, particulièrement pour le Régent. »

science joue un rôle singulier en ce qu'elle permet
de convaincre les hauts cadres des firmes agrochimiques eux-mêmes de l'innocuité du produit
qu'ils commercialisent. C'est un rôle fondamental. Les hommes et les femmes qui travaillent pour
Bayer, Syngenta, BASF sont vraisemblablement
convaincus que cette histoire de néonicotinoïdes et
d'abeilles est sinon hautement suspecte, au moins
très incertaine d'un point de vue scientifique. Une
sélection d'études sur les dégâts du *Varroa*, de
Nosema, des virus divers et variés qui infectent les
colonies d'abeilles, ou encore le témoignage com-
plaisant d'un scientifique académique financé par
l'industrie, permettent de créer du consentement
au sein des entreprises qui produisent et commercialisent les produits incriminés.

Il n'y a aucune manière de le prouver, mais il
est très probable que les cadres du secteur croient
véritablement, avec sincérité, que les produits ven-
dus par la société les employant sont hors de cause
dans les dégâts constatés un peu partout sur les
insectes pollinisateurs. La science n'est plus seulement un instrument retourné contre lui-même
pour ralentir l'acquisition des connaissances, pour
divertir, pour jeter du doute dans l'opinion. Elle est
bien plus. Elle devient un outil essentiel, qui crée
du consentement et de l'adhésion au sein même
des entreprises qui conçoivent ces produits problématiques. Les études commanditées par l'industrie ne sont pas considérées comme des mensonges par ceux-là mêmes qui les financent et qui
les conçoivent ou les orientent avant d'en confier
la réalisation à des scientifiques. Ces études sont

prises au sérieux par les industriels, qui y croient sans doute sincèrement. Elles créent des marges de manœuvre mentales.

Dans le cas des néonicotinoïdes, elles permettent à ceux qui tirent un profit matériel de leur dispersion dans l'environnement de continuer à pouvoir le faire en parfait accord avec eux-mêmes. Ce pouvoir de persuasion du discours « scientifique » est un levier important, surtout quand il s'agira de dédouaner des polluants qui ne se contentent pas de causer des dommages à l'environnement, mais qui produisent directement leurs effets délétères sur les humains. L'instrumentalisation de la science est donc une arme d'ingénierie sociale à deux tranchants, également nécessaires : elle propage le doute à l'extérieur de l'entreprise pour faire accepter le produit et à l'intérieur pour faire accepter la poursuite de sa fabrication.

Il est très éclairant de lire les comptes rendus que faisait la presse, au milieu des années 1990, lorsque les premières grandes mortalités d'abeilles survinrent dans l'ouest de la France. Connaissant le caractère neurotoxique des nouveaux insecticides déployés dans les champs, les témoignages des apiculteurs étaient alors déjà très largement suffisants pour réaliser ce qui était en train de se produire : « Des colonies entières avaient disparu de nos ruchers quelques jours après la floraison du tournesol. Je n'ai pas vu d'abeilles mortes autour des ruches, mais j'en ai retrouvé ivres et groggy dans les tournesols. Elles avaient perdu le sens de l'orientation et semblaient incapables de rentrer[27] », témoigne un apiculteur de Charente-

Maritime dans le premier article consacré par *Le Monde* à la question des insecticides systémiques, en avril 1998, témoignant très exactement de ce que les chercheurs apidologues américains décriront des années plus tard comme le syndrome d'effondrement des colonies.

L'affaire paraissait donc évidente. On déploie un nouveau neurotoxique, les abeilles s'en portent mal et présentent dans les mois et les années qui suivent des symptômes cohérents avec une intoxication par un tel produit. Évident ? Le seul fait d'avoir fait de cette situation un objet d'étude, le seul fait d'avoir présenté le problème comme très complexe alors qu'un enfant de 8 ans comprend qu'il est parfaitement trivial, le seul fait qu'il faille démontrer la nocivité d'un produit toxique produisent des idées fausses. Lorsqu'on voit les trésors d'ingéniosité déployés par les chercheurs des organismes publics dans leurs protocoles expérimentaux, on ne peut qu'avoir inconsciemment à l'esprit qu'il n'est pas si évident que les insecticides tuent les insectes. Pour un esprit raisonnable, il ne devrait pourtant pas être si incroyable qu'une substance conçue pour s'attaquer au système nerveux central des insectes leur cause effectivement des dommages au niveau du système nerveux central.

À la fin de *1984*, George Orwell raconte comment Winston Smith est repris en main par les fonctionnaires du Parti. L'un des éléments clés de sa rééducation, qui passe par d'effroyables séances de torture, est qu'il renonce à penser que deux plus deux égalent quatre. « Comment puis-je m'empêcher de voir ce qui est devant mes yeux ? imploret-il. Deux et deux font quatre ! » L'exercice est donc de parvenir à ne pas voir ce qui est devant soi et, en réalité, à y voir ce que l'on désire y voir. Deux et deux ne font-ils pas quatre ? « Parfois, Winston, lui répond son tortionnaire. Parfois ils font cinq. Parfois ils font trois. Parfois, ils font tout à la fois. » À la violence des cadres du Parti omnipotent de *1984*, les firmes agrochimiques ont réussi à substituer la douceur de la science. Avec le même genre de résultats. Parfois, les insecticides tuent les insectes. Parfois, ils ne les tuent pas. Parfois, ils font tout à la fois.

Chapitre V

UNE BOMBE
À RETARDEMENT

LES PERTURBATEURS
ENDOCRINIENS ET NOUS

Tout ne va pas si mal. Au contraire : tout va de mieux en mieux. Cette petite musique, on est souvent tenté d'y croire. Les errements du passé s'estompent. La raison est enfin à l'œuvre. Elle dicte leurs actions et leurs choix aux dirigeants politiques et aux capitaines d'industrie. L'air, l'eau, les sols sont moins pollués. Le temps est révolu des épaisses nuées sombres, résidus de la combustion forcenée du charbon, qui emplissaient le ciel des grandes villes au XIXe siècle : tout juste distingue-t-on encore, souvent les jours d'été, un peu de *smog* — mélange d'ozone, d'oxyde d'azote et de particules fines — qui voile légèrement l'horizon de nos agglomérations... Nous sommes donc bien loin des premières heures de l'ère industrielle, de ses excès, de ses dégâts, de ses injustices. Où que l'on regarde, on constate cette amélioration, nous disent les apôtres du *business as usual*. Les pesticides ? Aux avions qui épandaient d'épaisses volutes blanchâtres de DDT au-dessus des champs se sont substitués les discrets néonicotinoïdes, qui gainent les semences et seraient moins toxiques pour l'homme et les autres mammifères que les anciens produits. De quoi nous plaignons-nous ? Jamais la chaîne alimentaire n'a été aussi contrôlée, observée, réglementée, soumise à une hygiène si rigoureuse que les infections bactériennes, qui tuaient en masse les hommes voilà encore un siècle, ne sont plus qu'un désagrément ponctuel — dans les pays du Nord tout au moins. Nous serions donc, incontestablement, sur la bonne voie.

Ce tableau est trompeur car il occulte l'essentiel. Il masque deux évolutions majeures dans ces mutations complaisamment décrites comme d'indiscutables *progrès* : nous avons troqué le visible contre l'invisible et l'intoxication aiguë contre l'empoisonnement chronique. Les salmonelles ont presque disparu, mais bisphénols et phtalates sont omniprésents. Derrière eux se cache une bataille scientifique acharnée, qui dure depuis les années 1960 et dont la revue *Science* écrivait déjà en 1978 qu'elle avait «l'intensité d'un *jihad*». Cette bataille, c'est encore et toujours celle des *faibles doses* appliquées aux molécules de synthèse présentes dans notre environnement quotidien et dans la chaîne alimentaire. Il ne faut cependant pas parler de «produits chimiques» au sens large, car l'aversion pour les molécules de synthèse est infondée. Ce dont il faut parler, c'est de quelques centaines d'entre elles, relativement bien identifiées pour la plupart, que les scientifiques désignent depuis le début des années 1990 sous le terme de «perturbateurs endocriniens». Ce sont eux qui, réellement, sont au centre de la bataille en cours. L'industrie pèse de tout son poids dans cet affrontement, dont l'issue nous concerne tous et dont les escarmouches détermineront l'état de santé et le temps de vie de millions d'hommes et de femmes.

La science a donné, depuis longtemps, tous les signaux d'alerte justifiant que soient prises des mesures drastiques pour limiter l'exposition des populations à ces molécules dont la caractéristique commune est, comme leur nom l'indique, d'interférer avec le fonctionnement de nos hormones — le terme endocrinien est synonyme d'hormonal. Mais peu d'actions sont effectivement entreprises. Et lorsqu'elles le sont, c'est avec un retard considérable par rapport aux premières alertes. Pourquoi ? La réponse est simple. Un peu à la manière de ce qu'ils firent au sein du Comité permanent amiante dans les années 1980 et 1990, les industriels siègent toujours, directement ou par procuration, dans les assemblées où la science s'examine et se discute, et où elle prend la forme sous laquelle elle est finalement présentée à l'opinion, aux médias et aux responsables politiques.

UNE SITUATION ALARMANTE

Nous serions tous victimes d'une sorte d'empoisonnement chronique ? Un tel diagnostic range immédiatement celui qui le pose dans la catégorie des paranoïaques, des conspirationnistes, des anxieux, des irrationnels. Il est vrai que l'affirmation est ambitieuse. La meilleure manière de l'étayer est donc, simplement, de donner les chiffres. Pas ceux de Greenpeace ou des Amis de la Terre : ceux des autorités publiques de veille sanitaire. Depuis une trentaine d'années, l'incidence* de tout un ensemble de pathologies croît de manière effrénée. Les cancers dits hormono-dépendants sont un exemple. Selon les statistiques de l'Institut de veille sanitaire (InVS), citées par un rapport de l'Académie de médecine de 2012, l'incidence des cancers de la prostate a été multipliée par plus de cinq entre 1978 et 2008. Les porte-parole des industries polluantes argueront qu'il ne s'agit là que d'un effet du vieillissement de la population. Hélas, ce sont des données corrigées des effets d'âge. À âge constant, les cancers de la prostate ont donc quintuplé en l'espace de trois décennies. Le cancer du sein suit des tendances comparables. Son incidence a doublé au cours des trente dernières années et a plus que triplé depuis la fin de la Seconde Guerre mondiale, là encore avec des données corrigées de l'âge des individus.

Avec des pics d'incidence qui se déplacent sensiblement vers des catégories de plus en plus jeunes de la population. Ces données françaises sont cohérentes avec celles de l'ensemble des pays développés. Il est de bon ton de mettre en avant les effets des campagnes de dépistage systématique : pour ces deux cancers, les données épidémiologiques seraient polluées par quantité de « petites tumeurs bénignes » qui, sans le dépistage systématique, seraient passées inaperçues et n'auraient pas

---

* L'incidence d'une maladie est le nombre de nouveaux cas diagnostiqués chaque année, rapportés à la population totale.

évolué en maladies mortelles. On a vu comment les cigarettiers s'étaient emparés, en leur temps, de ce formidable argument du surdiagnostic : l'incidence des cancers du poumon ne suivait pas seulement la consommation de cigarettes mais aussi celle de l'utilisation, croissante, des nouvelles techniques d'imagerie médicale. Dans le cas présent, cet argument massue est toujours aussi trompeur. Car l'augmentation de l'incidence de ces deux grands cancers — parmi les plus fréquents à défaut d'être les plus meurtriers — a commencé bien avant la mise en place des campagnes de dépistage. Que ces dernières jouent un rôle est acquis. Mais qu'elles expliquent la plus grande part de la propagation de ces deux maladies est très hautement improbable. Car ces cancers n'émergent pas de manière isolée, ils s'inscrivent dans un tableau cohérent : d'autres troubles qui leur sont liés montent en puissance.

Par exemple cet autre cancer du système reproducteur masculin, celui du testicule, lui aussi en hausse constante. Selon les statistiques de l'InVS, il a plus que doublé en France entre 1980 et 2005 — chez l'homme jeune, c'est-à-dire dans la tranche d'âge 25-34 ans, il a triplé en France entre 1975 et 2005. Or, pour ce cancer spécifique, il n'existe aucun programme de dépistage systématique. Cette hausse est, là encore, sensible dans l'ensemble des pays du Nord, avec des disparités régionales parfois importantes.

L'augmentation de ces maladies de l'appareil reproducteur masculin va de pair avec d'autres troubles émergents. Ceux de la fertilité en font partie. C'est l'un des phénomènes de santé publique les plus massifs et les plus révélateurs de cet empoisonnement chronique qui concerne l'ensemble de la population. Depuis les années 1980, de nombreuses études documentent, dans la majorité du monde développé, cette tendance lourde. La dernière en date est française et l'ampleur de la cohorte étudiée (quelque vingt-six mille six cents hommes) ne laisse plus aucune place au doute. Entre 1989 et 2005, la concentration en spermatozoïdes du sperme a chuté d'un tiers, passant en moyenne pour un homme de 35 ans de 73,6 millions à 49,9 millions de spermatozoïdes par millilitre[1]. Un effet somme toute mineur, diront certains, puisque nous sommes toujours, en moyenne, au-dessus du seuil de fertilité, généralement fixé entre 15 et 20 millions de spermatozoïdes par millilitre de sperme. Certes. Mais il y a plusieurs façons de décrire la même chose. L'une est d'observer l'existant en se convainquant que tout va encore à peu près bien — même si au début des années 2010, un couple sur sept, en France, est contraint de recourir à la médecine pour avoir un enfant. L'autre, en se fondant sur la tendance observée depuis trois décennies, est de prolonger les courbes. On voit alors que celle qui nous occupe atteint les 15 à 20 millions de spermatozoïdes par millilitre de sperme, ce que l'on appelle le seuil d'infertilité, autour de 2030. Les enfants nés dans les années 2000, les bambins d'aujourd'hui, et qui chercheront dans leur trentaine à avoir des enfants, pourraient présenter statistiquement une chance sur deux d'être au-dessous du seuil d'infertilité. Rien ne démontre formellement que la courbe continuera sa dégringolade. Mais rien ne peut garantir le contraire : si rien ne change, il n'y a guère de raisons pour que la tendance s'infléchisse.

Autre indicateur de changements massifs intervenant dans la population générale : l'avancement de l'âge de la puberté chez les filles. La quantification de ce phénomène est difficile à établir et les chiffres qui circulent sont encore controversés, mais l'accord des chercheurs et cliniciens compétents est général pour affirmer que les filles deviennent pubères de plus en plus tôt depuis deux à trois décennies — voire davantage. L'incidence des malformations de l'appareil reproducteur masculin (micropénis, testicules non descendus dans les bourses, défauts de masculinisation, etc.) constatées chez les très jeunes enfants et les nourrissons augmente parallèlement à ces effets qui touchent les petites filles. D'autres études, également nombreuses, établissent un lien fort entre ces tendances et celle de l'augmentation de l'obésité infantile. Selon les chiffres des Centers for Disease Control and Prevention (CDC) américains — qui constituent l'équivalent outre-Atlantique de notre Institut de veille sanitaire —, celle-ci a triplé aux États-Unis dans la tranche d'âge 6-11 ans, entre 1980 et 2010. Les chiffres sont bien moins élevés ailleurs dans le monde, mais suivent des tendances également inquiétantes.

À ces différentes tendances haussières s'en ajoute une autre, méconnue et troublante : celle des « troubles envahissants du développement », qui recoupent largement ce que les Anglo-Saxons appellent les « troubles du spectre autistique »

(*Autism Spectrum Disorders*, ou ASD). Là encore les données épidémiologiques sont lacunaires et imprécises sur le long terme. Les épidémiologistes ne savent pas précisément à quelle vitesse augmentent ces troubles, mais ils savent que cette augmentation est rapide. Dans un numéro spécial sur l'autisme publié en 2011, la revue *Nature* cite comme crédibles des chiffres saisissants, compilés par une association américaine de parents d'autistes, Autism Speaks : aux États-Unis, la prévalence des ASD serait passée d'un enfant sur cinq mille en 1975 à un enfant sur deux mille cinq cents dix ans plus tard, pour continuer à accélérer et atteindre un enfant sur cent dix en 2009[2]. Soit une multiplication par cinquante de la prévalence à un âge donné de ces troubles du comportement.

Il n'est pourtant pas raisonnable de faire une confiance aveugle à ces estimations. Entre les années 1970 et les années 2000, les définitions et les classifications de ces troubles ont évolué, l'attention de la communauté médicale a changé, de même que le niveau d'information des parents, etc. Les biais possibles sont nombreux et il ne faut accorder qu'un crédit limité aux données mises en avant par Autism Speaks. Cependant, confronté à cette troublante et angoissante augmentation qui alimente toutes les rumeurs et tous les fantasmes — en particulier un lien, jamais démontré, avec la vaccination* —, les CDC ont mis en place au

---

* L'étude britannique qui circule en boucle sur Internet sur le sujet est une fraude caractérisée et la revue qui l'a publiée s'est rétractée.

début des années 2000 un réseau de surveillance fondé sur la surveillance systématique des enfants de 8 ans (âge auquel le diagnostic peut être posé pour de bon) dans quatorze villes américaines. Les chiffres issus de cette surveillance minutieuse sont, pour le coup, de la plus grande solidité. Les voici : en 2002, un enfant de 8 ans sur cent cinquante était concerné par ces troubles du développement ; en 2009 — avec les mêmes critères de diagnostic et en suivant les mêmes communautés —, ce taux était passé à un enfant sur cent dix. Les derniers chiffres publiés en 2012 portent ce taux à un enfant sur quatre-vingt-huit. Soit une augmentation de la prévalence de ces troubles de 78 % en une décennie. C'est un quasi-doublement dans une plage de temps extrêmement courte. Selon ces données, qui sont cette fois particulièrement fiables, les garçons sont cinq fois plus touchés que les filles : l'incidence des troubles du comportement est donc très dépendante du sexe. Cette asymétrie est un indice très fort en faveur d'un lien avec des perturbateurs endocriniens : les effets hormonaux ne sont pas identiques selon que l'organisme exposé est mâle ou femelle.

Ceux qui attribuent l'ensemble de ces phénomènes sanitaires, en rapide expansion, à des comportements individuels (alimentation, tabac, alcool, sédentarité, etc.) ou à des causes uniquement génétiques ignorent, volontairement ou non, les connaissances accumulées depuis vingt ans sur le sujet par les communautés scientifiques compétentes. Les changements environnementaux rapides — la présence d'un nombre toujours plus grand de molécules de synthèse dans l'environnement et l'alimentation — n'expliquent pas la totalité de ces phénomènes non plus. Mais de toute évidence une bonne part, impossible à quantifier avec certitude. Il y a pourtant une certitude. Nous pouvons être sûrs que la toxicologie classique, la science qui permet d'autoriser la mise en circulation à grande échelle de nouvelles molécules, en calculant pour chacune d'elles une «dose journalière admissible» (DJA), est une science en échec. Une science en échec est une science qui se représente la nature de manière profondément faussée. Les modèles sur lesquels elle se fonde ne fonctionnent pas. Ce qu'elle prévoit ne se produit pas. En l'occurrence, la science censée protéger la santé humaine est supposée garantir une certaine stabilité de l'incidence des grandes maladies. Pour tout un ensemble de troubles dont nous verrons comment ils sont liés, cela ne se produit pas : nous avons vu que non seulement les courbes d'incidence ne sont pas stables, mais qu'elles s'envolent.

L'échec cuisant de la toxicologie réglementaire tient à son principe fondamental. Celui-ci a été énoncé au XVIᵉ siècle par Paracelse (1493-1541), fameux médecin suisse-allemand qui fut aussi alchimiste et astrologue. Voici cette indépassable *doxa* de la toxicologie réglementaire : «Tout est poison, aurait énoncé Paracelse. C'est la dose qui fait le poison. » Il n'est pas exagéré de dire que ce principe est *le* principe qui fonde l'intégralité de la toxicologie réglementaire actuelle. Il est d'ailleurs assez perturbant de constater qu'au contraire de toutes les sciences pratiquées au début du XXIe siècle, il n'y a guère que la toxicologie réglementaire qui n'ait pas connu de révolution ou de changement de paradigme depuis près de cinq siècles. Il n'y a nulle exagération à écrire que la toxicologie réglementaire est tout entière fondée sur le vieil axiome de Paracelse : il suffit pour s'en convaincre de lire les propres mots de l'EFSA. Sur son site Web, l'agence européenne explique que « la base actuelle de l'évaluation des risques associés aux produits chimiques » est la « citation célèbre de Paracelse, expert scientifique suisse [*sic*] du XVIe siècle, qui affirme que l'organisme répond à un produit chimique plus fortement à mesure que la dose augmente ». « En d'autres termes, plus la dose d'un produit chimique est élevée, plus l'effet est important ainsi que la probabilité d'un effet indésirable », ajoute l'EFSA.

Si tout est poison, alors rien n'est poison. Tout est seulement question de dose. À très *faible dose*, donc, rien ne serait poison. Ce principe est probablement juste pour la grande majorité des « produits chimiques » qui existaient au temps de Paracelse. Mais il est, hélas, mis en défaut par une catégorie de substances dont quelques centaines ont été identifiées : les perturbateurs endocriniens dont le plus célèbre, le bisphénol A, a fait de brèves incursions dans l'actualité ces dernières années.

LES PERTURBATEURS ENDOCRINIENS :
UNE BRÈVE HISTOIRE

Bien malin celui qui pourra dire à quel moment précis tout cela a commencé. Ce peut être en 1962 avec le célèbre livre de la biologiste Rachel Carson, *Printemps silencieux*, qui conduira une décennie plus tard à l'interdiction aux États-Unis d'un insecticide phare, le DDT. La publication du livre de Rachel Carson est véritablement l'acte fondateur du mouvement « environnementaliste ». L'ouvrage est le premier à rassembler une part du savoir à l'époque déjà disponible sur l'étendue des dégâts générés par les pollutions de la chimie de synthèse et notamment par l'épandage massif du DDT. Mais il est aussi un hymne poétique à la nature et au lien indéfectible entre elle et les sociétés humaines. De manière inédite, *Printemps silencieux* mettait en avant l'idée que la dégradation de l'environnement finirait immanquablement par se retourner contre les hommes. Mais si le livre de Rachel Carson est le premier à lancer, avec succès, cette idée dans l'opinion, il faut attendre la fin des années 1980 pour qu'un véritable mouvement scientifique s'engage sur ces thématiques. Une autre biologiste américaine, Theo Colborn, prend alors la relève. En 1991, elle convie une vingtaine de scientifiques à Wingspread (Wisconsin) qui, au terme de leur colloque, dressent un sombre bilan des nouvelles connaissances acquises quant aux effets de certaines substances chimiques sur la faune et les humains — les pesticides organochlorés (DDT, chlordécone, etc.), certaines dioxines ou encore d'autres substances. À l'issue de leur colloque, les participants adoptent un texte de consensus, la Déclaration de Wingspread, dans lequel ils mettent en garde contre les effets à venir, sur l'homme, de la diffusion de ces polluants dans l'environnement. Les auteurs ne sont pas de gentils rêveurs. Ce sont des immunologistes, des écologues, des endocrinologues, des éthologues… La première partie de leur texte décrit ce qu'à l'époque la science sait « avec certitude » :

> Un grand nombre de produits chimiques de synthèse libérés dans la nature, ainsi que quelques composés naturels, sont capables de dérégler le système endocrinien des animaux, y compris l'homme. Il s'agit notamment des composés organochlorés, qui, du fait de leur persistance, s'accumulent dans les chaînes alimentaires. Ceux-ci comprennent certains pesticides (fongicides, herbicides et insecticides) et produits chimiques, ainsi que d'autres produits synthétiques et certains métaux.
>
> De nombreuses populations d'animaux sauvages sont d'ores et déjà affectées par ces composés. Les effets incluent le mauvais fonctionnement de la thyroïde chez les oiseaux et les poissons ; une baisse de fertilité chez les oiseaux, les poissons, les coquillages et les mammifères ; une diminution des éclosions chez les oiseaux, les poissons et les tortues ; des malformations grossières à la naissance chez les oiseaux, les poissons et les tortues ; des anomalies du métabolisme chez les oiseaux, les poissons et les mammifères ; la féminisation des mâles chez les poissons, les oiseaux et les mammifères ; des anomalies de comportement chez les oiseaux : la

masculinisation des femelles chez les poissons et les oiseaux ; des déficits immunitaires chez les oiseaux et les mammifères.

Les effets varient selon les espèces et les composés. Toutefois, on peut faire quatre remarques : a. les composés concernés peuvent avoir des effets très différents sur l'embryon et sur l'adulte ; b. les effets se manifestent surtout sur la génération suivante, et non chez les parents exposés ; c. la période d'exposition au cours du développement de l'organisme est cruciale, déterminant l'ampleur et la nature des effets ; d. la période d'exposition la plus critique correspond à la vie embryonnaire, mais les effets peuvent ne pas se manifester avant l'âge adulte.

Les études en laboratoire confirment les développements sexuels anormaux observés dans la nature et permettent de comprendre les mécanismes biologiques mis en jeu.

Les humains sont également affectés par ces composés. Le distilbène, un médicament de synthèse*, et beaucoup [d'autres] composés […] ont des effets œstrogéniques [mimant les effets des hormones féminines, *N.d.A.*]. Les femmes dont les

---

* Le distilbène (ou diethyldisbestrol, ou DES) est un médicament qui a été prescrit aux femmes souffrant de risques de fausses couches dès les années 1940. Il a été interdit dans les années 1970 après la découverte de graves malformations chez les enfants des femmes ayant pris ce médicament. Les travaux du docteur Charles Sultan (CHU de Montpellier) ont montré que les effets du distilbène persistent pendant deux générations : les petites-filles des femmes exposées présentent également des taux supérieurs de certaines malformations — principalement de l'appareil reproducteur. Et ce, bien que leurs mères n'aient jamais été directement exposées à cette substance. C'est l'un des plus graves scandales sanitaires du XXe siècle.

mères ont ingéré du distilbène sont particulièrement touchées par le cancer du vagin, par diverses
malformations de l'appareil reproducteur, par des
grossesses anormales et des modifications de la
réponse immunitaire. Les hommes et les femmes
exposés pendant leur vie prénatale présentent des
anomalies congénitales de l'appareil reproducteur
et une baisse de fertilité. Les effets observés chez
les victimes du distilbène sont semblables à ce que
l'on observe chez les animaux contaminés, dans
la nature et en laboratoire. Cela suggère que les
humains partagent les mêmes risques[3].

C'est ainsi que naissent, au tout début des
années 1990, le terme et le concept de « perturbateur endocrinien » désignant toute substance exté-
rieure à l'organisme qui vient en perturber l'équilibre hormonal. La liste complète de ces perturbateurs est impossible à reproduire ici, mais citons
les retardateurs de flamme bromés (utilisés en traitement d'une multitude d'objets du quotidien), les
revêtements antiadhésifs de certains ustensiles de
cuisson, certains pesticides, des fongicides*, etc.
Il serait faux de dire que la Déclaration de Wingspread est totalement restée lettre morte. La perspective de voir certains des polluants mis en cause
s'accumuler durablement dans l'environnement
pose un risque si évident et si considérable que la
communauté internationale a réagi dès 1995 avec
la Convention de Stockholm sur les polluants orga-

---

* Dont le DDT, l'endosulfan, le dieldrine, le méthoxychlore,
le dicofol, le chlordécone, le toxaphène, l'aldicarbe, l'alachlore,
l'atrazine, le nitrofène, le 2,4D, le bénomyl, le mancozeb, ou
encore la vinchlozoline.

niques persistants (POP), qui bannit l'usage d'une douzaine de substances particulièrement problématiques. L'attention portée au problème soulevé par la Déclaration de Wingspread a également été très large dans la communauté scientifique.

En 1993, la revue *Environmental Health Perspectives* publie une *review* signée par Theo Colborn et les endocrinologues Frederick vom Saal (université du Missouri) et Ana Soto (Tufts University de Boston), rassemblant les principales études citées par la Déclaration de Wingspread. Depuis sa publication, ce texte fondateur a été cité par près de deux mille études ultérieures publiées dans la littérature savante — c'est probablement l'un des articles scientifiques les plus repris à ce jour en biologie.

Parmi les perturbateurs endocriniens, il en est un au statut un peu particulier : c'est le bisphénol A. Pourquoi une telle singularité ? Parce qu'il est à peu près partout. Synthétisé pour la première fois dans les années 1890, il a été étudié par des pharmacologues qui, cherchant à développer des hormones de synthèse, s'intéressaient à ses effets sur le système hormonal. Ceux-ci ont été jugés trop faibles pour assurer au bisphénol A un destin de médicament. Son plus proche cousin, le distilbène, lui sera préféré pour cet usage — avec l'issue catastrophique que l'on sait. Dans les années 1950, l'industrie des plastiques s'est intéressée à lui pour d'autres raisons. La simplicité de sa structure et ses propriétés physico-chimiques en font un précieux composant dans la synthèse de plastiques rigides. Depuis, il est absolument partout. Selon les chiffres de l'industrie, 3 millions de tonnes en sont synthétisées chaque année pour une variété d'usages : on en trouve dans les emballages alimentaires, dans certaines lentilles de contact, dans les tickets de caisse, dans les résines qui gainent l'intérieur des boîtes de conserve ou des canettes, dans certaines canalisations et les grands systèmes de stockage des réseaux d'eau potable, dans les amalgames dentaires... Plusieurs études menées depuis le milieu des années 2000 montrent qu'il est présent à des niveaux mesurables dans l'organisme d'environ 95 % de la population occidentale. Ce n'est pas seulement un produit chimique ; c'est un accident de civilisation.

Jusqu'en 1996, les tests toxicologiques du bisphénol A pratiqués sur des rongeurs n'avaient jamais été menés au-dessous d'une dose relativement élevée, à partir de laquelle a été calculée par les autorités sanitaires américaines la DJA à ne pas dépasser — soit 50 microgrammes par kilo de poids corporel et par jour. Mais, au milieu des années 1990, Frederick vom Saal fait une expérience marquante. «En 1996, raconte-t-il, nous avons accidentellement découvert qu'une dose de bisphénol A vingt-cinq mille fois plus faible que la plus faible dose étudiée auparavant était à même d'endommager le système reproducteur des souris mâles, lorsque leur mère avait été exposée à ces doses pendant seulement quelques jours au cours de sa gestation[4]. » Les travaux de Frederick vom Saal suggèrent ainsi que l'exposition de rongeurs à des concentrations de l'ordre de la fraction de millionième de gramme de bisphénol A par jour et par kilo de masse corporelle est susceptible de provoquer des effets biologiques significatifs. Or ce sont des doses comparables à celles auxquelles la majorité des humains sont exposés. À l'époque, la réalité de cette exposition ne fait pas de doute, mais les niveaux d'imprégnation des populations sont bien au-dessous de la DJA et sont donc réputés sans risques appréciables. Les expériences de Frederick vom Saal risquaient donc d'ébranler ce paradigme.

Mais, dès que ces travaux pionniers sont soumis à une revue scientifique — en l'occurrence à *Toxicology and Industrial Health* —, des industriels s'en inquiètent. Au printemps 1997, un responsable de Dow Chemical, le géant américain de la chimie, demande un entretien au chercheur et à son coauteur, Wade Welshons, professeur associé à l'université du Missouri. La rencontre a lieu le 25 avril 1997, en présence de deux autres scientifiques : le patron du département de biologie de l'université du Missouri et un chercheur de l'université de l'Illinois. Le représentant de Dow Chemical déclare qu'il est dans l'espoir de son entreprise qu'il puisse y avoir « une issue mutuellement bénéfique » à un retrait des travaux soumis pour publication, jusqu'à ce que l'entreprise les « approuve », après avoir fait mener une étude contradictoire par un laboratoire privé sous contrat avec elle. La scène est détaillée dans une lettre de protestation, datée du 12 juin 1997 et adressée par les chercheurs à la Society of the Plastics Industry, l'une des associations des industriels du secteur, et à la Food and Drug Administration (FDA). L'expression, par les responsables de Dow, de la recherche d'un « bénéfice mutuel » indigne les scientifiques, qui le font vertement savoir dans leur courrier.

Pour autant, des travaux isolés ne font pas un fait scientifique. Tant s'en faut. « À la fin des années 1990, ces résultats étaient encore controversés[5] », rapporte Patricia Hunt, spécialiste de biologie de la reproduction et professeur à l'université de l'État de Washington. Mais d'autres chercheurs commencent à s'intéresser à la question. Dans le laboratoire de Patricia Hunt, par exemple, des effets inattendus sont relevés en 1998 sur des souris femelles exposées accidentellement à des doses infinitésimales de bisphénol A — en particulier des anomalies chromosomiques plus fréquemment observées sur leurs gamètes. « Si le bisphénol A produit les mêmes effets sur les humains, cela veut dire plus de fausses couches et de bébés portant des chromosomes anormaux, explique la chercheuse. Nous avons passé plusieurs années à nous assurer que nous comprenions vraiment l'effet avant de publier nos travaux, ce que nous avons fait en 2003. Mais l'industrie a passé beaucoup de temps à chercher à réfuter nos découvertes et les faire apparaître comme controversées[6]. » Intrigués par l'étrangeté des processus biologiques sous-jacents, mais aussi motivés par l'importance considérable des découvertes potentielles, de nombreux chercheurs du monde académique s'engouffrent dans la brèche et mènent des expériences d'exposition d'animaux de laboratoire à de faibles doses de différents perturbateurs endocriniens — le bisphénol

A étant de très loin le plus étudié, du fait de son omniprésence.

En 2000, le National Toxicology Program (NTP)* réunit un panel chargé d'évaluer la réalité de ces effets à faibles doses d'exposition. Le NTP conclut qu'ils existent bel et bien : « Des effets à faible dose [...] ont été démontrés sur des animaux de laboratoire exposés à certains agents ayant un potentiel hormonal. Les effets dépendent des substances et des organes cibles étudiés [...]. La signification toxicologique de plusieurs de ces effets n'a pas été déterminée[7]. » Dès le tout début des années 2000, la question des effets d'une exposition à faible dose aux perturbateurs endocriniens en général et au bisphénol A en particulier est donc suffisamment avancée pour qu'une instance scientifique officielle rende public un avis reconnaissant qu'il se passe assurément quelque chose. À quel moment la majorité des spécialistes — c'est-à-dire ceux qui publient des recherches originales sur ces questions — se sont-ils accordés sur la réalité des effets du bisphénol A à faible dose ? « C'est très difficile à dire avec certitude, répond Ana Soto, l'une des premières scientifiques à avoir travaillé sur le sujet. Il reste aujourd'hui encore de très rares chercheurs qui ne sont pas et ne seront jamais convaincus[8] ! »

En 2004, une revue de littérature est publiée dans *Human and Ecological Risk Assessment* avec une conclusion rassurante : pas de problème avec le bis-

---

* Le National Toxicology Program (NTP) est le programme de recherche américain inter-agences (EPA, FDA, etc.) en toxicologie.

phénol A à faible dose. Les études qui trouvent des effets ne sont pas solides et d'autres travaux n'en trouvent aucun. La sécurité du produit est assurée. Mais à bien examiner cette *review*, quelques étrangetés apparaissent. D'abord, ce n'est pas le moins, elle est financée par l'American Plastics Council — Philip Morris a déjà démontré que l'on n'était jamais si bien servi que par soi-même. Ensuite, seules dix-neuf études sont passées en revue par les auteurs. Pourquoi seulement dix-neuf alors qu'en 2004 bien plus étaient disponibles dans la littérature scientifique ? Étrangement, le travail de synthèse avait été mené en 2001, explique un auteur. Et pour une raison parfaitement obscure, l'article a finalement été publié deux ans et demi plus tard, donnant le sentiment trompeur qu'en 2004 très peu d'études avaient jusqu'alors été publiées. Et puis, *last but not least*, il faut examiner l'identité des auteurs, ou la responsabilité sous laquelle ils ont travaillé. C'est le Harvard Center for Risk Analysis (HCRA) qui les a réunis et les a fait travailler. Le HCRA, dont l'ancien directeur, John Graham, gérait la communication de Philip Morris sur les risques du tabagisme passif et touchait encore des subventions du cigarettier au début des années 2000.

En 2004, en réalité, les risques présentés par ce bisphénol sont déjà bien attestés. Cette année-là, Frederick vom Saal passe en revue l'ensemble des travaux publiés sur le sujet dans les revues savantes. Le résultat de cette analyse de la littérature est publié dans *Environmental Health Perspectives* début 2005. Il est éloquent. Au milieu des années 2000, pas moins de cent quinze études s'intéressant aux effets du bisphénol A sur des animaux de laboratoire avaient été publiées. Parmi elles, cent quatre études (dont une trentaine consacrées aux effets à faible dose) avaient été financées par des fonds publics ou des universités, tandis que onze avaient été commandées et financées par des industriels. Parmi les premières, quatre-vingt-quatorze études détectaient des effets biologiques significatifs et dix n'y parvenaient pas. Quant aux travaux sponsorisés par l'industrie, aucun d'entre eux n'est parvenu à mettre en évidence le moindre effet délétère. Frederick vom Saal a bien vite découvert les raisons simples de ce décalage considérable entre études académiques et études industrielles. La raison majeure est le choix de la souche de rongeurs utilisée dans l'expérience.

Le point est technique mais mérite que l'on s'y attarde : le rat dit « de Sprague-Dawley » est vingt-cinq mille fois à cent mille fois moins sensible à la perturbation endocrinienne que nombre de souches de rongeurs utilisées par les laboratoires universitaires ou académiques. Le biochimiste Claude Reiss, directeur de recherche honoraire au CNRS, grand pourfendeur de la toxicologie réglementaire, le dit sans ambages : « Les toxicologues des laboratoires privés qui travaillent pour les entreprises connaissent très bien toutes les techniques pour minimiser les effets de tel ou tel produit. Outre le choix des souches de rongeurs utilisées — par exemple très peu sensibles à la cancérogénèse ou à telle autre maladie —, il est possible de contrôler très étroitement la diète des animaux et, en les nourrissant très peu, on diminue par exemple et de manière considérable le risque de voir apparaître des tumeurs[9]. » On voit bien par quels moyens les études industrielles — non seulement sur le bisphénol A mais aussi sur d'autres substances — peuvent être menées pour ne jamais rien découvrir.

Les effets du bisphénol A mis au jour — à faibles ou hautes doses, pendant la période périnatale ou à l'âge adulte — balaient un large spectre : altération du système reproducteur des rongeurs (testicule, prostate, urètre) et des glandes mammaires des femelles (avec notamment apparition de lésions précancéreuses), neurotoxicité, perturbations du système immunitaire, changement du comportement socio-sexuel des animaux, puberté avancée chez les femelles, augmentation de l'obésité et du stockage de lipides par le foie, etc. De nombreux effets surviennent après exposition fœtale ou néonatale et se manifestent puis perdurent pendant le reste de la vie des animaux. « En 2005, avec une centaine de telles études sur les animaux, on avait suffisamment d'éléments pour faire jouer le principe de précaution, estime Frederick vom Saal. On en savait alors beaucoup plus sur le bisphénol A que l'on ne savait de choses sur les phtalates en 1999, lorsqu'ils ont été interdits en Europe dans les jouets. »

À l'automne 2006, près de quarante chercheurs du monde entier, pour la plupart ayant mené des travaux sur le bisphénol A, sont réunis à Chapel Hill, en Caroline du Nord. Ils ne sont pas invités par le WWF ou Greenpeace, mais rassemblés en conclave à l'initiative du National Institute of Environmental Health Sciences (NIEHS) américain. À l'issue de plusieurs jours de colloque, ils rédigent le consensus de Chapel Hill sur le bisphénol A, qui sera publié quelques semaines plus tard dans la revue *Reproductive Toxicology*. À quelles conclusions parvient la quarantaine de chercheurs ? « La littérature scientifique publiée [...] révèle que plus de 95 % de la population échantillonnée est exposée à des doses suffisantes de bisphénol A pour qu'il soit prévisible que celui-ci soit biologiquement actif, écrivent les auteurs. Le large spectre d'effets indésirables des faibles doses de bisphénol A chez les animaux de laboratoires, exposés au cours de leur développement ou de l'âge adulte, est une cause de grande inquiétude en ce qui concerne des effets indésirables similaires chez les humains. » Leur inquiétude n'est plus seulement prospective. « Des tendances récentes de maladies humaines peuvent être mises en relation avec les effets indésirables des faibles doses de bisphénol A observés sur l'animal, ajoutent-ils. Par exemple, l'augmentation des cancers du sein et de la prostate, les malformations urogénitales chez les garçons, le déclin de la fertilité, l'avancement de la puberté chez les filles, les désordres métaboliques comme le diabète de type 2 et l'obésité, de même que des problèmes comportementaux comme le déficit d'attention et l'hyperactivité. »

C'est ce que nous avons vu en introduction de ce chapitre, avec les chiffres les plus à jour, qui donnent hélas raison aux auteurs du consensus de Chapel Hill. En 2009, ce ne sont plus seule-

ment une quarantaine de chercheurs internationaux qui s'inquiètent, mais l'Endocrine Society,
la plus grande société savante rassemblant les
chercheurs et cliniciens spécialisés dans l'étude
du système hormonal. Depuis lors, de nombreux
textes de consensus ont été signés par quantité de
chercheurs — à l'issue de conférences scientifiques
ou par le biais de déclarations officielles de sociétés savantes. En mars 2011, la prestigieuse revue
Science publie un texte dans lequel huit sociétés
savantes représentant quelque quarante mille
scientifiques et personnels soignants s'associent à
la position de l'Endocrine Society.

La toxicologie réglementaire, qui fixe des doses
journalières admissibles pour des produits actifs
à très faibles doses, ne protège donc pas les populations. Ce ne sont pas les écologistes ou les ONG
qui le disent, ce sont les chercheurs qui produisent
la connaissance sur ces sujets qui l'affirment. Au
reste, cela peut sembler un truisme pour qui a en
tête les tendances haussières de plusieurs troubles
et maladies. Pourtant, malgré la clarté du diagnostic scientifique et les nombreuses preuves empiriques de sa validité, rien ou presque ne change.
Début 2013, soit presque deux décennies après
les premières expériences de Frederick vom Saal,
l'EFSA considère toujours que la dose journalière
admissible du bisphénol A protège efficacement les
populations.

L'ORGANISATION DU DÉNI

Comment un tel fossé s'est-il installé entre la communauté des spécialistes de la perturbation endocrinienne et les agences sanitaires ? Le cas de l'EFSA est particulièrement criant. L'agence européenne a ainsi mené une réévaluation complète des risques liés au bisphénol A en 2006, à une date où, rappelle Ana Soto, « il était impossible de dire que rien ne se passait avec le bisphénol A à faibles doses ». Pourtant, elle n'a rien trouvé. Elle a confirmé la DJA de 50 microgrammes par kilo de poids corporel et par jour. Elle a ensuite confirmé cet avis au gré des opinions rendues sur telle ou telle étude en 2008, en 2010 puis à nouveau en 2011 — à l'occasion de l'opinion publiée par son homologue française qui venait, elle, au contraire, de reconnaître les effets délétères du bisphénol A aux niveaux rencontrés dans la population générale. Comment organiser un tel déni ?

« L'industrie est parvenue à remporter un extraordinaire succès en finançant et en faisant publier un petit nombre d'études qui ne trouvent jamais rien, explique Frederick vom Saal. Et ce petit nombre d'études parvient à fabriquer du doute et à créer de l'incertitude. Cela permet de créer de la controverse là où il n'y en a pas et, en définitive, cela permet de dire : avant de réglementer, il faut faire plus de recherches, nous avons besoin d'encore dix ans. » Il faut « plus de recherches ». Le refrain est désormais bien rodé. Quant à cette extraordinaire propension à ne rien trouver, elle est rendue possible, comme on l'a vu, par le choix de certains animaux de laboratoire mais elle est surtout à mettre au compte des tests réglementaires standardisés. Ces fameuses « bonnes pratiques de laboratoire » sont à peu près aussi myopes ou aveugles que les tests en plein champ des pesticides néonicotinoïdes sur les abeilles qui parviennent à l'admirable conclusion que les insecticides n'ont aucun effet sur les insectes. Pour les spécialistes du bisphénol A, le biais principal est, précisément, dans ces fameux tests standardisés. « Depuis plus d'une décennie, il est reconnu par l'ensemble des spécialistes que ces tests ne conviennent pas aux perturbateurs endocriniens », estime Patricia Hunt.

« Ces études ne voient rien parce qu'elles ont été mises au point dans les années 1950 et sont complètement obsolètes, précise Frederick vom Saal. C'est un peu comme si on cherchait à déterminer le lieu d'atterrissage d'astronautes sur la Lune à l'aide de jumelles ! » Les grands reproches qui sont faits à ces études sont qu'elles ne testent généralement les produits qu'à haute dose, les effets à faible dose étant ensuite *calculés* à partir du fameux principe de Paracelse, selon lequel « c'est la dose qui fait le poison ». Mais même lorsque les études industrielles testent des faibles doses, les bonnes pratiques de laboratoire ne les contraignent pas à estimer les effets du produit sur le comportement des animaux, sur l'apparition ou non de lésions précancéreuses, l'âge de la puberté, etc. Ce qui est recherché, c'est si l'animal meurt ou développe rapidement une grave maladie — typiquement un cancer — ou non. Ce n'est pas tout : lorsque l'EFSA évalue les connaissances sur le bisphénol A, elle écarte quasiment par principe les études qui ne sont pas réalisées selon les fameuses bonnes pratiques. Elle considère donc comme non crédibles toutes les études académiques ou presque. Le retournement du réel est donc saisissant : les études les plus frustes et les plus sujettes au *funding effect* sont celles qui sont les plus et les mieux considérées. Le moins devient le plus, et la fragilité, la force. De plus, les bonnes pratiques de laboratoire n'exigent pas que la présence de faibles doses de perturbateurs endocriniens dans la nourriture et la boisson des animaux-contrôle (ceux à qui on n'administre pas le produit) soit vérifiée. Or, comme on l'a vu, le bisphénol A est partout. Y compris, par exemple, dans les cages de plastique où sont bien souvent enfermés les animaux de laboratoire !

L'inefficacité des études commandées par l'industrie n'est pas tout. De nombreux chercheurs du monde académique s'interrogent sur l'intégrité de certaines d'entre elles, en particulier celle menée par Rochelle Tyl (Research Triangle Institute), largement citée dans toutes les évaluations des autorités sanitaires. Comme les autres études de ce type, elle ne distingue aucune conséquence à l'exposition au bisphénol A. Mais de nombreux spécialistes suspectent ce travail d'être biaisé, voire frauduleux. Peu après sa publication, en 2008, dans *Toxicological Sciences*, plus de trente chercheurs l'ont réfutée en bloc via un long article paru dans la même revue. Entre autres, ils jugeaient irréaliste le poids considérable des prostates prélevées sur des souris âgées de seulement quatorze semaines, selon ce qui était indiqué dans la publication de Rochelle Tyl[10]. Audi-tionnée peu après par la FDA pour s'expliquer sur ces mesures surprenantes, la biologiste a contre-dit sa propre publication en déclarant que les ani-maux avaient en réalité été sacrifiés à vingt-quatre semaines. «Nous avons demandé qu'une enquête officielle soit menée sur l'intégrité de ce travail», explique Frederick vom Saal. En vain. En dépit de ces lourds soupçons, l'étude menée par Rochelle Tyl — comme d'autres comparables qu'elle a conduites sur le bisphénol A — est abondamment citée par les agences de sécurité sanitaire, qui l'estiment plus crédible que la plupart des travaux académiques.

Par certains aspects, l'affaire a donc les traits d'une lutte de disciplines : les toxicologues de la vieille école affrontent la biologie du XXIe siècle. D'un côté les experts des agences, formés au dogme de l'«effet dose-réponse», de l'autre, des biologistes pour qui cette loi d'airain n'a plus lieu d'être. Car — et c'est là le grand changement de paradigme auquel est confrontée la toxicologie — les perturbateurs endocriniens peuvent avoir des effets plus importants à faibles doses qu'ils n'en ont à des doses cent ou mille fois plus élevées*. Ce constat est extraordinairement contre-intuitif mais il est reconnu par l'ensemble des spécialistes de la perturbation hormonale. Une dizaine des meilleurs spécialistes de la question ont rassem-blé les études montrant ces effets baroques qui

---

* Les endocrinologues parlent de «courbes dose-réponse non monotones» (*Non-monotonic dose-response curves*, en anglais).

ruinent littéralement la pensée de Paracelse et, par conséquent, toute la toxicologie réglementaire : la *review* publiée en 2012 dans *Endocrine Reviews* en compte près de huit cents. Il faut se le répéter pour y croire : non seulement les effets à faible dose existent, mais ils peuvent être dans certains cas plus forts qu'à haute dose. Cela peut sembler contraire au bon sens, mais après tout la science est tout entière construite, dit-on, sur les cendres du bon sens. Car si l'on s'en tient à notre instinct et à notre perception brute des choses, la Terre est plate, le Soleil tourne autour d'elle, la relativité et la physique quantique sont des chimères...

Il faut donc avoir à l'esprit, si dérangeant que cela puisse être, que la manière dont sont calculées les DJA de toutes les substances ayant un effet hormonal (soit plusieurs centaines de molécules en circulation) repose sur un principe scientifique complètement erroné. Pourtant jamais il ne sera possible d'apporter la preuve définitive de la nocivité du bisphénol A sur les humains. D'abord parce que l'ensemble de la population est imprégnée et qu'il n'est pas possible aux épidémiologistes de trouver une population humaine importante complètement préservée. Un peu à la manière des agrochimistes qui ont tant dispersé leurs produits dans l'environnement qu'une étude en plein champ n'est désormais plus possible avec un environnement-contrôle, les industriels du plastique ont réussi une manière de crime parfait en imprégnant chaque être humain, ou presque, d'un perturbateur endocrinien. De plus, les récentes données scientifiques montrent que certains effets du bisphénol A sont,

chez les rongeurs au moins, transgénérationnels.
Une seule et unique exposition à cette substance
de femelles en gestation conduit à altérer le comportement de leur descendance, à la première, la
deuxième, puis la troisième génération. Comment
s'assurer des effets sur les hommes d'un tel produit
puisqu'il n'est pas possible de mesurer le niveau
d'exposition passé de leurs parents ou de leurs
grands-parents ?

La norme n'est donc plus la norme ; la norme
est devenue la norme chimique. Il n'y a plus de
population-contrôle. Il n'y a plus suffisamment
d'hommes et de femmes libres de bisphénol A. Il
n'y a plus de comparaison possible, plus de référence. Plus de preuve.

LE « COMITÉ PERMANENT BISPHÉNOL A »

La position de l'EFSA sur le bisphénol A est un
formidable cadeau pour l'industrie du plastique.
Non seulement pour des raisons réglementaires —
les avis de l'agence européenne permettent à court
terme de protéger les chiffres d'affaires des industriels de la chimie, en les préservant d'une interdiction du bisphénol A en Europe — mais aussi
pour une simple question d'entretien de la confusion au sein de l'opinion, des médias et des responsables politiques. Car bien qu'elle soit en profonde
rupture avec la science, bien qu'elle ne s'appuie
sur rien d'autre que quelques études industrielles
probablement biaisées, l'avis de l'EFSA est censé
refléter l'état des connaissances, librement établi

par des experts indépendants. Comment imaginer que ses avis sont à ce point infondés ? Les seuls éléments qui vont contre le consensus ne sont pas un grand nombre d'études crédibles, indépendantes et de qualité : ce sont les avis de l'EFSA et de quelques agences de sécurité sanitaire.

Le maintien du *statu quo* par l'EFSA sur la question du bisphénol A est obtenu grâce à une gestion très particulière des conflits d'intérêts. Le niveau d'intrication, par experts interposés, entre l'agence européenne et les entreprises de l'agroalimentaire, de la pharmacie, de la chimie est régulièrement dénoncé par les organisations non gouvernementales. Et pas seulement par elles. Après de trop nombreuses mises en cause de son indépendance, le Parlement européen a décidé, dans son vote du 10 mai 2012, de sanctionner de manière inédite l'agence basée à Parme. Les eurodéputés ont en effet voté le « report des décharges budgétaires » de l'agence. Cette mesure, bien que largement symbolique, représente un très cuisant camouflet, qui revient à ne pas donner quitus à l'agence de sa gestion, essentiellement pour n'avoir pas su gérer les conflits d'intérêts de ses experts et de son personnel. Le plus extraordinaire est que la veille même du vote du Parlement européen, qui allait souffleter l'EFSA, la présidente du conseil d'administration de l'agence, Diana Banati, a annoncé qu'elle quittait son poste de fonctionnaire européenne pour devenir l'un des plus hauts cadres de l'International Life Sciences Institute (ILSI) — une organisation de lobbying scientifique basée à Washington et qui possède une branche à Bruxelles. Au nombre des membres de l'ILSI, on compte tous les géants de l'agroalimentaire, de la pharmacie, de la chimie, de l'agrochimie, etc. Unilever, PepsiCo, Nestlé, Monsanto, Bayer, BASF, Syngenta et des dizaines d'autres sont membres de cette organisation qui finance de la recherche, met en relation des chercheurs académiques avec l'industrie, organise des colloques et des conférences scientifiques, etc. Parmi les sujets auxquels elle s'intéresse, on compte la toxicologie environnementale, la sécurité alimentaire, la nutrition, l'évaluation des risques, etc.

Les liens sont-ils si étroits entre l'agence européenne et l'organisation de lobbying ? Quelques mois après le camouflet du report des décharges budgétaires, la Cour des comptes européenne a rendu un rapport spécial sur la manière dont les conflits d'intérêts étaient pris en compte dans quatre agences d'expertise de l'Union, dont l'EFSA. Le communiqué de presse de la Cour des comptes peut difficilement faire un constat plus clair : « L'audit a consisté en une évaluation des politiques et des procédures de gestion des situations de conflit d'intérêts dans quatre agences sélectionnées qui prennent des décisions cruciales pour la sécurité et la santé des consommateurs : l'Agence européenne de la sécurité aérienne (AESA), l'Agence européenne des produits chimiques (ECHA), l'Autorité européenne de sécurité des aliments (EFSA) et l'Agence européenne des médicaments (EMA). La Cour des comptes européenne a estimé, en conclusion, qu'aucune des agences auditées ne gérait les situations de conflit d'intérêts de manière appropriée. » Avec une remarquable capacité à inverser le réel — qui, on le verra, ne se manifeste pas uniquement dans sa communication —, l'EFSA a publié le 11 octobre 2012 son propre communiqué pour annoncer la publication du même rapport d'audit. En voici le titre : « La Cour des comptes européenne reconnaît la politique avancée de l'EFSA en matière d'indépendance et délivre ses recommandations. »

Le contenu du « Rapport spécial n° 15/2012 » de la Cour des comptes contient bon nombre de commentaires désobligeants à l'égard de l'EFSA. En particulier sur la proximité jugée trop grande entre l'industrie et de nombreux experts de l'agence. Un paragraphe du texte attire l'attention : les auditeurs de la Cour des comptes se permettent de critiquer, à mots couverts, une évaluation scientifique de l'EFSA, tant celle-ci a été menée de manière contestable. Le fait est suffisamment rare pour être noté. L'un des encadrés du rapport est carrément intitulé : « Experts scientifiques jouant des rôles sujets à conflits d'intérêts : défenseurs et examinateurs des mêmes concepts ». À quoi font référence les rapporteurs européens ? À un dossier symboliquement très lourd : il s'agit de défendre, envers et contre tout, les vieilles idées de Paracelse, selon lesquelles « c'est la dose qui fait le poison », et qui voudrait que les faibles doses produisent toujours des effets négligeables.

L'histoire remonte à 2008, précisément au moment où l'agence de sécurité sanitaire canadienne s'inquiète des faibles doses de bisphénol A dans les biberons. Sans avoir été saisie par quiconque, sans la moindre nécessité de mettre la question à l'ordre du jour, l'EFSA décide de mettre sur pied un groupe d'experts chargé d'évaluer la pertinence d'une approche scientifique dite du « seuil toxicologique de préoccupation » (*Threshold of Toxicological Concern*, ou TTC). Cette approche est assez simple : elle consiste à lister les molécules en fonction de leurs affinités (c'est-à-dire leurs ressemblances de structure et de composition) et d'en déduire des seuils sous lesquels les études toxicologiques ne seraient plus obligatoires ou, en tout cas, pas urgentes. Par exemple, si des tests ont été menés sur telle molécule et ont conduit à l'établissement d'une dose d'exposition sans danger — c'est-à-dire une DJA —, alors les molécules qui lui ressemblent pourraient se trouver à des seuils comparables dans la chaîne alimentaire sans qu'il soit besoin de mener de coûteuses et longues études. On voit à quel point une telle approche est fondamentalement incompatible avec l'idée que des doses faibles puissent avoir — dans le cas de certaines substances — des effets importants. On voit aussi bien l'intérêt d'une telle approche pour l'industrie. L'approche TTC a d'ailleurs été promue par l'ILSI, l'organisation de lobbying des industriels, à la fin des années 1990 et les premières publications scientifiques qui décrivent et proposent cette approche sont le fait de chercheurs affiliés justement à l'ILSI.

Quels experts l'EFSA a-t-elle choisis pour évaluer la pertinence de l'approche TTC ? L'organisation environnementale Pesticide Action Network-Europe (PAN-Europe) s'est posé la question et a requis de l'EFSA, par voie légale, la communication des documents *ad hoc* de l'agence. Les correspondances qui ont été transmises à PAN-Europe — et qui ont été rendues publiques — montrent que le groupe des treize spécialistes a été constitué par une unique toxicologue, membre du comité scientifique de l'EFSA, du nom de Susan Barlow. Une rapide recherche nous apprend qu'elle a été recrutée par l'ILSI pour rédiger une grande monographie sur l'approche TTC, publiée en 2005. Or c'est elle seule qui a réuni et organisé le panel. Ce qu'elle a apparemment fait avec grand soin. En effet, dix des treize experts choisis par Susan Barlow ont eux-mêmes contribué au développement ou à la promotion de l'approche TTC, en association avec l'ILSI. Quant à leur déclaration d'intérêts, elles montrent que huit d'entre eux sont également consultants pour l'ILSI, tandis que six sont sous contrat avec des industriels dont les intérêts sont potentiellement liés à la régulation des composés chimiques. Le plus extraordinaire est cependant que dix des treize experts en question n'avaient pas publié plus de deux recherches originales par an au cours des cinq années précédentes. Impossible, donc, de justifier l'appel à ces spécialistes par leur activité scientifique.

Il faut cependant avoir à l'esprit qu'il ne s'agit nullement de corruption. Ces experts sont *a priori* honnêtes et n'expriment, comme on le leur demande, que leur avis. Il s'agit donc de mettre les « bons experts » aux « bons endroits ».

L'un de ces « bons endroits » est le comité scientifique de l'EFSA. Sur la période 2009-2012, sur

les dix-neuf membres de cet organe central de
l'agence, onze avaient, ou avaient eu, des liens de
natures diverses avec l'ILSI. Or travailler avec l'industrie « change la manière de voir les choses[11] » :
Gérard Pascal, l'une des figures françaises de la
toxicologie « à l'ancienne », ancien directeur de
recherche à l'Institut national de la recherche
agronomique et longtemps associé à l'ILSI, le
reconnaît très honnêtement. Consultante privée,
Susan Barlow n'a pas d'affiliation institutionnelle
(université, organisme de recherche, etc.). Elle
est à l'interface entre l'industrie et les organismes
d'expertise publics. Elle est non seulement experte
auprès de l'EFSA, mais aussi de l'Organisation des
Nations unies pour l'agriculture et l'alimentation
(FAO), de l'OMS, de l'agence de sécurité sanitaire
britannique et de l'OCDE. Sa dernière déclaration
d'intérêts mentionne des travaux de consultants
pour une variété d'entreprises ou d'associations
d'industriels : l'ILSI, mais aussi PepsiCo, Pfizer,
Rio Tinto, Plastics Europe, etc.

Parfois, leurs relations étroites avec l'industrie emmènent certains scientifiques un peu loin.
Jusqu'à faire aux entreprises qui louent leurs services des concessions que devrait leur interdire leur
déontologie de scientifiques. Et, comme par un fait
du hasard, ce sont souvent ceux-là qui prennent
l'ascendant dans des organisations comme l'EFSA.
La toxicologue Susan Barlow, membre du comité
scientifique de l'agence européenne depuis sa création en 2002, jusqu'à 2012, en fait partie.

Pour s'en convaincre, il faut faire un retour aux
tobacco documents. Les mémos internes de l'indus-

trie du tabac révèlent en effet que Susan Barlow a été employée par Philip Morris jusqu'au début des années 2000. Il s'agissait, encore et toujours, d'une question de faibles doses — en l'occurrence du tabagisme passif et de ses effets sur les jeunes enfants. À la fin des années 1990, le cigarettier tentait de minimiser les risques de la fumée ambiante de cigarette sur le phénomène de mort subite du nourrisson. Les *tobacco documents* montrent que les responsables de la filiale européenne de Philip Morris ont recruté deux toxicologues — Frank Sullivan et Susan Barlow — pour rédiger une analyse critique de la littérature scientifique (une *review*) sur ce phénomène, très angoissant pour les jeunes parents. Les deux scientifiques se sont exécutés — quoi de plus normal ? — mais ils ont aussi soumis la version préliminaire de leur manuscrit aux cadres du cigarettier. La première version de leur texte est intégralement disponible dans les *tobacco documents*, ainsi qu'un mémo daté de 1999, dans lequel deux scientifiques de Philip Morris adressent cinq pages de recommandations, de commentaires et de demandes de changements dans le texte initial de Frank Sullivan et Susan Barlow[12]. On trouve ensuite une deuxième version du manuscrit dans les *tobacco documents* : les deux consultants ont accepté de modifier profondément leur article, cédant sans barguigner à toutes les exigences du cigarettier. Avec, à la clé, une *review* minimisant les risques de mort subite du nourrisson dus au tabagisme passif. Le texte définitif a été finalement publié en 2001 dans la revue *Paediatric and Perinatal Epidemiology*, et en grave entorse à la déontologie des auteurs, il n'est nulle part spécifié dans leur article que celui-ci avait été lourdement amendé de la main même des cadres de Philip Morris. Au contraire, la déclaration d'intérêts publiée au bas de l'article précise : « Nous remercions les Fabriques de Tabac Réunies SA (Philip Morris) pour leur soutien financier dans la préparation de cette *review*, mais les opinions exprimées sont entièrement celles des auteurs. » On voit que la réalité est tout autre.

Le lien entre certains toxicologues associés à l'ILSI et les fabricants de tabac n'est pas nouveau. Depuis la fin des années 1990 et la publication des *tobacco documents*, ces liens sont une douloureuse épine dans le pied de l'ILSI — qui se présente officiellement comme une organisation à but non lucratif chargée de « fournir la science qui améliore la santé publique et le bien-être ». En 2001, l'OMS a ainsi rendu public un rapport examinant à l'aide des *tobacco documents* comment les cigarettiers avaient tenté, parfois avec succès, d'infiltrer l'organisation pour influer sur les politiques de contrôle du tabac. En marge de ce volumineux rapport se trouve une annexe consacrée à l'ILSI. Ses conclusions sont sévères : « Nos découvertes indiquent que l'ILSI a été utilisé par certaines sociétés cigarettières pour entraver les politiques de contrôle du tabac. De hauts responsables de l'ILSI ont été directement impliqués dans ces actions[13]. » Ce que Derek Yach, alors l'un des responsables de l'OMS, décrivait en novembre 2001 dans la revue *American Journal of Public Health*, en ces termes : « L'ILSI [...] a donné à l'industrie du tabac l'opportunité de mêler les risques du tabagisme passif avec d'autres risques à faible dose et continue à créer du doute et de la controverse sur les dégâts sanitaires de la fumée ambiante du tabac. » Outre Susan Barlow, deux autres membres du comité scientifique de l'EFSA jusqu'en 2012, également affiliés à l'ILSI, ont eu par le passé des liens avec l'industrie du tabac.

Par experts interposés, l'ILSI joue toujours un rôle important dans la manière dont les agences de sécurité sanitaire envisagent et évaluent les risques. Sans surprise, l'EFSA finira donc, en juillet 2012, par donner son feu vert au TTC — dont un toxicologue de l'Agence de sécurité sanitaire française (ANSES) dit sans ambages : « Nous sommes très mal à l'aise avec cette approche[14]. » Le lien avec les perturbateurs endocriniens et leurs effets aux faibles doses peut sembler lointain, mais l'adoption de cette approche par l'EFSA est un signal puissant, qui signifie en substance que l'agence européenne n'est pas d'accord avec l'ensemble de la communauté des endocrinologues. Grâce à l'approche TTC il est possible de s'accommoder d'une présence faible de certaines substances dans la chaîne alimentaire sans avoir vérifié de manière expérimentale que ces faibles doses sont sans effets.

Tout est bon pour faire accroire l'idée qu'un débat scientifique acharné existe sur la question. Et qu'il serait loin d'être tranché. L'EFSA ne recule devant aucun artifice pour construire du doute et de l'incertitude sur la question centrale des faibles doses. La manœuvre la plus criante est sans doute celle menée en juin 2012 avec l'organisation d'un colloque scientifique « sur les effets des faibles doses en toxicologie et en évaluation des risques ». Le 14 juin, l'EFSA a rendu compte sur son site Web du colloque : « Durant deux jours, cent experts scientifiques ont échangé leurs opinions et examiné les effets possibles associés à de faibles doses de certains produits chimiques sur la santé ("hypothèse des effets à faible dose") et les défis actuels et futurs engendrés par cette hypothèse dans le domaine de l'évaluation des risques associés à l'alimentation humaine et animale. » Conclusion ? « Aucun consensus scientifique n'a été atteint à ce jour concernant la validité de l'hypothèse des effets à faible dose », assure le communiqué, qui ajoute que « de nombreuses incertitudes entourent encore ce débat ». Si, au terme de deux jours de colloque scientifique, les experts de la question concluent qu'il n'y a « aucun consensus scientifique » et qu'il y a encore « de nombreuses incertitudes », que peut-on répondre ?

On peut, par exemple, voir qui sont ces « experts scientifiques » invités par l'EFSA : car les participants étaient triés sur le volet et n'étaient admis à participer que sur invitation. Et l'EFSA a soigneusement choisi ses invités. Parmi eux, environ 60 % étaient des toxicologues ou des responsables d'agences de sécurité sanitaire, c'est-à-dire qu'ils ne sont pas experts des questions soulevées en ce sens qu'ils ne mènent généralement pas de recherches originales sur la question des perturbateurs endocriniens. En outre, près de la moitié d'entre eux étaient membres de l'EFSA — ce qui revient à faire

masse avec son propre personnel. Sur la quarantaine d'«experts scientifiques» restants, la moitié
étaient des scientifiques de sociétés privées comme
Bayer, BASF, Unilever ou Syngenta et l'autre moitié étaient des chercheurs d'universités ou d'organismes publics de recherche. Parmi cette minorité,
seuls quelques-uns étaient en effet spécialistes du
sujet. D'autres — comme James Cresswell (université d'Exeter), statisticien spécialiste de la pollinisation et que l'on a déjà croisé à propos des
pesticides et de conflits d'intérêts — avaient sans
doute été sélectionnés sur d'autres critères que leur
spécialité scientifique. Lesquels? On l'ignore. Reste
que les invités choisis et la structure de l'assemblée qu'ils ont formée ces 14 et 15 juin 2012 rappellent immanquablement le Comité permanent
amiante. En mêlant des scientifiques d'entreprises
en situation de conflit d'intérêts, des responsables
d'agences non spécialistes du sujet avec quelques
scientifiques de haut niveau, on est à peu près certain de parvenir à une criante «absence de consensus» marquée par de «nombreuses incertitudes».
De ce point de vue, l'EFSA est devenue une sorte
de «Comité permanent bisphénol A».

Parmi les scientifiques invités qui sont véritablement spécialistes du sujet, certains ne s'y sont
pas laissé prendre. L'un d'eux confie, sous le sceau
de l'anonymat : «Il est important de noter que ces
phrases du communiqué de presse [mentionnant
l'absence de "consensus scientifique" et l'existence
de "nombreuses incertitudes", *N.d.A.*] sont les
termes exacts qui étaient utilisés par l'EFSA dans
l'invitation au colloque que j'ai reçue. Il semble

donc que l'EFSA adopte le point de vue que rien n'a été appris de la réunion — leurs conclusions sont identiques à l'idée qu'ils avaient avant le colloque. Pour être clair, ce dernier était conçu pour éviter tout progrès et en cela il a été réussi à 100 %. Est-ce que cela signifie que les participants s'accorderaient à dire que "l'hypothèse des faibles doses et de la non-monotonie" est toujours un sujet de débat ? Que les données ne sont pas reconnues comme valides ? Ma conclusion après cette réunion de l'EFSA est que s'il n'y a pas de consensus sur ce sujet, alors il n'y en aura jamais car s'il suffit de prétendre que les données n'existent pas, il y aura toujours les raisons économiques de le faire[15]. »

Un autre spécialiste de la perturbation endocrinienne présent ajoute : « Lorsqu'il a été dit dans l'assemblée qu'il serait bien que les endocrinologues et les biologistes du développement [spécialistes du développement fœtal et de ses implications pour la santé future des individus, *N.d.A.*] soient également amenés autour de la table, un des coprésidents du colloque a fait une mauvaise plaisanterie en disant qu'ils étaient déjà trop nombreux autour de la table, ou quelque chose comme cela. Je me demande pourquoi ils font cela... Un mélange de conflits d'intérêts et de toxicologie "vieille école"[16] ? » Cet autre chercheur, qui a également requis l'anonymat, ne dit pas qui était l'auteur de cette blague, révélatrice du cynisme et de la légèreté avec lesquels l'EFSA préside à la santé de quatre cents millions d'Européens. Était-ce le chimiste français Alexandre Feigenbaum, à l'époque responsable de l'unité « Ingrédients et emballages alimentaires » de l'EFSA, qui coprésidait le colloque ? On ne sait. Ce que l'on sait en revanche, de sa déclaration d'intérêts transmise à l'Agence française de sécurité sanitaire des aliments (AFSSA) à l'époque où il en était l'un des experts, c'est qu'Alexandre Feigenbaum est demeuré au moins douze ans au conseil scientifique de Tupperware, cette entreprise qui a fait sa fortune en commercialisant des récipients alimentaires en plastique fabriqué à base de bisphénol A. Il a également conseillé, pendant trois ans, une autre firme d'emballage, Cofresco, également adepte du plastique alimentaire. Le service de presse de l'EFSA précise qu'il a cessé ces collaborations en 2007 à son entrée à l'agence de Parme. Ce qu'il faut croire sur parole car sa déclaration d'intérêts officielle n'est pas disponible en ligne sur le site de l'EFSA.

Sur la question des perturbateurs endocriniens, l'EFSA, de manière strictement identique à l'industrie du tabac, met systématiquement en avant les incertitudes, invente une absence de consensus scientifique, souligne la nécessité de faire toujours plus de recherche avant de se décider à agir. Dans une « foire aux questions » sur le sujet, publiée sur son site Web, l'agence de Parme explique : « L'hypothèse des effets à faible dose signifie-t-elle que nos aliments ne sont pas sans danger ? Non, pas du tout. Le concept des effets à faible dose est une hypothèse qui fait encore l'objet d'importants débats scientifiques. Sur la base des preuves scientifiques, de nombreux experts ne sont pas convaincus de sa validité. »

Le 2 octobre 2012, *Le Monde* a adressé au service de presse une question simple : l'EFSA pourrait-elle fournir à la presse le nom d'au moins un de ces «nombreux experts», qui ne serait pas convaincu de la réalité des effets à faible dose ? La question était assortie de la demande que l'expert en question — c'est bien la moindre des choses — ait publié des travaux de recherche récents sur la perturbation endocrinienne. C'est-à-dire simplement qu'il soit un «vrai» expert. La réponse, le lendemain, de l'un des responsables du service de presse de l'agence fut qu'il aurait «à passer quelques coups de fil» et qu'il répondrait aussi vite que possible. Bien sûr, la réponse n'est jamais venue.

Qui a rédigé cette «foire aux questions» de l'EFSA ? Le texte n'est pas signé. Mais examinons la première question à laquelle l'agence européenne propose sa réponse : «Pourquoi y a-t-il des produits chimiques dans nos aliments ? » Réponse de l'EFSA : «Les composés chimiques constituent la base essentielle de toute chose ; en effet, l'ensemble du vivant, y compris notre organisme et tous les aliments, est fait de différents éléments et composés chimiques. » Le tour de passe-passe sémantique est si grossier qu'il ne tromperait pas un enfant. Robert Proctor a cherché l'origine de cet argument de pure propagande : il a été inventé par Monsanto, en 1978, pour l'une de ses campagnes de publicité, lancée lorsque «les produits chimiques» ont commencé à avoir mauvaise presse aux États-Unis. La proximité d'esprit entre l'EFSA et l'industrie va bien au-delà du choix de quelques experts. C'est toute une culture commune, une manière d'envisager la communication, qui rapproche l'agence de Parme — qui fonctionne grâce aux impôts des Européens — du secteur privé.

En septembre, quelques semaines après le fameux colloque organisé par l'EFSA à Parme, d'autres institutions organisaient, à Berlin, une rencontre scientifique sur le même thème. Les organisateurs étaient le prestigieux National Institute of Environmental Health Sciences (NIEHS) et les National Institutes of Health (NIH) américains, l'agence de sécurité sanitaire française (ANSES), l'agence fédérale de l'environnement allemande (UBA), etc. Mais à la différence du colloque fermé de Parme, avec invités sélectionnés et triés pour créer l'illusion de la discorde scientifique, ce colloque-là était ouvert et quelque deux cents scientifiques avaient fait le déplacement. Les conférenciers étant sélectionnés sur la base de leurs publications et de leur apport scientifique sur le sujet. Sans surprise, les choses se sont passées un peu différemment qu'à Parme. Alexandre Feigenbaum était venu présenter la position de l'EFSA sur le sujet. Après sa présentation, « il a été durement interpellé et n'a pas pu répondre aux questions qui lui étaient posées », raconte le biologiste américain Frederick vom Saal qui était invité à donner une conférence au cours du colloque. « Il lui a été vivement demandé pourquoi l'EFSA ne parvient pas aux mêmes conclusions que l'ANSES, que le National Toxicology Program (NTP) américain, etc., en regardant les mêmes données, raconte une chercheuse qui participait également à la réunion. Quelqu'un a publiquement suggéré que c'était parce que l'EFSA n'arrivait pas à gérer ses conflits d'intérêts… L'ambiance était assez intense. » Et Alexandre Feigenbaum piqué au vif. Les organisateurs du colloque ont ainsi bouleversé le programme des interventions à la demande du scientifique français, pour lui offrir la possibilité d'une allocution en forme de réponse, attestant de la probité et de la compétence des experts européens.

Reste que la position de l'EFSA ulcère littéralement les endocrinologues. « L'EFSA ignore volontairement des milliers d'études et des décennies de recherche en endocrinologie, résume Frederick vom Saal. J'ai évoqué la position de l'EFSA au cours d'une réunion de l'Endocrine Society : c'était comme annoncer à un congrès d'astrophysique qu'il reste des gens pour croire que la Terre est plate et qu'elle est au centre de l'Univers… J'ai eu droit à plusieurs minutes de fou rire[17]. »

L'EFSA n'est pas la seule agence de sécurité sanitaire à entretenir une position intenable vis-à-vis du bisphénol A et des perturbateurs endocriniens. La remise en cause du dogme central de la toxicologie réglementaire — le fameux effet dose-réponse — et la reconnaissance d'effets importants à de très faibles taux d'exposition ouvriraient une boîte de Pandore. Pour l'industrie chimique, l'agroalimentaire, l'agrochimie, le désastre serait considérable.

La manière dont les responsables politiques interrogent les agences sanitaires est donc cruciale. En 2008, après que l'agence canadienne

(Environnement Canada) eut interdit le bisphénol A dans les biberons, le ministère de la Santé
français a saisi la défunte AFSSA pour faire bonne
figure. Mais la question posée était millimétrée : il
s'agissait uniquement d'obtenir de l'agence française qu'elle rende un avis sur les taux de migration de bisphénol A dans le lait des biberons après
que ceux-ci ont été chauffés. Remarquable sens du
contournement. Les experts français ont pu paisiblement répondre, après un travail sérieux, que
les taux de migration n'exposaient pas les nourrissons à des quantités de bisphénol A supérieures à
la dose journalière admissible établie par l'EFSA.
Fermez le ban. Mais en 2008, il était déjà clair que
le fameux seuil était de moins en moins crédible,
avec plusieurs dizaines d'études déjà publiées,
montrant des effets biologiques à des doses inférieures. Ce n'est pas tout. L'AFSSA cultivait, elle
aussi, une gestion particulière des conflits d'intérêts.

De manière surprenante, l'un des experts de
l'agence, le professeur Jean-François Narbonne
(université de Bordeaux I), s'est ainsi exprimé
publiquement un peu partout où il le pouvait,
pour affirmer à quel point l'inquiétude entretenue autour du bisphénol A était ridicule. Et comment les mesures d'interdiction relevaient de la
pure politique et non des recommandations de la
science. Le toxicologue bordelais a par exemple
violemment critiqué Marie-Monique Robin après
la diffusion de son film *Notre poison quotidien* dont
elle a tiré un livre qui accorde une place importante à la question du bisphénol A et des pertur-

bateurs endocriniens. À la suite de cette algarade, Marie-Monique Robin a publié la déclaration d'intérêts que Jean-François Narbonne avait transmise en janvier 2010 à l'AFSSA : non seulement le laboratoire du toxicologue était financé par Arkema (une filiale de Total spécialisée dans la synthèse de plastiques), mais l'éminent professeur se trouvait également être consultant pour Danone, Carrefour, Coca-Cola, Picard, Glon, Charal et Servair. Ce qui ne l'a pas empêché de cosigner l'opinion scientifique de l'AFSSA sur le bisphénol A publiée à l'automne 2010. Par ailleurs, Jean-François Narbonne n'a jamais mené de recherches expérimentales sur le bisphénol A, à l'exception d'une étude préliminaire qu'il a signée en dernier auteur, sur la réponse de la moule à cette substance.

Mais en 2011, la nouvelle agence française s'est enfin prononcée de manière claire sur le bisphénol A. Commentaire de l'un des membres du panel d'experts : « On aurait pu interdire cette saloperie il y a longtemps... » Ce sera chose faite en France, dans les contenants alimentaires, dès 2015. Mais la publication de l'avis de la nouvelle agence sur le bisphénol A, qui allait contre celui de l'EFSA, sa « grande sœur » européenne, a déclenché de très fortes pressions, en provenance de Parme, sur les responsables de l'agence française.

DERNIÈRES MANŒUVRES

L'Union européenne, cette machine à perdre du temps pour les hommes et à en gagner pour les entreprises, s'est enfin décidée à agir sur la question des perturbateurs endocriniens. Agir est un bien grand mot. Disons plutôt qu'elle s'est enfin décidée à savoir. Ce qui peut être un préalable utile à l'action. À l'automne 2011, la Direction générale de l'environnement (DG Environnement) de la Commission européenne a mandaté, au terme d'un appel d'offres, un toxicologue britannique pour résumer dans un rapport scientifique l'état des connaissances sur les perturbateurs endocriniens et leurs effets à faible dose. L'intéressé, Andreas Kortenkamp (université Brunel à Londres), est une personnalité respectée dans la communauté scientifique. Lui et ses coauteurs se sont exécutés et ont rendu, en janvier 2012, le rapport Kortenkamp sur les perturbateurs endocriniens. Le texte, de l'avis des meilleurs spécialistes de la question, est de grande qualité. Il devait servir de base aux réflexions européennes sur la régulation de ces substances au mode d'action particulier. Mais, en octobre 2012, prenant de court tous les spécialistes du dossier, l'EFSA a annoncé avoir été saisie par la Direction générale à la santé des consommateurs (DG SANCO) de la même mission.

L'agence de Parme chargée de produire un rapport scientifique sur la question des perturbateurs endocriniens : c'est un peu comme si l'on demandait à des tenants de la Terre plate de calculer la longueur du méridien... Les députés européens spécialistes du sujet ne s'y sont d'ailleurs pas trompés et ont vertement protesté devant ce qu'ils interprètent comme une tentative de court-circuiter l'action de la DG Environnement et de produire un contre-rapport pour faire pièce à celui d'Andreas Kortenkamp. C'est donc en termes inhabituellement durs à l'encontre d'une institution européenne que deux députées européennes françaises, Corinne Lepage et Michèle Rivasi, se sont exprimées sur cette saisine de l'EFSA et son sens véritable. « Il y a de très grands risques que les experts qui se pencheront sur la question des perturbateurs endocriniens soient de mèche avec l'industrie, qui n'a pas intérêt à ce que l'Europe retienne une définition large des perturbateurs endocriniens, a déclaré Michèle Rivasi dans un communiqué du 2 octobre 2012. C'est clairement une manœuvre du lobby agrochimique ! En effet, ce dernier veut un nombre restreint de perturbateurs endocriniens clairement définis. Nombreux sont les produits de consommation courante qui en contiennent. Si une définition large est retenue, cela nuira au commerce de ces industries... »

Remarquable prescience. Début décembre 2012, quelques semaines après l'annonce de sa saisine par la DG SANCO, l'EFSA publiait discrètement, sur son site Web, la composition du panel d'experts réuni pour produire le rapport demandé. Aucun communiqué, aucune publicité de l'agence n'a accompagné cette publication. C'est la documentariste et journaliste indépendante Stéphane Horel — auteure des *Alimenteurs* et des *Médicamenteurs*, deux documentaires choc sur l'agroalimentaire et la pharmacie — qui a repéré l'information début décembre 2012[18]. Elle a analysé minutieusement les conflits d'intérêts des membres du panel : les craintes de Michèle Rivasi s'avéraient fondées. Sur les dix-huit experts choisis par l'EFSA, huit ont des liens contractuels ou scientifiques avec l'industrie et notamment l'ILSI, mais également AstraZeneca, Nestlé, Unilever... Ce n'est pas tout : onze des dix-huit experts n'ont aucune publication à leur actif sur la question des perturbateurs endocriniens. La nationalité des experts choisis importe également : le tiers du groupe de travail provient de seulement deux pays européens — l'Allemagne et le Royaume-Uni — dont les agences de sécurité sanitaire ont déjà pris, en 2011, un avis commun sur la classification des perturbateurs endocriniens. Une définition qui sied parfaitement à l'industrie puisqu'elle ne tient pas compte des effets potentiellement irréversibles des molécules. Trois des experts allemands et britanniques appartiennent même aux agences nationales de sécurité sanitaire de leurs pays respectifs : comment penser qu'ils soutiendront autre chose que l'avis de leurs institutions de rattachement, même si celles-ci sont critiquées dans la communauté scientifique ?

Andreas Kortenkamp ne s'en est pas privé. Le rapport Kortenkamp a adopté « une approche plus flexible et plus protectrice[19] », résume son principal auteur. Qui met en cause l'agence de sécurité sanitaire de son propre pays : « L'agence britannique a partiellement justifié sa position par les effets financiers importants qu'aurait une classification plus large des perturbateurs endocriniens, mais elle ne devrait pas se préoccuper des implications commerciales de ses opinions scientifiques, estime Andreas Kortenkamp. Ce faisant, elle ne remplit

pas sa mission qui est de protéger notre santé, pas
de préserver les intérêts des industriels. »

Parmi les membres du groupe de travail constitué par l'EFSA se trouve un de ces experts toxicologues pour qui l'« intérêt des industriels » est
à l'évidence une variable d'importance. Le toxicologue suisse Josef Schlatter, aujourd'hui retraité de
l'Office fédéral suisse de la santé publique, a par
exemple bénéficié de subsides des cigarettiers entre
1972 et 1985, utilisés pour financer ses recherches,
pour des sommes de l'ordre de 300 000 dollars
(230 660 euros au cours de 2012). L'un des documents mis au jour par Stéphane Horel relate une
réunion de l'Association suisse des fabricants de
cigarettes, en 1983, au cours de laquelle est évoquée la demande faite à Josef Schlatter d'« écrire
une revue de littérature sur le tabagisme dans les
lieux publics qui devra être publiée dans une revue
scientifique de haute tenue ». Un autre mémo,
daté de 1984, précise que l'étude sur le tabagisme
passif menée par Josef Schlatter aura pour but
d'être « utilisée comme source d'arguments pour
des articles de presse vulgarisés ». Les documents
exhumés par Stéphane Horel attestent la présence
de Josef Schlatter à des réunions des industriels du
tabac jusqu'en novembre 1985. Moins de cinq ans
plus tard, le toxicologue occupe un poste à l'Office
fédéral suisse de la santé publique, où il est chargé
d'un dossier crucial pour les cigarettiers : l'évaluation de la dangerosité des nouveaux additifs dans
le tabac.

Josef Schlatter a, semble-t-il, remarquablement
épousé les idées défendues par les cigarettiers dans

ses communications scientifiques ultérieures. Les comptes rendus de certaines de ses interventions publiques sont consignés dans des mémos secrets de Philip Morris. Par exemple, en 1986, à une conférence de médecine interne, Josef Schlatter assure qu'« il est douteux que la preuve exacte soit jamais apportée que le tabagisme passif soit une cause de cancer du poumon[20] ». « Les découvertes faites jusqu'à présent concernant une augmentation du risque de cancer du poumon par la fumée ambiante du tabac sont ouverts à la controverse et les données produites sont inadéquates », déclarait également Josef Schlatter, cinq années après la publication séminale de Takeshi Hirayama et deux ans après que plusieurs États américains eurent considéré que le niveau de preuve apporté par l'épidémiologie suffisait à limiter la consommation de cigarettes dans les lieux publics et sur le lieu de travail. Ces liens anciens avec l'industrie du tabac n'apparaissent pas dans la déclaration publique d'intérêts de Josef Schlatter. Et pour cause, ils sont trop anciens pour l'être. Ses collaborations récentes n'en sont pas moins nombreuses : Syngenta, et l'ILSI, bien sûr, avec lequel Josef Schlatter entretient des relations depuis 1999. Le toxicologue suisse a notamment participé, dans plusieurs publications, à établir et promouvoir la fameuse approche TTC.

À l'heure où ces lignes sont écrites, le groupe de travail *ad hoc* de l'EFSA n'a toujours pas rendu son rapport sur les perturbateurs endocriniens, dont dépendra au moins indirectement la santé de dizaines de millions d'Européens. Mis en regard de l'énormité des enjeux, la composition du groupe d'experts de l'EFSA ne peut raisonnablement susciter qu'une seule chose : une profonde inquiétude.

Il n'est pas possible de rendre en quelques lignes ou quelques pages toute la complexité scientifique, les incertitudes réelles et les limites expérimentales des études sur les effets des perturbateurs endocriniens et du bisphénol A en particulier. De nouvelles études sont publiées chaque jour ou presque. Les spécialistes du sujet le disent eux-mêmes et sans ambages : bon nombre d'entre elles sont mauvaises ou inutiles, fragiles voire biaisées, non conclusives, etc. C'est le cas dans toutes les disciplines. Mais s'il faut un argument pour faire entendre l'importance du sujet et la réalité de l'intérêt qu'il suscite au sein de la communauté scientifique, on peut ne citer qu'un seul chiffre. Depuis le consensus de Chapel Hill en 2007 et jusqu'à fin 2012, plus de deux mille sept cents travaux de recherche sur ou autour du bisphénol A ont été menés en sciences de la vie ou en recherche biomédicale. Cela représente la publication de presque deux études par jour ouvré, sur une période de six ans... Et si l'on étend la recherche aux perturbateurs endocriniens, on découvre un total de plus de trois mille cinq cents études publiées sur la même période de temps.

Chapitre VI

TOUS LES MOYENS SONT BONS

LA RECHERCHE SUR LES OGM
ET SES DANGERS

Le 19 septembre 2012, la couverture du *Nouvel Observateur* sonne à la fois comme un triomphe et un signal d'alarme : « Oui, les OGM sont des poisons ! » L'hebdomadaire reprend à son compte, avec force, les conclusions d'une étude conduite par le biologiste français Gilles-Éric Séralini, professeur de biologie moléculaire à l'université de Caen. Les conclusions de l'étude menée pendant deux ans par le chercheur et son équipe sont, de fait, alarmantes. Selon elles, la consommation d'un maïs transgénique — le NK603 de Monsanto —, associé ou non à l'herbicide total auquel il résiste, provoque sur le rat de laboratoire des tumeurs mammaires, des troubles hépatiques et rénaux, et raccourcit sa durée de vie.

La publication de l'étude dans *Food and Chemical Toxicology* — l'une des principales revues de toxicologie alimentaire — est accompagnée d'un efficace plan média. Elle est en effet relayée par un film documentaire de Jean-Paul Jaud, et deux livres destinés au grand public — le premier signé du professeur Séralini, le second de l'eurodéputée Corinne Lepage, présidente du Comité de recherche et d'information indépendantes sur le génie génétique (Criigen), une association opposée aux plantes génétiquement modifiées à laquelle appartient Gilles-Éric Séralini. Les photos des corps de rats déformés par de gigantesques tumeurs ont fait le tour du monde, liant dans l'imaginaire collectif OGM au sens large et cancer.

Quelques jours après la publication, de nombreuses protestations émanant du monde scientifique se sont fait entendre. L'étude était de piètre qualité, la souche de rats choisie (dont on a vu l'importance) ne convenait pas, le groupe témoin était trop petit pour permettre de tirer la moindre conclusion, etc. Cette controverse ne serait-elle qu'une énième fausse polémique destinée à entraver l'action politique et à semer la confusion dans l'esprit public quant à la nocivité des plantes génétiquement modifiées dans la droite lignée des cas exposés précédemment ? L'exigence de vérité impose au contraire de dire que les techniques d'ingénierie du doute et de construction d'incertitude, de même que la manipulation des médias, sont aussi, parfois, le fait de ceux qui s'opposent au développement de certaines technologies. Cela ne signifie pas que, s'agissant des OGM, l'industrie a renoncé à peser dans le débat scientifique, bien au contraire. Elle le fait alors avec d'autant plus de brutalité que la redoutable efficacité du doute joue, cette fois, contre elle. Et son arme favorite pour viser les chercheurs qui dérangent est la diffamation.

INVERSION DE LOGIQUES

Il faut d'abord dire un mot de l'étude de Gilles-Éric Séralini elle-même. Et de la manière dont elle a été conçue. Le biologiste a utilisé un total de deux cents rats, qui ont été divisés en dix groupes, chacun soumis à un régime alimentaire différent. Trois groupes ont été nourris pendant deux ans avec le NK603 produit par la firme Monsanto, à trois doses différentes (11 %, 22 %, 33 %), trois autres avec le NK603 aux mêmes doses, le maïs ayant cette fois été traité avec son herbicide associé (le RoundUp), trois autres groupes encore ont reçu le maïs conventionnel le plus proche du NK603, additionné de trois doses de RoundUp. Un dernier groupe, dit témoin, était nourri au maïs conventionnel. Des centaines de paramètres physiologiques (composition sanguine, dosages hormonaux, etc.) ont été relevés sur chaque rat pendant quelque deux années. À première vue l'ambition de l'étude est considérable. Mais, à y regarder de plus près, on ne peut que constater qu'elle n'a pas été conçue pour trancher une question, ou pour faire avancer la connaissance : elle a été construite pour produire de l'incertitude. Quel que soit le bien-fondé de la démarche du biologiste français, quelle que soit la justesse de son combat, quelle que soit la sympathie que peut inspirer son engagement et quelle que soit la méfiance que peut au contraire susciter une société comme Monsanto, dont l'histoire sombre et les méfaits sont bien connus, il faut le dire avec autant de force que lorsque ce sont

les industriels qui pratiquent ce type de science :
l'étude de Gilles-Éric Séralini n'est pas construite
pour augmenter le savoir disponible, mais pour
créer du doute.

Si le biologiste français avait voulu faire avancer la connaissance, il aurait utilisé ses nombreux
rats pour ne tester qu'un produit, l'OGM seul, par
exemple, ou le RoundUp seul. Le nombre de rats
par groupe aurait été largement supérieur et les
résultats auraient été convaincants. Ce qui n'est
pas le cas ici. L'objectif manifeste est d'obtenir des
statistiques médiatiquement exploitables. Quiconque est familier de ces études toxicologiques
sait que, par le simple fait du hasard et des différences entre les rats, des groupes soumis au même
régime alimentaire ne vont pas nécessairement
mourir des mêmes pathologies, en même temps.
Vu le faible nombre de rats par groupe et la longueur de l'expérience, il était certain que quelques
groupes s'écarteraient du groupe témoin. Et que
cet écart suffirait à annoncer avec roulements
de tambour une suspicion de risque accru lié à
la consommation de l'OGM, ou du RoundUp ou
des deux ensemble. Pour trancher, pour accroître
le savoir disponible, il aurait donc fallu plus de
rats, et ce d'autant plus que la souche choisie par
le chercheur français, le fameux Sprague-Dawley,
est connue pour développer spontanément des
tumeurs mammaires vers la fin de sa vie. Bien
sûr, des rats issus de la même souche sont utilisés par les chercheurs de l'industrie, mais leurs
tests — relevant des désormais fameuses « bonnes
pratiques de laboratoire » — se font sur trois mois,

c'est-à-dire une période de temps pendant laquelle les animaux demeurent suffisamment jeunes pour ne pas développer des pathologies.

Vient alors la question : pourquoi ne pas avoir limité l'ambition de l'étude (en ne testant par exemple que l'OGM ou que l'herbicide) pour augmenter le nombre de rats dans chaque groupe et se donner vraiment les moyens de savoir ? La réponse est simple : Gilles-Éric Séralini ne pouvait simplement pas se permettre de ne *rien trouver*. Son étude a coûté très cher — plus de 3 millions d'euros —, sponsorisée par des mécènes (parmi lesquels une fondation regroupant des acteurs de la grande distribution) qui en attendent des résultats. Difficile de laisser partir en fumée 3 millions d'euros et un investissement personnel de deux ans. Il importait donc que l'étude produise des résultats relevant d'une zone grise, celle où l'on ne peut rien affirmer, mais aussi ne rien exclure. Une zone grise qui permet néanmoins de produire des photos de rats déformés par de monstrueuses tumeurs, attribuant celles-ci à l'OGM et/ou à son herbicide compagnon — et ce alors que bon nombre de rats témoins qui n'ont été exposés ni à l'OGM ni à l'herbicide développent ces mêmes maladies ! Aucune photo d'une tumeur touchant les rats nourris au maïs conventionnel et à l'eau claire n'a ainsi jamais été rendue publique. Et ce alors qu'une analyse statistique conventionnelle *ne montre pas de différences significatives* entre les groupes traités et le groupe témoin ! Beaucoup de rats, donc, divisés en de nombreux groupes. C'est ainsi que l'on fabrique du doute.

Ce qui est remarquable en l'espèce, c'est que ce doute s'insère dans une incertitude institutionnalisée. Le doute fabriqué par les uns s'affronte à une incertitude soigneusement entretenue par les autres, une volonté de ne pas savoir. Car peut-on découvrir des effets plus discrets que des cancers grâce aux tests toxicologiques menés par les industriels et sur la foi desquels les agences de sécurité sanitaire leur délivrent les autorisations de commercialisation ? Peut-on espérer des effets subtils pendant les quatre-vingt-dix jours de tests réglementaires ? Le Haut Conseil des biotechnologies et l'ANSES ont répondu dès 2010, estimant que de tels effets ne pouvaient pas être détectés par de telles expériences. Pour comprendre, il suffit d'imaginer une expérience menée sur des rats, contraints à inhaler de la fumée de cigarette pendant quelques jours : il ne leur arrivera rien de détectable. C'est, au demeurant, de cette manière que les cigarettiers « démontraient » l'innocuité du tabac avant que, dans les années 1950, les chercheurs du Sloan-Kettering Institute n'aient l'idée d'appliquer sur la peau des rongeurs le goudron contenu dans le tabac… *Bis repetita*. Cela ne signifie nullement que les OGM sont nocifs, cela montre que les mêmes techniques sont utilisées pour *ne pas trouver*.

Ainsi, si Gilles-Éric Séralini a construit son étude pour éviter de trouver quoi que ce soit, les industriels et le système réglementaire dans son ensemble ont construit les « bonnes pratiques » de manière à, surtout, ne pas risquer la moindre découverte. Parfois, les choses sont plus simples : le Round-Up, l'herbicide compagnon du NK603, n'a jamais fait l'objet de tests toxicologiques. Seul le glyphosate (sa molécule active) a été testé, mais le RoundUp est un mélange de plusieurs autres substances. Elles agissent par exemple pour permettre au produit actif de pénétrer dans les diverses parties de la plante, pour la détruire. Les effets sur l'homme de ces molécules mises ensemble sont donc inconnus. Le système réglementaire s'accommode de cette ignorance. C'est un constat stupéfiant, mais c'est ainsi.

L'« affaire Séralini », ainsi que les médias l'ont baptisée, a été l'occasion pour la communauté scientifique dans son ensemble de brouiller tous les codes propres à la construction des connaissances. Des tribunes collectives de défiance ou de soutien, des pétitions, des lettres ouvertes. Des centaines de scientifiques de toutes disciplines ont donné leur opinion dans les journaux sur les OGM et ce que la fameuse étude prétendait en révéler, faisant ainsi accroire l'idée trompeuse que la science se forge grâce à des arguments de bon sens, des pétitions et des phrases bien tournées publiées dans la presse.

Que sait-on de la toxicité des plantes génétiquement modifiées ? Pour justifier leur démarche, Gilles-Éric Séralini et le Criigen ont clamé qu'aucune expérience de longue durée n'avait jamais été réalisée sur fonds publics. Cette affirmation est fausse. En mars 2012 et dans un remarquable silence médiatique, des chercheurs français et britanniques conduits par Chelsea Snell, de l'université de Nottingham, ont ainsi passé en revue les études disponibles dans la littérature savante

La Fabrique du mensonge

sur le sujet. Ils ont identifié vingt-quatre études de plus de quatre-vingt-dix jours — la moitié étant menées sur deux à cinq générations d'animaux. Les plantes transgéniques testées étaient des maïs dits « Bt », c'est-à-dire sécrétant une toxine les protégeant contre certains ravageurs, ou encore des sojas résistant au RoundUp. Les animaux enrôlés dans ces expériences pouvaient être le rat, la souris, le mouton, etc. Certains effets biologiques, ténus, sont rarement décelés. La plupart des études ne voient pas de différences entre les animaux traités et les animaux témoins. Leur synthèse, également publiée dans *Food and Chemical Toxicology*, conclut donc que les tests réglementaires de quatre-vingt-dix jours suffisent à établir l'innocuité des OGM alimentaires. Nulle nécessité d'aller plus loin, disent en substance les auteurs.

Pourtant, *stricto sensu*, le NK603 lui-même n'a jamais fait l'objet d'une étude de longue durée, et somme toute, les vingt-quatre études mentionnées ne forment qu'un corpus très limité. Ailleurs dans la littérature scientifique, d'autres *reviews* des mêmes études, signées par d'autres auteurs, parviennent à des conclusions sinon opposées, au moins bien plus prudentes. En 2011, José Domingo (université Rovira de Tarragone) a également mené une *review* sur le même thème, publiée dans *Environment International*. Voici ce qu'il conclut : « Entre octobre 2006 et août 2010, quelques *reviews* sur les risques sanitaires des plantes génétiquement modifiées ont aussi été publiées. En général, tous leurs auteurs s'accordent à dire que plus d'efforts scientifiques sont clairement nécessaires pour construire de la confiance dans l'évaluation et de l'acceptabilité des plantes génétiquement modifiées, autant pour la communauté scientifique que pour le grand public. »

La question soulevée par l'étude de Gilles-Éric Séralini semble donc être une vraie question. Mais la réponse ne sera jamais apportée. Le débat ne sera jamais tranché. Certes, toutes les institutions scientifiques et sanitaires qui se sont prononcées sur ces travaux en ont souligné les failles et le caractère non conclusif. De même, un nombre record de réfutations ont été publiées à son propos par *Food and Chemical Toxicology* dans les semaines qui ont suivi la publication de l'étude du Criigen. Mais nul ne peut formellement affirmer que les travaux de Gilles-Éric Séralini n'ont rien vu. Il n'est pas non plus possible de dire avec certitude qu'ils ont vu quelque chose. Et en définitive, « l'étude anti-OGM » ne sera vraisemblablement jamais clairement démentie, en tout cas dans l'opinion. Un sondage IFOP pour *Ouest-France* effectué quelques jours après la révélation de l'« affaire » Séralini suggère que 79 % des Français se disent « inquiets » de la présence d'OGM dans leur alimentation, soit 11 % de plus que le dernier pointage effectué par le même institut, en décembre 2011.

Les travaux de Gilles-Éric Séralini rejoindront le musée scientifique des militants anti-OGM, où ils prendront place aux côtés de ceux d'Arpad Pusztai (Rowett Research Institute) et d'Ignacio Chapela (université de Californie à Berkeley). En 1998, le premier prétendait avoir montré un effet délétère d'une pomme de terre transgénique sur les cellules de l'estomac et le système immunitaire du rat. Mais ses travaux formellement publiés quelques mois plus tard dans *The Lancet* ne permettaient pas de tirer de telles conclusions et Arpad Pusztai n'a pas convaincu la communauté scientifique compétente. Quant à Ignacio Chapela, il avait publié en 2001 dans *Nature* des mesures suggérant la dissémination de transformations génétiques dans les variétés traditionnelles de maïs de la région mexicaine d'Oaxaca — le berceau naturel du maïs, plus grand réservoir de biodiversité de cette céréale. Là encore, des difficultés à reproduire ces observations sont apparues, même si d'autres chercheurs y sont parvenus dans une certaine mesure (sans pour autant démontrer que la présence de transgènes était à la fois large et pérenne). Quant à Gilles-Éric Séralini, tous ses travaux sur la toxicité des OGM — que ce soit la réanalyse de données brutes de Monsanto ou sa dernière et tonitruante étude — ont été controversés et n'ont, en définitive, jamais convaincu ses pairs. Et ce, indépendamment de leurs accointances industrielles.

Un fait scientifique ne s'établit jamais sur une étude isolée. Ni celle de Gilles-Éric Séralini ni celle d'Ignacio Chapela. Mais si l'on veut se débarrasser du doute et de la suspicion, encore faut-il les réfuter en poussant les études. Or le problème, lorsque l'on pousse les études, c'est que l'on s'expose à trouver quelque chose. Ainsi, puisque l'industrie craint de lever le doute avec ses propres travaux, puisqu'elle craint de découvrir par elle-même quelque chose de désagréable, il reste un moyen simple et efficace pour lutter contre ces études éparses qui, volontairement ou non, fabriquent de l'incertitude sur les OGM : s'attaquer à leurs auteurs. En leur temps, Arpad Pusztai et Ignacio Chapela en ont fait les frais — leurs histoires sont connues. Gilles-Éric Séralini, comme eux, n'a pas été épargné.

S'EN PRENDRE AUX HOMMES

Le 27 septembre 2012, c'est-à-dire une dizaine de jours à peine après la publication des travaux conduits par Gilles-Éric Séralini, *Le Monde* a reçu par courriel une bien curieuse proposition de tribune sur les travaux du biologiste français. Elle émanait de deux chercheurs âgés, le toxicologue Bruce Chassy, professeur émérite de l'université de l'Illinois, et le biologiste Henry Miller, du Hoover Institute (université Stanford). Curieusement, la tribune est adressée directement par les deux chercheurs américains à l'ancien responsable des pages Débats du quotidien alors que le nom de ce dernier n'apparaît plus dans l'ours du journal. De manière générale, les tribunes spontanément envoyées parviennent à l'adresse *ad hoc*, sauf si leur auteur a été, à un moment ou un autre, en relation avec un journaliste de la rédaction. Ici, rien de tel. Bruce Chassy et Henry Miller ne connaissent personne à la rédaction du *Monde*. Comment diable savaient-ils à qui adresser leur texte ? Tout cela signe de manière presque certaine l'intervention d'un cabinet de relations publiques : le nom du journaliste en question a de toute évidence été trouvé dans un « fichier-presse » obsolète. Ces fichiers fort coûteux sont utilisés par les sociétés de communication pour cibler leurs envois de communiqués à tel ou tel journaliste, en fonction de son poste et/ou de ses intérêts. Autre raison de s'étonner : leur tribune est rédigée dans un français parfait, alors que leur courriel l'est en anglais. Qui donc a pris le temps de faire une si excellente traduction de leur texte original, que l'on imagine avoir été rédigé en anglais ? Dernière source de questionnement, le texte est d'une violence inouïe à l'égard du biologiste. Que l'on conteste la méthodologie d'une étude, l'interprétation des données, etc., est une chose. Qu'on la qualifie *ex abrupto* de « fraude » et d'« arnaque » relève de la diffamation pure et simple. Le titre de la tribune proposée par les deux chercheurs américains est le suivant : « Des scientifiques flairent l'arnaque dans une frauduleuse étude de génie génétique. »

Le reste du texte est à l'avenant, parfaitement diffamatoire et très approximatif. « Le microbiologiste Gilles-Éric Séralini et plusieurs collègues ont sorti les résultats d'une étude à long terme dans laquelle des rats ont été nourris avec du maïs génétiquement modifié (dit "OGM") résistant aux insectes et/ou à l'herbicide glyphosate », attaquent les deux auteurs, alors qu'il n'est nullement question d'un maïs résistant aux insectes dans l'étude en question. Ce qui soulève de sérieux doutes sur le simple fait que, tout scientifiques qu'ils soient, les deux auteurs aient simplement *lu* le travail qu'ils

entendent démonter. «Les expériences présentées
la semaine dernière montrent que [Gilles-Éric
Séralini] a dépassé les bornes, entre le fait de simplement mener et faire connaître des expériences
imparfaites et le fait de commettre de graves
erreurs scientifiques avec tentative de fraude»,
ajoutent-ils. «Il est également important de signa-
ler que la publication de cet article constitue un
échec abject et incroyable de la compétence édito-
riale de la revue à comité de lecture *Food and Chemical Toxicology* », précisent, pleins de hargne, les
deux chercheurs. Se félicitant du fait que certains
journalistes n'aient pas repris à leur compte les
conclusions du chercheur français, ils précisent :
«Peut-être avons-nous atteint un point [...] où
les médias réalisent enfin qu'ils ont été manipu-
lés pendant des années par des escrocs experts et
professionnels.» La violence du propos, le ciblage
du journaliste à qui la tribune est envoyée, le texte
rédigé en excellent français... tout cela sent très
fort l'attaque coordonnée plutôt que la réaction
épidermique et spontanée de deux chercheurs
épris de rigueur scientifique.

Qui sont donc ces deux scientifiques ? Leurs
curriculum vitae sont prestigieux. L'un d'eux, au
moins, ne nous est pas totalement étranger. Nous
avons déjà croisé Henry Miller : son nom était
mis en avant dans les années 1990 par la société
de relations publiques à l'origine du TASSC, ce
groupe-écran imaginé pour Philip Morris pour
attaquer la «mauvaise science», c'est-à-dire toutes
les sciences utilisées à l'Environment Protection
Agency. Les communicants de *Big Tobacco* vou-

laient faire d'Henry Miller le patron d'un *think tank* européen, semblable au TASSC américain, qui serait chargé de promouvoir la « bonne science » dans les médias. Nul ne sait si ce projet a vu le jour, ni sous quelle forme — les *tobacco documents* ne le disent pas. Mais Henry Miller propose bel et bien des tribunes à des médias européens pour combattre la *junk science*. Un message de la rédaction du *Monde* lui a été adressé ainsi qu'à son compère Bruce Chassy pour leur demander si leur tribune avait été rédigée et proposée au journal sur commande d'une entreprise ou d'une institution et, si oui, laquelle. Ce message n'a pas obtenu de réponse ou même d'accusé de réception de la part des intéressés. Il eût été simple de démentir. De nombreux autres éléments inclinent à penser qu'il y a derrière l'activité d'Henry Miller la main et l'argent d'industriels désireux de faire passer leurs opinions en contrebande dans la presse. Le biologiste est l'auteur de quelque vingt-six tribunes publiées dans le quotidien britannique *The Guardian*, ou sur son site Web, entre 2008 et 2011, toutes célébrant le génie génétique, l'agrochimie, la dérégulation, etc. Il tient également un blog sur le site Web du magazine *Forbes*, et certains de ses billets sont publiés un peu partout aux États-Unis, dans la presse quotidienne. Entre 2006 et 2007, il a réussi à faire passer pas moins de dix tribunes libres dans le *New York Times*, le plus prestigieux quotidien américain.

Nous ne connaissons pas les détails de cette mécanique. Nous ignorons ce qu'il y a derrière. Mais les *tobacco documents* peuvent nous éclairer sur la manière dont les choses se passaient, il y a quelques années. Henry Miller apparaît à de nombreuses reprises dans les documents internes des géants du tabac. Dans un mémo interne de Philip Morris daté de janvier 1996, un cadre prévient sa hiérarchie : « J'ai parlé à Henry Miller, du Hoover Institute, à propos d'une autre tribune dans la presse. Il avait l'air intéressé mais voulait en savoir plus. S'il est d'accord, nous l'enverrons aux principaux journaux des circonscriptions des membres de la commission[1]. » Un autre mémo interne de RJ Reynolds, daté de juin 1995, explique que deux communicants de la société « ont travaillé avec le docteur Henry Miller pour faire circuler sa tribune libre[2] ». « Jusqu'à présent, elle a été publiée dans le *San Diego Union*, le *San Jose Mercury News* et le *Washington Times*, ajoute le document. En travaillant avec [la société de relations publiques] WKA, ils ont envoyé la tribune à trente quotidiens qu'ils ont sélectionnés avec le papier original du docteur Miller, et ils passent des coups de fil aux responsables éditoriaux pour les encourager à la publier. Le docteur Miller est aussi désireux de participer aux auditions si nécessaire. » Le document ne précise pas de quelles « auditions » il s'agit, mais la proposition d'Henry Miller témoigne d'un lien très étroit avec l'entreprise.

Henry Miller apparaît même comme l'auteur d'un « Plan de travail pour promouvoir la science solide pour les politiques de santé, d'environnement et de biotechnologies », daté de septembre 1998, qu'il propose au cigarettier Brown & Williamson. Le projet, baptisé « Atlas », entend

« offrir une approche solide et multifacette [...] pour étendre et renforcer mes efforts pour influencer les leaders d'opinion, les responsables politiques et, surtout, les citoyens ordinaires[3] ». Parmi les efforts à mettre en œuvre, il faut « démontrer que l'association est différente de la causalité », ou encore « expliquer que la dose fait le poison » — un principe dont on a vu dans le chapitre précédent à quel point il est cardinal pour l'ensemble des industriels. L'utilisation de la tribune de presse est l'un des éléments centraux mis en avant par le scientifique, qui réclame de 5 000 à 30 000 dollars en fonction des prestations (traduction ou non des textes en espagnol pour les soumettre à la presse latino-américaine, etc.), la plus coûteuse incluant « la rédaction d'un livre sur la politique environnementale des États-Unis » ainsi qu'un usage étendu de l'Internet, du fax, etc., pour atteindre une plus large audience. Les *tobacco documents* ne permettent pas de savoir si le programme proposé par Henry Miller a reçu, en définitive, l'aval et l'approbation des patrons de la multinationale.

La tentative de diffamation de Gilles-Éric Séralini par voie de presse a-t-elle été commandée ? Pas de preuve mais, on le voit, de légitimes soupçons. Elle a cependant échoué, *Le Monde* ayant refusé le texte. Il faut cependant rappeler, chose importante, que l'agressivité de ses contradicteurs, voire la probable insincérité de certains d'entre eux, ne donne pas nécessairement raison, du point de vue scientifique, au biologiste français.

À l'heure d'Internet, s'en prendre à la réputation d'un homme peut ne plus passer par voie de presse.

Le réseau mondial est souvent vu comme un formidable outil d'émancipation, mais c'est aussi un
instrument très adapté à la pire forme de propagande, la propagande virale. Le biologiste Ignacio
Chapela en a fait les frais immédiatement après la
publication de son article, dans *Nature*, faisant état
de contaminations des variétés mexicaines de maïs
par les transgènes des variétés commercialisées
par Monsanto et consorts. Une enquête du chroniqueur britannique George Monbiot a montré que
le jour même de la publication de l'article d'Ignacio Chapela — extrêmement embarrassant pour les
sociétés de biotechnologies — des courriels ont été
envoyés sur la liste de diffusion d'AgBioWorld par
une certaine « Mary Murphy » et une personne du
nom d'« Andura Smetacek »[4]. AgBioWorld est une
fondation qui se présente comme indépendante
de l'industrie, et qui propose gracieusement aux
journalistes des listes de scientifiques à interroger
lorsqu'ils rédigent leurs articles sur des sujets liés
aux biotechnologies. « Mary Murphy » et « Andura
Smetacek » adressent à une liste de trois mille
scientifiques des messages indignés expliquant
qu'Ignacio Chapela est membre du bureau de
l'ONG Pesticide Action Network et que « ce n'est
pas exactement ce que vous pourriez appeler
un scientifique impartial ». « Andura Smetacek »
ajoute, de manière parfaitement fantaisiste, que
l'article publié par Ignacio Chapela dans *Nature*
n'a pas été expertisé par les pairs, que l'intéressé
est « d'abord et avant tout un activiste » et que
ses travaux sont le fruit d'une collusion avec les
écologistes, pour favoriser les « campagnes de ces

marchands de peur ». Ces premiers messages ont stimulé des réactions croissantes, aboutissant à un mouvement de plusieurs centaines de biologistes qui, fermement convaincus que l'article d'Ignacio Chapela était biaisé, ont lancé des textes de protestation contre le travail du biologiste américain. Il est très probable que nombre d'entre eux ne l'avaient alors simplement pas lu. Le discrédit jeté sur le chercheur californien et son travail a donc commencé avant même que la communauté scientifique ait examiné ses résultats et sa méthodologie.

Qui étaient les fameuses « Mary Murphy » et « Andura Smetacek » ? L'adresse de courriel utilisée par la première renvoyait à une adresse IP (Internet Protocol) appartenant à la société Bivings, société de communication virale qui comptait Monsanto au nombre de ses clients à l'époque des faits. La deuxième, qui assurait habiter Londres et New York, était introuvable dans tous les registres publics et les annuaires de ces deux villes : son nom n'apparaissait sur le Net que sur le site du « Center for food and agricultural research » dont le nom de domaine avait été déposé par un certain Manuel Theodorov. Ce dernier se trouvait être un des cadres de Bivings. Quant à AgBioWorld, la fondation qui tient cette liste de diffusion de chercheurs en biotechnologies et qui s'affiche sur Internet, elle comptait en 2012, parmi ses experts recommandés, un certain Bruce Chassy et un certain Henry Miller, ceux-là mêmes qui tenteraient d'écrire dans les colonnes du *Monde* que le travail de Gilles-Éric Séralini relevait d'une « fraude » et d'une « arnaque », lui-même étant un « escroc ».

Comme Ignacio Chapela, Gilles-Éric Séralini a eu à subir la remarquable liberté d'action que les groupes de pression peuvent avoir sur le Net, sans nécessité de décliner leur identité — Mary Murphy et Andura Smetacek n'ont bien sûr jamais existé. Le 7 janvier 2013, un petit site Web du nom d'Agriculture et Environnement a publié une longue enquête sur Gilles-Éric Séralini, révélant les liens sulfureux de ce dernier avec un mouvement présenté comme une secte guérisseuse pseudo-chrétienne du nom d'Invitation à la vie (IVI). L'article publié sur Internet sera repris dans ses grandes lignes deux jours plus tard, sur une demi-page, par un quotidien national. Le texte publié rappelle — le fait était en réalité connu de longue date — que Gilles-Éric Séralini a mené des travaux de recherches financés par un petit laboratoire cévenol, Sevene Pharma, spécialisé dans les produits phytothérapeutiques de « détoxification » et, surtout, que le président du directoire de ce laboratoire est également le président d'IVI. En outre, ajoute le site Web, l'une des coauteures de l'étude de Gilles-Éric Séralini est salariée de Sevene Pharma et également membre du mouvement chrétien. Le site nourrit ensuite, sur une dizaine de pages, l'amalgame entre le biologiste caennais et IVI.

L'insinuation est, pour un chercheur, singulièrement embarrassante. Car IVI est un mouvement à caractère assez ésotérique qui recommande par exemple l'usage de « vibrations », « un travail avec les sons destiné à redonner à la terre l'énergie et la vie qui sont aujourd'hui très diminuées », selon le site Web de l'association. Toutes sortes de bienfaits et de réalisations bénéfiques sont attribués à ces fameuses « vibrations », ainsi qu'à l'« harmonisation » des fidèles. Les fameuses « vibrations » produites par les fidèles en prière ont par exemple pu arrêter des incendies en Espagne au cours de l'année 2012, assure une membre d'IVI sur le site Web de l'association. Si ce n'est pas une secte, cela y ressemble assez furieusement. Toutefois, à la Mission interministérielle de vigilance et de lutte contre les dérives sectaires (Miviludes), on précise qu'IVI « n'a pas fait l'objet de signalements de dérive sectaire », la mission continuant d'« exercer sa vigilance sur un discours qui peut inciter des gens malades, en situation de fragilité, à abandonner des soins pour des pratiques non conventionnelles[5] ».

Daniel Chauvin, président du directoire de Sevene Pharma, est en effet, aussi, l'un des responsables d'IVI. Mais il récuse tout lien entre les deux structures. « Je suis en effet président de l'association IVI, mais cela relève de ma vie privée et n'a aucun lien avec Sevene Pharma[6] », assure-t-il. Quant à Gilles-Éric Séralini, il explique avoir de fait dirigé une thèse portant sur les propriétés de médicaments commercialisés par le petit laboratoire cévenol, thèse qui a donné lieu à deux articles publiés dans des revues scientifiques, mais, ajoute-t-il, « j'ignorais tout des liens entre cette société et Invitation à la vie ». Quant à sa coauteure dont Agriculture et Environnement assure qu'elle est également membre d'IVI, « elle est simplement la personne qui nous a fourni les molécules que nous avons testées, l'usage est donc de la créditer dans l'article, c'est tout», ajoute-t-il. «Elle ne travaille pas avec nous au laboratoire.»

D'où viennent les attaques? Le petit site Agriculture et Environnement, partie émergée d'une lettre mensuelle de huit pages, est dirigé et rédigé par une unique personne, Gil Rivière-Wekstein. Son site n'est pas anodin. Il est bien connu des chercheurs dont les travaux mettent par exemple en cause la sécurité des produits commercialisés par l'industrie agrochimique (OGM, pesticides, etc.). Notamment, les travaux évaluant les risques des pesticides pour les abeilles y sont systématiquement critiqués, même s'ils ne sont pas controversés dans la communauté scientifique. Luc Belzunces (INRA), Marc-Édouard Colin (Montpellier Sup-Agro), Jean-Marc Bonmatin (CNRS) y ont tous été attaqués pour la qualité de leurs travaux ou pour un supposé manque d'indépendance vis-à-vis du monde apicole. Jean-Marc Bonmatin a même poursuivi Gil Rivière-Wekstein pour diffamation et a obtenu gain de cause. De même que les chercheurs qui osent avancer l'idée que les insecticides pourraient être néfastes à certains insectes, des journalistes médiatiques comme Marie-Monique Robin ou Fabrice Nicolino sont régulièrement la cible d'Agriculture et Environnement.

Pourtant, à en croire Gil Rivière-Wekstein, il n'est pas influencé par l'industrie dans son travail et «l'essentiel de [ses] revenus provient des abonnements[7]» à la lettre mensuelle qu'il édite. Il revendique sur son site un tirage de huit mille exemplaires mais, interrogé, il dit imprimer son mensuel à « six mille cinq cents exemplaires, pour quatre mille abonnés ». La plupart, ajoute-t-il, appartiennent au monde agricole. Ce qui ratisse assez large. Il y a toutefois un hic. Amos Prospective, la société éditrice d'Agriculture et Environnement, qui n'emploie que deux salariés, dont Gil Rivière-Wekstein, n'est pas une entreprise de presse. C'est, selon ses statuts, une société de « conseils et études en matière politique, économique, financière, stratégique, agricole, environnement [...], publication de revues mensuelles et de livres et de toutes opérations pouvant se rattacher [...] à l'un des objets visés ci-dessus ». Outre un site Web et une lettre mensuelle, Gil Rivière-Wekstein a également écrit un certain nombre de livres : l'un contre les opposants aux biotechnologies, un autre pour soutenir la thèse que les insecticides sont totalement étrangers au déclin des abeilles et des pollinisateurs, un autre encore pour s'attaquer aux « fausses promesses du bio »... Le tropisme est assez clair, mais après tout, chacun ses marottes et ses engagements. L'industrie n'apparaît nulle part.

Il y a pourtant, là encore, un hic : pourquoi ne pas avoir choisi d'adopter le statut bien plus avantageux d'entreprise de presse, compatible avec l'activité de la société Amos Prospective ? « J'ai fondé la société avec ces statuts en pensant faire du consulting et j'ai changé en cours de route pour éditer Agriculture et Environnement, dit Gil Rivière-Wekstein. Je n'ai pas fait changer les statuts pour des questions de simplicité. » Pourquoi, dans ce cas, les statuts ont-ils été modifiés en 2010, sans que l'objet de l'entreprise ait été changé? Pas de réponse très claire du patron d'Amos Prospective. Surtout, les bilans comptables de la société exhibent une bizarrerie : celui de l'année 2010, par exemple, mentionne la commercialisation de biens pour une valeur de 65 000 euros environ (compatible avec la vente de supports imprimés), tandis que la commercialisation de « services » — c'est-à-dire autre chose que des revues — arrive à hauteur de 115 000 euros environ. Interrogé sur la légère incohérence entre son activité et ses propos, Gil Rivière-Wekstein met un peu de temps à trouver l'explication. Puis jure que « trente à quarante structures agricoles se sont abonnées pour 3 000 euros en moyenne » à Agriculture et Environnement, ce qui « leur permet d'avoir une intervention de ma part comprise dans leur abonnement ». D'où la comptabilisation des revenus correspondants dans la ligne « services ». Qui sont ces « trente à quarante structures agricoles » ? Pourquoi investissent-elles plusieurs milliers d'euros dans une lettre mensuelle de huit pages agrémentée d'une conférence ? Le service rendu — puisqu'il s'agit de cela — doit probablement être conséquent.

HOLD-UP SUR LA SCIENCE

L'une des raisons pour lesquelles il est impérieux, pour les agrochimistes, de discréditer les chercheurs hostiles aux biotechnologies végétales n'est pas seulement commerciale. Elle va bien au-delà : il faut conserver vivace l'idée que la science

est le progrès technique. Et que ceux qui mettent
en garde contre les limites, les dégâts ou les risques
de la technique sont nécessairement animés par
l'irrationalité et l'émotion. La grande victoire de
Monsanto, Syngenta et consorts est donc avant
tout sémantique. Les attaques individuelles et les
salissures portées contre certains chercheurs ne
sont que les instruments d'un contrôle exercé sur
les mots et les idées.

La réalité de la science est tout autre. La
démarche scientifique peut mettre en garde contre
une technologie qui semble puissante au premier
abord, mais qui amène avec elle des coûts cachés,
des risques à long terme. Des démarches scientifiques collégiales et non partisanes parviennent
à de telles conclusions. La récente expertise collective menée en 2011 par l'INRA et le CNRS sur
les variétés végétales résistantes aux herbicides a
ainsi, très discrètement et prudemment, conclu
sur l'intérêt mitigé de ces cultures transgéniques,
attirant notamment l'attention sur le désastre en
cours outre-Atlantique, où les résistances au RoundUp des mauvaises herbes gagnent du terrain dans
de nombreuses régions. Le lien univoque et indéfectible entre la rationalité et le soutien enthou-
siaste pour les biotechnologies est notamment
entretenu, en France, par l'Association française
pour l'information scientifique (AFIS) — émana-
tion de la prestigieuse Union rationaliste. L'AFIS,
qui édite la revue *Science & Pseudo-sciences*, a des
engagements utiles contre l'astrologie, les pseudo-
médecines, l'archéologie fantastique, etc. Et elle
est farouchement pro-OGM, ayant poussé jusqu'à

organiser un colloque au Sénat pour promouvoir les biotechnologies végétales. Il faut noter qu'en mars 2008 les membres de l'AFIS ont refusé de publier une déclaration d'intérêts à la demande du rhumatologue Marcel-Francis Kahn, membre du comité scientifique de l'association, qui soupçonnait des conflits d'intérêts non déclarés. Figure historique du rationalisme français, il a finalement claqué la porte de l'association avec fracas... L'AFIS est l'une des principales organisations à entretenir l'amalgame entre opposition aux OGM et irrationalité. Être contre les OGM, c'est comme croire à l'astrologie, en somme. Il y a pourtant quantité de raisons parfaitement rationnelles de s'opposer à ces cultures, que ces raisons soient de nature scientifique, économique ou philosophique.

Ainsi, lorsque Gilles-Éric Séralini a publié ses travaux, toute la presse française a reçu après quelques heures un communiqué urgent de l'AFIS mettant (avec raison) en garde contre les conclusions hâtives et abjurant les journalistes de ne pas reprendre à leur compte les conclusions du biologiste français. Mais quand les climato-sceptiques se déchaînent dans les médias, qu'ils truquent ouvertement les données et les courbes, qu'ils vitupèrent contre une communauté scientifique, que fait l'AFIS ? Rien, à part leur ouvrir les colonnes de sa revue pour lancer « le débat ».

Jusqu'ici, il a été question de travaux controversés. Les exemples qui précèdent — Gilles-Éric Séralini, Arpad Pusztai ou Ignacio Chapela — sont ceux de travaux effectivement controversés, et qui n'ont pas pleinement convaincu la communauté scientifique*. Des travaux controversés, il en est publié tous les jours, dans toutes les disciplines, sans que le grand public en entende jamais parler. Mais les discussions ne portent pas sur la qualité de la science mise en œuvre. Et parfois, certains chercheurs attaqués peuvent démontrer que les arguments qui leur sont opposés par les thuriféraires de l'industrie sont fallacieux.

C'est le cas d'Angelika Hilbeck, chercheuse au Centre de biologie intégrative de l'Institut fédéral suisse de technologie de Zurich, qui a eu le cran de riposter et d'avoir le dernier mot. Ses travaux concernaient les effets collatéraux d'une toxine (dite « Cry1Ab ») produite par le maïs MON810 (commercialisé par Monsanto) sur un coléoptère théoriquement non ciblé : une espèce de coccinelle du nom d'*Adalia bipunctata*. Début 2009, la chercheuse conduit des travaux dont la conclusion est que la toxine sécrétée par le MON810 est toxique, en laboratoire, pour la coccinelle. Ses travaux sont acceptés par la revue *Archives of Environmental Contamination and Toxicology*. L'affaire est d'autant plus embarrassante pour Monsanto que le coléoptère en question, une « bête à bon Dieu », est un insecte à la fois sympathique et emblématique (tout le monde aime les coccinelles et ce

---

* Le cas des travaux d'Ignacio Chapela est quelque peu différent des deux autres : des traces de transgènes ont été détectées après lui, par d'autres chercheurs, dans des cultures de maïs traditionnel de la région d'Oaxaca, mais le fait que ces gènes se soient durablement introduits dans ces variétés mexicaines (on parle d'introgression) n'a jamais été démontré.

genre de détail trivial a une grande importance médiatique !) et qu'il est biologiquement assez éloigné des ravageurs ciblés. En avril 2009, le gouvernement allemand cite d'ailleurs cette étude à l'appui du moratoire qu'il impose outre-Rhin sur le fameux MON810. Il faut donc détruire la crédibilité d'Angelika Hilbeck.

« Quelques semaines après la publication, deux réfutations sont publiées coup sur coup dans la revue *Transgenic Research*, avec un vocabulaire inhabituellement féroce pour un échange scientifique[8] », explique Denis Bourguet, chercheur à l'Institut national de la recherche agronomique (INRA) et spécialiste de l'évaluation des effets indésirables des cultures transgéniques. L'un des articles en question est cosigné par un membre actif de l'AFIS ; l'autre utilise, dans son titre, le terme de « pseudo-science » — la variante européenne de la *junk science*, formalisée par *Big Tobacco* — en parlant des travaux menés par Angelika Hilbeck. Un troisième article contestant les résultats d'Angelika Hilbeck est publié en 2011, toujours dans la revue *Transgenic Research*. En adaptant le protocole expérimental de la chercheuse suisse, et en exposant les larves de coccinelle à la toxine du MON810 de manière plus « réaliste », Fernando Alvarez-Alfageme et ses collègues montrent que la toxine du MON810 est sans danger pour la petite bestiole. À l'époque, Fernando Alvarez-Alfageme était chercheur à l'Agroscope, une station de recherche agronomique publique ; un an après la publication de sa contre-étude, il est devenu chef du département d'écotoxicologie terrestre d'Innovative Environmental Services Ltd., une société de service sous contrat avec les principaux géants de l'agrochimie qui lui sous-traitent les tests réglementaires d'homologation de certains de leurs produits.

Les choses auraient pu en rester là, dans le flou de la controverse. Mais Angelika Hilbeck a eu la curiosité de reproduire, dans son laboratoire, le protocole expérimental censément plus « réaliste » adopté par Fernando Alvarez-Alfageme et a publié ses résultats en 2012 dans la revue *Environmental Sciences Europe*. La différence entre les deux approches est assez simple. Dans sa première expérience, Angelika Hilbeck avait exposé des larves de *bipunctata* de manière continue, avec une nourriture contenant différentes concentrations de la toxine. Le protocole adopté par son contradicteur, lui, consiste à espacer les moments où les insectes sont confrontés à la substance, « c'est-à-dire à leur accorder un répit de plusieurs heures — jusqu'à une journée — entre deux expositions », explique Angelika Hilbeck. Lorsque la chercheuse adopte le protocole de son contradicteur, elle non plus ne trouve plus de mortalités significatives de la petite coccinelle. Tout va bien. La science est sauve !

Mais cela ne dit pas qui a raison. Lequel des deux protocoles est le plus « réaliste » ? Lequel des deux atteste le mieux ce qui se produit dans la nature ? Pour en avoir le cœur net, et avec une certaine opiniâtreté, Angelika Hilbeck a appliqué le protocole de son contradicteur à la pyrale du maïs. Ce ravageur des cultures est la principale cible de la toxine produite par le MON810. Or, explique

Angelika Hilbeck, lorsque la pyrale est exposée de manière discontinue à la toxine, «la mortalité de l'insecte chute de manière importante, voire disparaît!». Le protocole choisi par les contradicteurs de la chercheuse ne montre donc pas d'effets sur la cible principale de la toxine : si rien n'a été détecté sur la coccinelle, ce n'est pas parce qu'il n'y avait rien à voir, c'est parce que le protocole choisi était aveugle. Le mode d'exposition à la toxine était si faible qu'il ne permettait même pas de tuer la cible principale du MON810! La cocasserie de l'histoire est que le titre de la contre-étude de Fernando Alvarez-Alfageme souligne précisément «l'importance du protocole expérimental». Il apparaît, en effet, important de l'adapter en fonction des résultats désirés! C'est-à-dire surtout ne rien trouver.

L'affaire pourrait en rester là. Angelika Hilbeck aurait raison sur toute la ligne et ses contradicteurs auraient tort. Mais ce serait un peu simple et trop pratique. Car il faut aussi préciser que cela ne règle pas la question de l'exposition réelle de la petite coccinelle à la toxine, dans la nature. C'est un problème compliqué et, en faisant ses calculs dans son premier article, la chercheuse suisse et ses collègues avaient bel et bien fait une erreur : ils assuraient que le pollen du MON810 (occasionnellement consommé par la coccinelle) contenait environ 10 microgrammes de toxine par gramme de pollen. Or cette valeur est valable pour les feuilles de la plante, et non pour son pollen qui n'en contient qu'environ mille fois moins. Angelika Hilbeck reconnaît une «coquille». *Stricto sensu*, la question de la vulnérabilité de la petite cocci-

nelle à la toxine est donc avérée en laboratoire et
toujours sujette à caution en milieu naturel. Mais
on voit bien que ce ne sont pas les exigences de
la bonne science qui ont déclenché les violentes
attaques personnelles contre la chercheuse suisse.
Les motivations sont ailleurs.

DEMAIN

« La science, dans le sens ancien du mot, a presque cessé d'exister dans l'Océania, écrit George Orwell dans *1984*. Il n'y a pas de mot pour science en novlangue. » Dans le monde totalitaire décrit par le romancier et journaliste britannique, la science est dangereuse car elle sert à fabriquer et acquérir du savoir, à émanciper et affranchir les hommes.

Aujourd'hui, des industriels parviennent à occulter des faits et fabriquer des idées trompeuses en recourant à des arguments puisés dans la science elle-même. Cette instrumentalisation de la science permet de transformer l'outil voué à produire de la connaissance en machine à fabriquer du mensonge et de l'ignorance. On a vu comment la force de persuasion de l'argument scientifique permet de faire passer un poison pour un remède, une servitude pour une liberté, un péril certain pour un progrès possible... Cette production d'ignorance vise deux objectifs.

Le premier est de peser sur les instances d'évaluation des risques sanitaires et environnementaux, afin de leur faire minimiser les risques induits par telle ou telle technologie. Le bisphénol A est-il dangereux ? Des centaines de publications académiques lui trouvent des effets délétères, mais quelques études industrielles, ou souvent menées par des scientifiques du monde académique financés par l'industrie, ne lui en découvrent aucun : les comités d'experts — parfois habilement composés d'individus peu familiers des disciplines abordées, ou réputés proches de l'industrie — s'abstiennent de toute conclusion. Le doute ainsi créé est un formidable prétexte pour ne rien faire. Ou pour gagner du temps, beaucoup de temps. Et autant d'argent. En janvier 2013, l'EFSA a enfin pris acte des risques que présentent les insecticides néonicotinoïdes sur les abeilles et les pollinisateurs. Commentaire d'un apidologue : « Quand je pense qu'on sait ça depuis dix ans… » De fait, les rapports de chercheurs dénués de liens d'intérêt avec l'industrie commis en France au début des années 2000 parvenaient déjà à la même conclusion.

Le second objectif de l'entreprise de fabrication d'ignorance est de coloniser nos conversations. Il vise les médias de masse et les nouvelles formes de communication en ligne. Il crée des argumentaires parés des atours et des colifichets de la science, en recourant au besoin à une étude complaisante ou à des pseudo-experts recrutés par l'industrie. Les abeilles et les pollinisateurs déclinent partout dans le monde à un rythme accéléré ? C'est une « énigme ». L'incidence de certains cancers explose ? C'est le dépistage et le vieillissement de la population. La fertilité humaine décline à une vitesse saisissante ? C'est « multifactoriel ». Le changement climatique menace de s'aggraver ? Nous sommes encore loin des températures qui régnaient en l'an mil, alors qu'il n'y avait pas d'industrie pour réchauffer la planète. Tout cela ne relève pas d'une ignorance accidentelle ou fortuite. Toutes ces légendes urbaines sont désormais en circulation sur Internet — elles n'arrêteront pas d'y circuler. Rien n'en viendra plus à bout.

Parfois, plus simplement, l'ignorance est créée en entravant la production de connaissances « dangereuses » — au besoin par la menace, souvent par l'apathie des pouvoirs publics. Faut-il s'étonner que les risques des OGM aient été si peu explorés, lorsque ceux qui leur découvrent un effet problématique risquent d'être cloués au pilori et d'y laisser leur carrière ? Et est-ce vraiment un hasard qu'en France aucun épidémiologiste n'ait travaillé sur les effets de l'amiante jusqu'en 1993, alors que sa nocivité à faible dose était déjà bien établie dans les années 1960 ?

Les pages qui précèdent ont donné des exemples de ce *modus operandi*, à propos de sujets d'une gravité singulière. Mais l'actualité en est toujours riche. En 2012, en réponse à la classification des particules fines du diesel comme cancérogènes par le Centre international de recherche sur le cancer, l'industrie automobile française convie les journalistes à une conférence de presse où un chercheur du monde académique leur présente les résultats d'une étude épidémiologique au titre ronflant, publiée dans *Critical Review in Toxicology*. Qui conclut à l'incertitude, au doute, quant aux effets cancérogènes des émanations du diesel. Mais bien sûr, l'orateur omet de préciser que le premier auteur de l'étude est salarié d'ExxonMobil et que des dizaines d'autres travaux concluent bel et bien à des effets délétères.

Fin 2012, un scandale éclate en France à propos des risques d'accidents vasculaires liés aux pilules contraceptives de troisième et quatrième génération. Pourtant, les études qui documentent parfaitement ces risques ont été publiées au milieu des années 1990. Le savoir était là, mais il était occulté. Comment ? On apprend qu'un petit groupe de gynécologues leaders d'opinion, qui font depuis plusieurs années la promotion de ces pilules dans des médias et auprès de leurs confrères, sont tous consultants pour les laboratoires qui commercialisent les fameux contraceptifs[1].

Le système médiatique peut-il cesser d'être, comme il l'a souvent été, le simple relais de l'ignorance construite à dessein par les industriels ? Dans un ouvrage collectif dirigé par Robert Proctor[2], Jon Christensen, historien à Stanford, explore « les rouages journalistiques de la machine » à fabriquer de l'ignorance : le plus important de ces rouages n'est pas l'incompétence ou le « mal-journalisme », mais bien plutôt la volonté d'objectivité, de neutralité. Il faut confronter les opinions pour obtenir la meilleure couverture d'un événement. Le problème est que parfois, en science, cette confrontation détruit de la connaissance plus qu'elle n'en crée. Même en obéissant à une pratique professionnelle vertueuse — c'est-à-dire en se fondant uniquement sur des travaux publiés dans des revues

savantes —, nul n'est à l'abri de monter en épingle
un « débat » scientifique fabriqué de toutes pièces.
Y a-t-il des recettes pour distinguer un vrai d'un
faux débat en science ? Non. Reste que l'on peut
s'en donner les moyens. La question climatique
l'illustre bien : l'absurdité du « débat scientifique »
sur la responsabilité de l'homme dans le réchauffement est criante. La conversation médiatique est
pourtant régulièrement polluée par des interventions de chercheurs qui s'expriment très loin de
leur champ de compétences. Et qui racontent, simplement, *n'importe quoi*. Et il se trouve toujours un
micro, une caméra, un stylo, pour recueillir des
propos qui sont compris comme la saine expression d'un débat par le public. Il ne faut pas croire
que cela n'a pas et n'aura pas d'effets. Qui s'exprime avec l'étiquette de savant aura la même crédibilité sur tout sujet scientifique — quelle que soit
sa spécialité. L'extraordinaire inaction de la communauté internationale sur la question climatique
a sans doute été partiellement rendue possible par
de tels pseudo-experts, qui ont semé la confusion.
Il est probable que si cette petite musique portée par les médias n'avait pas existé, le problème
aurait été de longue date pris bien plus au sérieux
par les opinions — donc par nos dirigeants.

De ce point de vue, et parce que tout cela jouera
un rôle dans le destin climatique de notre planète,
le doute, l'incertitude et l'ignorance sont devenus
bien plus que ce qu'ils étaient dans les siècles passés. Ce ne sont plus seulement des instruments
de pouvoir et de domination. Ils sont devenus des
forces capables de modeler la face du monde.

APPENDICES

Remerciements

À Marie, ma compagne, pour des raisons trop nombreuses à énumérer,

à Grégoire Allix, Bertrand d'Armagnac †, Rémi Barroux,
Marie-Béatrice Baudet, Paul Benkimoun, Laurence Cara-
mel, Sandrine Cabut, Audrey Garric, Frédérique Hour-
bracq, Hervé Kempf, Sophie Landrin, David Larousserie,
Pierre Le Hir, Hervé Morin, Pascale Santi, Martine Valo,
Gilles van Kote, Catherine Vincent, estimés collègues des
services Planète et Science du *Monde*, pour l'intelligence et
la bienveillance dont ils m'entourent,

à Erik Izraelewicz †, pour la liberté qu'il nous a offerte,
avec courage et discrétion, lorsqu'il était parmi nous,

à David Leloup, compagnon d'enquête,

à Hélène et Véronique, pour les huîtres.

Bibliographie

AGENCE FRANÇAISE DE SÉCURITÉ SANITAIRE DES ALIMENTS (**AFSSA**), *Mortalités, effondrements et affaiblissements des colonies d'abeilles*, Agence française de sécurité sanitaire des aliments, Rapport (Julie Chiron et Anne-Marie Hattenberger), février 2009.

ALIX, Anne, CHAUZAT, Marie P., DUCHARD, Sophie, LEWIS, Gavin, MAUS, Christian, MILES, Mark J., PILLING, Ed, THOMPSON, Helen M. et WALLNER, Klaus, « Guidance for the assessment of risks to bees from the use of plant protection products applied as seed coating and soil applications — conclusions of the ICPBR dedicated working group », *Julius-Kühn-Archiv*, n° 423, *Hazards of Pesticides to Bees*, 2009, p. 15-26.

ALIX, Anne, CHAUZAT, Marie P., DUCHARD, Sophie, LEWIS, Gavin, MAUS, Christian, MILES, Mark J., PILLING, Ed, Thompson, Helen M. et WALLNER, Klaus, « Environmental risk assessment scheme for plant protection products », *Julius-Kühn-Archiv*, n° 423, *Hazards of Pesticides to Bees*, 2009, p. 27-33.

ALVAREZ-ALFAGEME, Fernando, BIGLER, Franz et ROMEIS, Jörg, « Laboratory toxicity studies demonstrate no adverse effects of Cry1Ab and Cry3Bb1 to larvae of *Adalia bipunctata* (*Coleoptera : Coccinellidae*) : the importance of study design », *Transgenic Research*, vol. 20, n° 3, juin 2011, p. 467-479.

BARNES, Deborah et BERO, Lisa, « Why review articles on the

health effects of passive smoking reach different conclusions», *Journal of the American Medical Association*, vol. 279, n° 19, mai 1998, p. 1566-1570.

BARNOYA, Joaquin et GLANTZ, Stanton A., « The tobacco industry's worldwide ETS consultants project : European and Asian components», *European Journal of Public Health*, vol. 16, n° 1, 2005, p. 69-77.

BARROUX, Rémi, «Jean-Marie Robine : "Les différences culturelles entre pays influent sur l'espérance de vie"», LeMonde.fr, 23 avril 2012.

BAUMARD, Maryline, «Attention! La pollution se tapit dans votre salon», *Le Parisien*, 18 octobre 1991.

[BIGNON, Jean] « Le mea culpa du professeur Bignon», *Le Monde*, 3 juillet 1996.

BURKEMAN, Oliver, « Memo exposes Bush's new green strategy», *The Guardian*, 4 mars 2003.

CALAFAT, Antonia, KUKLENYIK, Zsuzsanna, REIDY, John A., CAUDILL, Samuel P., EKONG, John et NEEDHAM, Larry L., « Urinary Concentrations of Bisphenol A and 4-Nonylphenol in a Human Reference Population», *Environmental Health Perspectives*, vol. 113, n° 4, avril 2005, p. 391-395.

CANS, Roger, « Savantes colères. Des scientifiques se mobilisent contre l'"écologisme irrationnel"», *Le Monde*, 19 juin 1992.

CARMINES, Edward, « Evaluation of the potential effects of ingredients added to cigarettes. Part 1 : cigarette design, testing approach, and review of results», *Food and Chemical Toxicology*, vol. 40, n° 1, janvier 2002, p. 77-91.

CARMINES, Edward, RUSTEMEIER, Klaus, STABBERT, R., HAUSSMANN, H. J. et ROEMER, E., « Evaluation of the potential effects of ingredients added to cigarettes. Part 2 : chemical composition of mainstream smoke», *Food and Chemical Toxicology*, vol. 40, n° 1, janvier 2002, p. 93-104.

CARMINES, Edward, ROEMER, Ewald, TEWES, F. K., MEISGEN, T. J. et VELTEL, D. J., « Evaluation of the potential effects of ingredients added to cigarettes. Part 3: in vitro genotoxicity and cytotoxicity», *Food and Chemical Toxicology*, vol. 40, n° 1, janvier 2002, p. 105-111.

CARMINES, Edward, VANSCHEEUWIJCK, Patrick M., TEREDESAI,

A., Terpstra, P. M., Verbeeck, J., Kuhl, P., Gerstenberg, B. et Gebel, S., « Evaluation of the potential effects of ingredients added to cigarettes. Part 4 : subchronic inhalation toxicity » *Food and Chemical Toxicology*, vol. 40, n° 1, janvier 2002, p. 113-131.

Carrington, Damian, « Science under pressure as pesticide makers face MPs over bee threat », guardian.co.uk, 28 novembre 2012.

Cataldo, Janine K., Prochaska, Judith J. et Glantz, Stanton A., « Cigarette smoking is a risk factor for Alzheimer's disease : an analysis controlling for tobacco industry affiliation », *Journal of Alzheimer's Disease*, vol. 19, n° 2, 2010, p. 465-480.

Cathles, Lawrence M., Brown, Larry, Taam, Milton et Hunter, Andrew, « A commentary on "The greenhouse-gas footprint of natural gas in shale formations" by R. W. Howarth, R. Santoro, and A. Ingraffea », *Climatic Change*, vol. 113, n° 2, juillet 2012, p. 525-535.

Chaon, Anne, « Our lungs are in danger », Agence France-Presse, 11 octobre 1991.

Chast, François, « Tabagisme et antitabagisme : Michel de Pracontal, *La Guerre du tabac* », *Revue d'histoire de la pharmacie*, vol. 86, n° 320, 1998, p. 465.

Colborn, Theo, Dumanoski, Dianne et Myers, John Peterson, *L'Homme en voie de disparition ?*, trad. fr. Pierre Bertrand, préface d'Al Gore (*Our Stolen Future : Are we threatening our Fertility, Intelligence and Survival ?*), Mens, Terre vivante, 1997.

Colborn, Theo, Saal, Frederick S. vom et Soto, Ana M., « Developmental effects of endocrine-disrupting chemicals in wildlife and humans », *Environmental Health Perspectives*, vol. 101, n° 5, octobre 1993, p. 378-384.

Comité scientifique et technique de l'étude multifactorielle des troubles des abeilles (CST), « Imidaclopride utilisé en enrobage de semences (Gaucho) et troubles des abeilles », Rapport (C. Doucet-Personeni, M.-P. Halm, F. Touffet, A. Rortais, G. Arnold), septembre 2003.

Comité scientifique et technique de l'étude multifactorielle des troubles des abeilles (CST), « Fipronil utilisé en enro-

bage de semences (Régent TS) et troubles des abeilles »,
Rapport (M.-P. Halm), décembre 2005.

COROLLER, Catherine, « L'insecticide qui fait tourner en bourrique abeilles et chercheurs », *Libération*, 8 janvier 1999.

CRESSWELL, James E., « A meta-analysis of experiments testing the effects of a neonicotinoid insecticide (imidacloprid) on honey bees », *Ecotoxicology*, vol. 20, n° 1, 2011,
p. 149-157.

CRESSWELL, James E. et THOMPSON, Helen M., « Comment on
"A Common Pesticide Decreases Foraging Success and
Survival in Honey Bees" » *Science*, vol. 337, n° 6101, sep-
tembre 2012, p. 1453.

DELAHOUSSE, Mathieu, « Guerre des experts autour du Mediator », rtl.fr, 16 octobre 2012.

DERIOT, Gérard et GODEFROY, Jean-Pierre, « Rapport d'information fait au nom de la mission commune d'information sur le bilan et les conséquences de la contamination
par l'amiante », octobre 2005.

DORAN, Peter T. et ZIMMERMAN, Maggie Kendall, « Examining
the scientific consensus on climate change », *Eos*, vol. 90,
n° 3, janvier 2009, p. 22-23.

EUROPEAN FOOD SAFETY AUTHORITY (EFSA) PANEL ON PLANT
PROTECTION PRODUCTS AND THEIR RESIDUES (PPR), « Scien-
tific opinion on the science behind the development of
a risk assessment of Plant Protection Products on bees
(*Apis mellifera, Bombus* spp. and solitary bees) », *EFSA
Journal*, vol. 10, n° 5, 2012.

EXETER UNIVERSITY, « Pesticides not yet proven guilty of
causing honeybee declines », Research News, 20 septembre 2012, http://www.exeter.ac.uk/news/research/
title_231287_en.html

FOUCART, Stéphane, *Le Populisme climatique. Claude Allègre
et Cie, enquête sur les ennemis de la science*, Paris, Denoël,
2010.

FOURNIER, Étienne *et al.*, « Amiante et protection de la population exposée à l'inhalation de fibres d'amiante dans les
bâtiments publics et privés », *Bulletin de l'Académie nationale de médecine*, vol. 180, n° 4, avril 1996.

GALLAI, Nicola, SALLES, Jean-Michel, SETTELE, Josef et VAIS-

382   *La Fabrique du mensonge*

SIÈRE, Bernard E., « Economic valuation of the vulnerability of world agriculture confronted with pollinator decline », *Ecological Economics*, vol. 68, n° 3, janvier 2009, p. 810-821.

GARNE, David, WATSON, Megan, CHAPMAN, Simon et BYRNE,
Fiona, « Environmental tobacco smoke research
published in the journal *Indoor and Built Environment*
and associations with the tobacco industry », *The Lancet*,
vol. 365, n° 9461, février 2005, p. 804-809.

GILL, Richard J., RAMOS RODRIGUEZ, Oscar et RAINE, Nigel
E., « Combined pesticide exposure severely affects indi-
vidual- and colony-level traits in bees », *Nature*, 491,
novembre 2012, p. 105-108.

GIROLAMI, Vincenzo, MAZZON L., SQUARTINI, A., MORI, N.,
MARZARO, M., DI BERNARDO, A., GREATTI, M., GLORIO, C. et
TAPPARO, Andrea, « Translocation of neonicotinoid insec-
ticides from coated seeds to seedling guttation drops : a
novel way of intoxication for bees », *Journal of Economic
Entomology*, vol. 102, n° 5, octobre 2009, p. 1808-1815.

GOLDBERG, Marcel, « Les bonnes pratiques peuvent cacher
de mauvaises intentions ! Ou l'histoire incroyable (mais
vraie) d'une manipulation de l'industrie du tabac », *Revue
médicale de l'assurance-maladie*, 34, n° 1, 2003, p. 49-52.

GUEZ, David, SUCHAIL, Séverine, GAUTHIER, Monique,
MALESZKA, Ryszard et BELZUNCES, Luc P., « Contrasting
effects of Imidacloprid on habituation in 7- and 8-day-
old honeybees (*Apis mellifera*) », *Neurobiology of Learning
and Memory*, vol. 76, n° 2, 2001, p. 183-191.

HANSEN, James, SATO, Makiko et RUEDY, Reto, « Perception
of climate change », *Proceedings of the National Academy
of Sciences*, vol. 109, n° 7, p. 14726-14727.

HENRY, Mickaël, BÉGUIN, Maxime, REQUIER, Fabrice, ROLLIN,
Orianne, ODOUX, Jean-François, AUPINEL, Pierrick, APTEL,
Jean, TCHAMITCHIAN, Sylvie et DECOURTYE, Axel, « A common pesticide decreases foraging success and survival
in honey bees » *Science*, vol. 336, n° 6079, avril 2012,
p. 348-350.

HENRY, Mickaël, BÉGUIN, Maxime, REQUIER, Fabrice, ROLLIN,
Orianne, ODOUX, Jean-François, AUPINEL, Pierrick, APTEL,

Jean, Tchamitchian, Sylvie et Decourtye, Axel, « Response to comment on "A common pesticide decreases foraging success and survival in honey bees" », *Science*, vol. 337, n° 6101, septembre 2012, p. 1453.

Hilbeck, Angelika, McMillan, Joanna M., Meier, Matthias, Humbel, Anna, Schläpfer-Miller, Juanita et Trtikova, Miluse, « A controversy re-visited : is the coccinellid *Adalia bipunctata* adversely affected by Bt toxins ? », *Environmental Sciences Europe*, 2012.

Hill, Catherine, « Les effets sur la santé du tabagisme passif », *Bulletin épidémiologique hebdomadaire*, n° 20-21, 30 mai 2011.

Hirayama, Takeshi, « Non-smoking wives of heavy smokers have a higher risk of lung cancer : a study from Japan », *British Medical Journal*, vol. 282, n° 6259, 17 janvier 1981, p. 183-185.

Ho, Yuen-Shan, Yang, Xifei, Yeung, Sze-Chun, Chiu, Kin, Lau, Chi-Fai, Tsang, Andrea Wing-Ting, Mak, Judith Choi-Wo, Chang, Raymond Chuen-Chung et Ginsberg, Stephen D., « Cigarette smoking accelerated brain aging and induced pre-Alzheimer-like neuropathology in rats », *PLoS One*, vol. 7, n° 5, mai 2012.

Howarth, Robert W., Santoro, Renee et Ingraffea, Anthony, « Methane and the greenhouse-gas footprint of natural gas from shale formations », *Climatic Change*, vol. 106, n° 4, juin 2011, p. 679-690.

Institut national de la santé et de la recherche médicale (Inserm), « Effets sur la santé des principaux types d'exposition à l'amiante », Rapport, juin 1996, publié en janvier 1997.

Jacques, Peter J., Dunlap, Riley E. et Freeman, Mark, « The organisation of denial : Conservative think tanks and environmental scepticism », *Environmental Politics*, vol. 17, n° 3, 2008, p. 349-385.

Kievits, Janine, « Des apiculteurs à la table des experts », *Hermès*, 2012.

Klein, Alexandra-Maria, Vaissière, Bernard E., Cane, James H., Steffan-Dewenter, Ingolf, Cunnigham, Saul A., Kremen, Claire et Tscharntke, Teja, « Importance of pollinators in changing landscapes for world crops », *Proceedings of the Royal Society Biological Sciences*, vol. 274, n° 1608, février 2007, p. 303-313.

KOYRÉ, Alexandre, *Réflexions sur le mensonge*, Paris, Allia, 1998.

KRÉMER, Pascale, « Pilule : enquête sur ces médecins liés aux laboratoires », *Le Monde*, 10 janvier 2013.

LANTERI, Christophe, HERNANDEZ VALLEJO, Sandra Jimena, SALOMON, Lucas, DOUCET, Émilie Lucie, GODEHEU, Gerard, TORRENS, Yvette, HOUADES, Vanessa et TASSIN, Jean-Pol, « Inhibition of monoamine oxidases desensitizes 5-HT1A autoreceptors and allows nicotine to induce a neurochemical and behavioral sensitization », *Journal of Neuroscience*, 21 janvier 2009.

LELOUP, David et FOUCART, Stéphane, « La bataille de la nicotine », *Le Monde*, 2 juin 2012.

LELOUP, David et FOUCART, Stéphane, « Quand fumer devient bon pour la santé », *Le Monde*, 2 juin 2012.

LITSCHERT, Sandra E., BROWN, Thomas C. et THEOBALD, David M., « Historic and future extent of wildfires in the Southern Rockies Ecoregion, USA », *Forest Ecology and Management*, n° 269, 2012, p. 124-133.

MA, Jianmin, HUNG, Hayley, TIAN, Chongguo et KALLENBORN, Roland, « Revolatilization of persistent organic pollutants in the Arctic induced by climate change », *Nature Climate Change*, n° 1, 2011, p. 255-260.

MALYE, François, *Amiante : 100 000 morts à venir*, Paris, Le Cherche-Midi, 2004.

MARUBIO, Lisa M., DEL MAR ARROYO-JIMENEZ, Maria, CORDERO-ERAUSQUIN, Matilde, LÉNA, Clément, LE NOVÈRE, Nicolas, KERCHOVE D'EXAERDE, Alban de, HUCHET, Monique, DAMAJ, M. Imad et CHANGEUX, Jean-Pierre, « Reduced antinociception in mice lacking neuronal nicotinic receptor subunits », *Nature*, n° 398, avril 1999, p. 805-810.

MARZARO, Matteo, VIVAN, Linda, TARGA, Andrea, MAZZON, Luca, MORI, Nicola, GREATTI, Moreno, PETRUCCO TOFFOLO, Edoardo, DI BERNARDO, Andrea, GIORIO, Chiara, MARTON, Daniele, TAPPARO, Andrea, GIROLAMI, Vincenzo, « Lethal aerial powdering of honey bees with neonicotinoids from fragments of maize seed coat », *Bulletin of Insectology*, vol. 64, n° 1, 2011, p. 119-126.

MAURON, Alex, MORABIA, Alfredo, PERNEGER, Thomas et ROCHAT, Philippe, « Rapport d'enquête dans l'affaire du Professeur Ragnar Rylander », Faculté de médecine, Université de Genève, septembre 2004.

MAXIM, Laura et SLUIJS, Jeroen van der, « Expert explanations of honeybee losses in areas of extensive agriculture in France : Gaucho compared with other supposed causal factors », *Environmental Research Letters*, vol. 5, n° 1, 2010.

MAXIM, Laura et SLUIJS, Jeroen van der, « Seed-dressing insecticides and honeybees : a challenge for democratic governance of controversies about chemical », in *Late Lessons From Early Warnings : Science, Precaution, Innovation*, European Environment Agency, 2013, chap. XVI, p. 401-438.

MEDIONI, Jacques, BERLIN, Ivan et MALLET, Alain, « Increased risk of relapse after stopping nicotine replacement therapies : a mathematical modelling approach », *Addiction*, vol. 100, n° 2, février 2005, p. 247-254.

MELED, Maggy, THRASYVOULOU, Andreas et BELZUNCES, Luc P., « Seasonal variations in susceptibility of *Apis mellifera* to the synergistic action of prochloraz and deltamethrin », *Environmental Toxicology and Chemistry*, vol. 17, n° 12, décembre 1998 p. 2517-2520.

MOLIMARD, Robert, « Faut-il baisser le prix du tabac ? », *Le Courrier des addictions*, décembre 1998-janvier 1999.

MOLLIER, Pascale, SARAZIN, Magali et SAVINI, Isabelle, « Le déclin des abeilles, un casse-tête pour la recherche », *INRA magazine*, n° 9, juin 2009.

MONBIOT, George, « The Fake persuaders », *The Guardian*, 14 mai 2002.

MONBIOT, George, « Plight of the honeybee stung by funding from the chemical industry », *The Guardian*, 14 octobre 2009.

NATIONAL TOXICOLOGY PROGRAM (NTP), *Report of the Endocrine Disruptors Low-Dose Peer Review*, août 2001.

NICOLINO, Fabrice et VEILLERETTE, François, *Pesticides. Révé-*

lations sur un scandale français, Paris, Fayard, 2007 ; Pluriel, 2011.

ÖBERG, Mattias, JAAKKOLA, Maritta S., PRÜSS-ÜSTÜN, Annette, SCHWEIZER, Christian et WOODWARD, Alistair, « Worldwide burden of disease from exposure to second-hand smoke : a retrospective analysis of data from 192 countries », *The Lancet*, vol. 377, n° 9760, janvier 2011, p. 139-146.

ONG, Elisa K. et GLANTZ, Stanton A., « Constructing "sound science" and "good epidemiology" : tobacco, lawyers, and public relations firms », *American Journal of Public Health*, vol. 91, n° 11, novembre 2011, p. 1749-1757.

ORESKES, Naomi, « Beyond the ivory tower, the scientific consensus on climate change », *Science*, vol. 306, n° 5702, décembre 2004.

ORESKES, Naomi et CONWAY, Erik M., *Les Marchands de doute ou Comment une poignée de scientifiques ont masqué la vérité sur des enjeux de société tels que le tabagisme et le réchauffement climatique*, Paris, Le Pommier, 2012.

OSBORNE, Juliet L., « Ecology : bumblebees and pesticides », *Nature*, n° 491, novembre 2012, p. 43-45.

PÉTRON, Gabrielle *et al.*, « Hydrocarbon emissions characterization in the Colorado Front Range : a pilot study », *Journal of Geophysical Research : Atmospheres*, vol. 117, n° D4, 2012.

PHAM-DELÈGUE, Min-Hà, « Le Gaucho est-il l'ennemi des abeilles ? », *La Recherche*, n° 347, novembre 2001.

PROCTOR, Robert N., *La Guerre des nazis contre le cancer*, trad. fr. et préface de Bernard Frumer, Paris, Les Belles Lettres, coll. Histoire n° 50, 2001 (*The Nazi War on Cancer*, Princeton, NJ, Princeton University Press, 1999).

PROCTOR, Robert N., *Golden Holocaust. Origins of the Cigarette Catastrophe and the Case for Abolition*, Berkeley, University of California Press, 2012.

PROCTOR, Robert N. et SCHIEBINGER, Londa (dir.), *Agnotology. The Making and Unmaking of Ignorance*, Stanford, Stanford University Press, 2008.

ROLLAND, Matthieu, LE MOAL, J., WAGNER, V., ROYÈRE, D. et MOUZON, J. de, « Decline in semen concentration and morphology in a sample of 26 609 men close to general population between 1989 and 2005 in France », *Human Reproduction*, 2012.

ROSENBLATT, Milton B., « Lung cancer in the Nineteenth Century », *Bulletin of the History of Medicine*, n° 38, 1964, p. 395-425.

SAAL, Frederick S. vom *et al.*, « Chapel Hill bisphenol A expert panel consensus statement : integration of mechanisms, effects in animals and potential to impact human health at current levels of exposure », *Reproductive Toxicology*, vol. 24, n° 2, août-sept. 2007, p. 131-138.

SCHMIDT, Jörg E. U., BRAUN, Cora U., WHITEHOUSE, Lisa P., HILBECK, Angelika, « Effects of activated Bt transgene products (Cry1Ab, Cry3Bb) on immature stages of the ladybird *Adalia bipunctata* in laboratory ecotoxicity testing », *Archives of Environmental Contamination and Toxicology*, vol. 56, n° 2, février 2009, p. 221-228.

SCHNEIDER, Stephen H., ANDEREGG, William R. L., PRALL, James W. et HAROLD, Jacob, « Expert credibility in climate change », *Proceedings of the National Academy of Sciences (PNAS)*, vol. 107, n° 27, 2010, p. 12107-12110.

SELIKOFF, Irving J. et HAMMOND, E. Cuyler, « Community effects of nonoccupational environmental asbestos exposure », *American Journal of Public Health*, vol. 58, n° 9, septembre 1968, p. 1658-1666.

SILAGY, Christopher, LANCASTER, Tim, STEAD, Lindsay F., MANT, David et FOWLER, G., « Nicotine replacement therapy for smoking cessation », *Cochrane Database of Systematic Reviews*, 2004.

SMITH, Elizabeth A., « "It's interesting how few people die from smoking" : tobacco industry efforts to minimize risk and discredit health promotion », *European Journal of Public Health*, vol. 17, n° 2, 2006, p. 162-170.

SUBTIL, Marie-Pierre, « Mediator, un scandale français », *Le Monde*, 17 janvier 2011.

SUCHAIL, Séverine, GUEZ, David et BELZUNCES, Luc P., « Discrepancy between acute and chronic toxicity induced by imidacloprid and its metabolites in *Apis mellifera* », *Environmental Toxicology and Chemistry*, vol. 20, n° 11, novembre 2001, p. 2482-2486.

TARDIEU, Vincent, « Les apiculteurs accusent le Gaucho d'empoisonner leurs abeilles », *Le Monde*, 18 avril 1998.

TASSIN, Jean-Pol, « Arrêter de fumer ? Ne comptez pas sur les patchs à la nicotine ! », leplus.nouvelobs.com, 14 janvier 2012.

VANDENBERG, Laura N. *et al.*, « Hormones and endocrine-disrupting chemicals : low-dose effects and nonmonotonic dose responses », *Endocrines Reviews*, vol. 33, n° 3, juin 2012, p. 378-455.

WARWICK UNIVERSITY, « £1 M award to address honeybee decline », 1er octobre 2009, http://www2.warwick.ac.uk/newsandevents/pressreleases/1631m_award_to/

WEINTRAUB, Karen, « The prevalence puzzle : autism counts », *Nature*, vol. 479, n° 22-24, 2011.

WERTZ, Marcia S., KYRISS, Thomas, PARANJAPE, Suman et GLANTZ, Stanton A., « The toxic effects of cigarette additives. Philip Morris' project MIX reconsidered : an analysis of documents released through litigation », *PLoS Medicine*, 2011.

WOLSTENHOLME, Jennifer T., EDWARDS, Michelle, SHETTY, Savera R. J., GATEWOOD, Jessica D., TAYLOR, Julia A., RISSMAN, Emilie F. et CONNELLY, Jessica J., « Gestational exposure to Bisphenol A produces transgenerational changes in behaviors and gene expression », *Endocrinology*, 2012.

WORLD HEALTH ORGANIZATION, « The tobacco industry and scientific groups. ILSI : a case study », février 2001, http://tobacco.who.int/en/industry/ilsi.pdf

YACH, Derek et BIALOUS, Stella Aguinaga, « Junking science to promote tobacco », *American Journal of Public Health*, vol. 91, n° 11, novembre 2001, p. 1745-1748.

Notes

INTRODUCTION
SCIENCE, IGNORANCE
ET MÉSUSAGE DU MONDE

1. Rémi Barroux, « Jean-Marie Robine : "Les différences culturelles entre pays influent sur l'espérance de vie" », LeMonde.fr, 23 avril 2012.

I
L'ESCLAVAGE, C'EST LA LIBERTÉ

1. Rapport de l'Organisation mondiale de la santé sur l'épidémie mondiale de tabagisme, 2009.

2. Robert Proctor, *Golden Holocaust. Origins of the Cigarette Catastrophe and the Case for Abolition*, Berkeley, University of California Press, 2012.

3. Les documents sont consultables à http://legacy.library.ucsf.edu ; dans la suite, il sera fait référence à chaque document par l'adresse de son emplacement dans la Legacy Tobacco Documents Library.

4. http://legacy.library.ucsf.edu/tid/msu40a99

5. http://legacy.library.ucsf.edu/tid/gsb66b00

6. Expérience imaginée par Robert Proctor et réalisée en ligne sur la base de données de Google Books : http://books.google.com/ngrams

7. http://legacy.library.ucsf.edu/tid/maj66b00

8. Naomi Oreskes et Erik M. Conway, *Les Marchands de doute ou Comment une poignée de scientifiques ont masqué la vérité sur des enjeux de société tels que le tabagisme et le réchauffement climatique*, Paris, Le Pommier, 2012.

9. http://legacy.library.ucsf.edu/tid/oly56b00

10. http://legacy.library.ucsf.edu/tid/dam96b00

11. http://legacy.library.ucsf.edu/tid/byp86b00

12. http://legacy.library.ucsf.edu/tid/rgy93f00

13. Entretien avec l'auteur.

14. http://legacy.library.ucsf.edu/tid/rbv88e00

15. http://legacy.library.ucsf.edu/tid/hfk48e00

16. http://legacy.library.ucsf.edu/tid/mgc78e00

17. http://legacy.library.ucsf.edu/tid/tgc78e00

18. http://legacy.library.ucsf.edu/tid/tgc78e00

19. http://legacy.library.ucsf.edu/tid/zmy15a00

20. http://legacy.library.ucsf.edu/tid/esr81f00

21. http://legacy.library.ucsf.edu/tid/oyz88e00

22. http://legacy.library.ucsf.edu/tid/mta40d00

23. http://legacy.library.ucsf.edu/tid/esr81f00

24. http://legacy.library.ucsf.edu/tid/nri00a99

25. David Leloup et Stéphane Foucart, « Quand fumer devient bon pour la santé », *Le Monde*, 2 juin 2012.

26. *Ibid*.

27. http://legacy.library.ucsf.edu/tid/mwk53a00

28. http://legacy.library.ucsf.edu/tid/muy87e00

29. http://legacy.library.ucsf.edu/tid/zsh56e00

30. http://legacy.library.ucsf.edu/tid/tfg56e00

31. http://legacy.library.ucsf.edu/tid/qfg56e00

32. Christophe Lanteri *et al.*, « Inhibition of monoamine oxidases desensitizes 5-HT1A autoreceptors and allows nicotine to induce a neurochemical and behavioral sensitization », *The Journal of Neuroscience*, 21 janvier 2009.

33. http://legacy.library.ucsf.edu/tid/xrc72d00

34. Christophe Lanteri *et al.*, *op. cit*.

35. Christopher Silagy *et al.*, « Nicotine replacement therapy for smoking cessation », *Cochrane Database of Systematic Reviews*, 2004.

36. Jean-Pol Tassin, « Arrêter de fumer ? Ne comptez

pas sur les patchs à la nicotine!», leplus.nouvelobs.com, 14 janvier 2012.

37. David Leloup et Stéphane Foucart, «Quand fumer devient bon pour la santé», *art. cit.*

38. Correspondance avec l'auteur.

39. http://legacy.library.ucsf.edu/tid/voq10c00

40. http://legacy.library.ucsf.edu/tid/yuq72i00

41. http://legacy.library.ucsf.edu/tid/uuu15c00

42. Robert Molimard, «Faut-il baisser le prix du tabac?», *Le Courrier des addictions*, décembre 1998-janvier 1999.

43. http://legacy.library.ucsf.edu/tid/otj24e00

44. http://legacy.library.ucsf.edu/tid/cww14c00

45. http://legacy.library.ucsf.edu/tid/nri10i00

46. http://legacy.library.ucsf.edu/tid/ikj67e00

47. http://legacy.library.ucsf.edu/tid/ekw86a00

48. http://www.vcu.edu/pharmtox/news/borzelleca-sot2011.html

49. http://legacy.library.ucsf.edu/tid/yht26d00

50. Entretien avec l'auteur.

51. http://legacy.library.ucsf.edu/tid/pyu20e00

52. David Leloup et Stéphane Foucart, «La bataille de la nicotine», *Le Monde*, 2 juin 2012.

53. http://legacy.library.ucsf.edu/tid/hcf67d00

54. http://legacy.library.ucsf.edu/tid/yva67d00

55. David Leloup et Stéphane Foucart, «La bataille de la nicotine», *art. cit.*

56. http://legacy.library.ucsf.edu/tid/tnl39d00

57. http://legacy.library.ucsf.edu/tid/jit46d00

58. http://legacy.library.ucsf.edu/tid/gmk05c00

59. David Leloup et Stéphane Foucart, «La bataille de la nicotine», *art. cit.*

60. Marie-Pierre Subtil, «Mediator, un scandale français», *Le Monde*, 17 janvier 2011.

II
OPÉRATION HEIDELBERG

1. Entretien avec l'auteur.

2. Roger Cans, « Savantes colères. Des scientifiques se mobilisent contre l'écologisme "irrationnel" », *Le Monde*, 19 juin 1992.

3. http://legacy.library.ucsf.edu/tid/nzj49e00

4. Entretien avec l'auteur.

5. Cf. François Malye, *Amiante : 100 000 morts à venir*, Le Cherche-Midi, 2004.

6. « Le mea culpa du professeur Bignon », *Le Monde*, 3 juillet 1996.

7. http://legacy.library.ucsf.edu/tid/thi28a99

8. Entretien avec l'auteur.

9. http://legacy.library.ucsf.edu/tid/xip52a99

10. http://legacy.library.ucsf.edu/tid/gek56e00

11. http://legacy.library.ucsf.edu/tid/cca18a99

12. Entretien avec l'auteur.

13. http://legacy.library.ucsf.edu/tid/wfr36b00

14. http://legacy.library.ucsf.edu/tid/zlz74e00

15. http://legacy.library.ucsf.edu/tid/hre87e00

16. http://legacy.library.ucsf.edu/tid/sep42d00

17. http://legacy.library.ucsf.edu/tid/jlp66b00

18. http://legacy.library.ucsf.edu/tid/csg87e00

19. http://legacy.library.ucsf.edu/tid/wsj53e00

20. Entretien avec l'auteur.

21. Entretien avec l'auteur.

22. http://legacy.library.ucsf.edu/tid/jlp66b00

23. http://legacy.library.ucsf.edu/tid/fdz15c00

24. http://legacy.library.ucsf.edu/tid/xxe90c00

25. http://legacy.library.ucsf.edu/tid/jlp66b00

26. Entretien avec l'auteur.

27. Entretien avec l'auteur.

28. Maryline Baumard, « Attention ! La pollution se tapit dans votre salon », *Le Parisien*, 18 octobre 1991.

29. Anne Chaon, « Our lungs are in danger », Agence France-Presse, 11 octobre 1991.

30. http://legacy.library.ucsf.edu/tid/fvq67e00

31. Alex Mauron *et al.*, «*Rapport d'enquête dans l'affaire du Professeur Ragnar Rylander*»», Faculté de médecine, Université de Genève, 2004.

32. http://legacy.library.ucsf.edu/tid/qdf02a00

33. http://legacy.library.ucsf.edu/tid/ipf34e00

34. http://legacy.library.ucsf.edu/tid/sdf47d00

35. http://legacy.library.ucsf.edu/tid/agt12a00

36. http://legacy.library.ucsf.edu/tid/uwl56e00

37. http://legacy.library.ucsf.edu/tid/dcs76b00

38. http://legacy.library.ucsf.edu/tid/ebw66b00

39. *Ibid*.

40. Expériences menées sur http://books.google.com/ngrams avec les expressions «*sound science*» et «*junk science*».

41. http://legacy.library.ucsf.edu/tid/pqa35e00

III
CHERCHEZ L'ARGENT

1. Stéphane Foucart, *Le Populisme climatique. Claude Allègre et Cie, enquête sur les ennemis de la science*, Paris, Denoël, 2010.

2. Naomi Oreskes, «Beyond the ivory tower, the scientific consensus on climate change», *Science*, vol. 306, n° 5702, décembre 2004.

3. Stephen H. Schneider *et al.*, «Expert credibility in climate change», *Proceedings of the National Academy of Sciences (PNAS)*, vol. 107, n° 27, 2010, p. 12107-12110.

4. Oliver Burkeman, «Memo exposes Bush's new green strategy», *The Guardian*, 4 mars 2003.

5. Naomi Oreskes et Erik Conway, *op. cit*.

6. Entretien avec l'auteur.

7. www.huffingtonpost.com/peter-h-gleick

8. Peter T. Doran et Maggie K. Zimmerman, «Examining the scientific consensus on climate change», *Eos*, vol. 90, n° 3, janvier 2009, p. 22-23.

9. Entretien avec l'auteur.

10. Gabrielle Pétron *et al.*, « Hydrocarbon emissions characterization in the Colorado Front Range : a pilot study », *Journal of Geophysical Research : Atmospheres*, vol. 117, n° D4, 2012.

IV
LE « MYSTÈRE » DE LA RUCHE VIDE

1. Nicola Gallai *et al.*, « Economic valuation of the vulnerability of world agriculture confronted with pollinator decline », *Ecological Economics*, vol. 68, n° 3, janvier 2009, p. 810-821.

2. Jianmin Ma *et al.*, « Revolatilization of persistent organic pollutants in the Arctic induced by climate change », *Nature Climate Change*, n° 1, 2011, p. 255-260.

3. Janine Kievits, « Des apiculteurs à la table des experts », *Hermès*, 2012.

4. Agence française de sécurité sanitaire des aliments, *Mortalités, effondrements et affaiblissements des colonies d'abeilles*, Rapport (Julie Chiron et Anne-Marie Hattenberger), février 2009.

5. Laura Maxim et Jeroen van der Sluijs, « Seed-dressing insecticides and honeybees : a challenge for democratic governance of controversies about chemical risks », in *Late Lessons From Early Warnings : Science, Precaution, Innovation*, European Environment Agency, 2013, chap. XVI, p. 401-438.

6. Catherine Coroller, « L'insecticide qui fait tourner en bourrique abeilles et chercheurs », *Libération*, 8 janvier 1999.

7. Séverine Suchail *et al.*, « Discrepancy between acute and chronic toxicity induced by imidacloprid and its metabolites in *Apis mellifera* », *Environmental Toxicology and Chemistry*, vol. 20, n° 11, novembre 2001, p. 2482-2486.

8. Recherches effectuées dans la base de données Scopus.

9. George Monbiot, « Plight of the honeybee stung by funding from the chemical industry », *The Guardian*, 14 octobre 2009.

10. Pascale Mollier, Magali Sarazin et Isabelle Savini, « Le déclin des abeilles, un casse-tête pour la recherche », *INRA magazine*, n° 9, juin 2009.

11. *Ibid.*

12. Entretien avec l'auteur.

13. Correspondance avec l'auteur.

14. Damian Carrington, « Science under pressure as pesticide makers face MPs over bee threat », guardian.co.uk, 28 novembre 2012.

15. Alexandre Koyré, *Réflexions sur le mensonge*, Paris, Allia, 1998.

16. European Food Safety Authority (EFSA) Panel on Plant Protection Products and their Residues (PPR), « Scientific opinion on the science behind the development of a risk assessment of Plant Protection Products on bees (*Apis mellifera*, *Bombus* spp. and solitary bees) », *EFSA Journal*, vol. 10, n° 5, 2012.

17. *Ibid.*

18. Entretien avec l'auteur.

19. Entretien avec l'auteur.

20. Correspondance avec l'auteur.

21. Entretien avec l'auteur.

22. Correspondance avec l'auteur.

23. Anne Alix *et al.*, « Guidance for the assessment of risks to bees from the use of plant protection product applied as seed coating and soil applications — conclusions of the ICPBR dedicated working group », *Julius-Kühn-Archiv*, n° 423, *Hazards of Pesticides to Bees*, 2009, p. 15-26, et Anne Alix *et al.*, « Environmental risks assessment scheme for plant protection products », *ibid.*, p. 27-33.

24. Entretien avec l'auteur.

25. Correspondance avec l'auteur.

26. Cf. Fabrice Nicolino et François Veillerette, *Pesticides. Révélations sur un scandale français*, Paris, Fayard, 2007.

27. Vincent Tardieu, « Les apiculteurs accusent le Gaucho d'empoisonner leurs abeilles », *Le Monde*, 18 avril 1998.

V

UNE BOMBE À RETARDEMENT

1. Matthieu Rolland *et al.*, « Decline in semen concentration and morphology in a sample of 26 609 men close to general population between 1989 and 2005 in France », *Human Reproduction*, 2012.

2. Karen Weintraub, « The prevalence puzzle : autism counts », *Nature*, vol. 479, n° 22-24, 2011.

3. Theo Colborn, Dianne Dumanoski et John Peterson Myers, *L'Homme en voie de disparition ?*, trad. fr. Pierre Bertrand, Mens, Terre vivante, 1997.

4. Entretien avec l'auteur.

5. Entretien avec l'auteur.

6. Entretien avec l'auteur.

7. National Toxicology Program (NTP), *Report of the Endocrine Disruptors Low-Dose Peer Review*, août 2001.

8. Entretien avec l'auteur.

9. Entretien avec l'auteur.

10. Sollicitée, Rochelle Tyl n'a pas répondu.

11. Correspondance avec l'auteur.

12. http://legacy.library.ucsf.edu/tid/ypy15c00

13. World Health Organization, « The tobacco industry and scientific groups. ILSI : a case study », février 2001, http:// tobacco.who.int/en/industry/ilsi.pdf

14. Entretien avec l'auteur.

15. Correspondance avec l'auteur.

16. Correspondance avec l'auteur.

17. Entretien avec l'auteur.

18. www.stephanehorel.fr/doc/conflits-d-interet/

19. Entretien avec l'auteur.

20. http://legacy.library.ucsf.edu/tid/knb00a99

VI

TOUS LES MOYENS SONT BONS

1. http://legacy.library.ucsf.edu/tid/eqc03j00

2. http://legacy.library.ucsf.edu/tid/yvp44a00

3. http://legacy.library.ucsf.edu/tid/gry12d00

4. George Monbiot, « The Fake persuaders », *The Guardian*, 14 mai 2002.

5. Entretien avec l'auteur.

6. Entretien avec l'auteur.

7. Entretien avec l'auteur.

8. Entretien avec l'auteur.

DEMAIN

1. Pascale Krémer, « Pilule : enquête sur ces médecins liés aux laboratoires », *Le Monde*, 10 janvier 2013.

2. Robert N. Proctor et Londa Schiebinger (dir.), *Agnotology. The Making and Unmaking of Ignorance*, Stanford, Stanford University Press, 2008.

Index des noms

APPENDICES

LE POPULISME CLIMATIQUE. Claude Allègre et Cie, enquête sur les ennemis de la science, Denoël, 2010.

DANS LA COLLECTION FOLIO/ACTUEL

Ouvrage composé par : In Folio.
Achevé d'imprimer par Novoprint
le 17 mars 2014
Dépôt légal : mars 2014

ISBN 978-2-07-045685-7 / Imprimé en Espagne.

261110